CONVERSACIONES TEOLÓGICAS DEL SUR GLOBAL AMERICANO

CONVERSACIONES TEOLÓGICAS DEL SUR GLOBAL AMERICANO

Violencia, Desplazamiento y Fe

OSCAR GARCÍA-JOHNSON
y MILTON ACOSTA
Editores

CONVERSACIONES TEOLÓGICAS DEL SUR GLOBAL AMERICANO
Violencia, Desplazamiento y Fe

Copyright © 2016 Wipf and Stock Publishers. Todos los derechos reservados. Aparte de citas breves en publicaciones serias o reseñas, no se permite reproducir ninguna parte de este libro de ninguna manera sin el permiso previo, por escrito, de la casa publicadora. Escriba a: Permissions, Wipf and Stock Publishers, 199 W. 8th Ave., Suite 3, Eugene, OR 97401.

Puertas Abiertas
An Imprint of Wipf and Stock Publishers
199 W. 8th Ave., Suite 3
Eugene, OR 97401

www.wipfandstock.com

PAPERBACK ISBN: 978-1-4982-9457-7
HARDCOVER ISBN: 978-1-4982-9459-1
EBOOK ISBN: 978-1-4982-9458-4

Manufactured in the U.S.A.   10/05/16

Índice

Agradecimientos | vii
Contribuyentes | ix
Presentación | xi

Parte I: PERSPECTIVA SOCIAL

Capítulo 1
Elementos para comprender el desplazamiento forzado en Colombia: Un recorrido por normas, conceptos y experiencias | 3
　—*por Mag. Laura Milena Cadavid Valencia*

Capítulo 2
Desplazamiento de centroamericanos y colombianos: Violencia, trauma y el ministerio de la iglesia | 27
　—*Lisseth Rojas-Flores, Ph.D.*

Capítulo 3
Economía del desplazamiento forzado | 44
　—*por Christopher M. Hays, PhD.*

Parte II: PERSPECTIVA BÍBLICA

Capítulo 4
Violencia, religiosidad y desplazamiento en el libro de los Jueces: Analogías colombianas | 67
　—*Milton Acosta Benítez, PhD.*

Capítulo 5
Sumisión a Dios y preocupación por el necesitado: Dos pautas en Santiago frente al desplazamiento | 80
　—*por Mag. Guillermo Mejía*

Capítulo 6
Una propuesta pastoral al sufrimiento: del desplazado cristiano en Colombia a la luz de 1 Pedro | 95
  —por Teol. Sandro Gutiérrez

Parte III: PERSPECTIVA CRÍTICA DESDE LA FILOSOFÍA Y TEOLOGÍA

Capítulo 7
Función profética de la iglesia de Cristo frente al desplazamiento forzado | 111
  —por Fernando Abilio Mosquera Brand, PhD.

Capítulo 8
Hermenéutica colonialista | 132
  —por Tommy Givens, PhD.

Capítulo 9
Teología y "distopía": En busca de una iglesia des-victimizante en las Américas | 141
  —por Oscar García-Johnson, PhD.

Parte IV: PERSPECTIVA PASTORAL Y MISIOLÓGICA

Capítulo 10
Labor social del pentecostalismo frente a las poblaciones en condición de desplazamiento forzado | 171
  —por Mag. Jhohan Centeno

Capítulo 11
Una respuesta pastoral wesleyana al tema del desplazamiento forzado en Colombia | 190
  —por Ricardo Gómez, PhD.

Capítulo 12
Desplazamientos forzosos y la misión de la iglesia | 206
  —por Juan Martínez, PhD.

Apéndice: Teología Práctica | 217

Bibliografía | 219

Agradecimientos

Este escrito es un destello de varios encuentros entre rectores(as), investigadores(as), pueblo inmigrante, líderes e instituciones en busca de un diálogo sur-sur. Damos muchas gracias a la Rectora del Seminario Bíblico de Colombia, Elizabeth Sendek, y a su equipo en Medellín porque sin ellos(as) el simposio que generó este libro no se hubiera dado. Igualmente agradecemos al Dr. Juan Martínez del Centro Latino del Seminario Fuller por su eficacia y liderazgo al movilizar a los colegas de Pasadena que participaron en el simposio. Agradecemos al Dr. Eduardo Font, actual editor general de Puertas Abiertas, y a Wipf & Stock Publishers por su inagotable visión en el ministerio de la letra y la fe. Muy especialmente agradecemos a Annabel Leyva por su arduo y excelente trabajo por higienizar el estilo y formato del manuscrito.

Contribuyentes

- **Milton Acosta, PhD**. Profesor de Antiguo Testamento, Fundación Universitaria–Seminario Bíblico de Colombia, Medellín, Colombia
- **Fernando Mosquera, PhD**. Profesor de Teología. Fundación Universitaria–Seminario Bíblico de Colombia, Medellín, Colombia
- **Ricardo Gómez, PhD**. Profesor de Estudios pastorales. Fundación Universitaria–Seminario Bíblico de Colombia, Medellín, Colombia
- **Christopher Hays, PhD**. Profesor de Nuevo Testamento. Fundación Universitaria–Seminario Bíblico de Colombia, Medellín, Colombia
- **Mag. Guillermo Mejía**. Profesor de Nuevo Testamento. Fundación Universitaria–Seminario Bíblico de Colombia, Medellín, Colombia
- **Mag. Jhohan Centeno**. Profesor de Historia de la iglesia. Fundación Universitaria–Seminario Bíblico de Colombia, Medellín, Colombia
- **Teol. Sandro Gutiérrez**. Profesor de Nuevo Testamento. Fundación Universitaria–Seminario Bíblico de Colombia, Medellín, Colombia
- **Mag. Laura Cadavid**. Socióloga, investigadora y encargada de proyectos sociales. Alcaldía de Cali, Colombia
- **Lisseth Rojas-Flores, PhD**. Profesora de Terapia Marital y Familiar. Centro para el Estudio de Iglesia y Comunidad Latina–Fuller Theological Seminary.
- **G. Tommy Givens, PhD**: Profesor de Estudios del Nuevo Testamento y Ética Cristiana. Centro para el Estudio de Iglesia y Comunidad Latina–Fuller Theological Seminary.

- **Juan F. Martínez, PhD**: Profesor de Liderazgo Pastoral y Estudios Latinos y Asistente Especial del Provoste Centro para el Estudio de Iglesia y Comunidad Latina–Fuller Theological Seminary.

- **Oscar García- Johnson, PhD**: Decano Asociado del Centro Latino y Profesor de Teología y Estudios Latinos. Centro para el Estudio de Iglesia y Comunidad Latina–Fuller Theological Seminary.

Presentación

Este volumen es el resultado de un simposio interdisciplinar e interinstitucional auspiciado por el Seminario Bíblico de Colombia y el Seminario Teológico Fuller (Centro para el Estudio de Iglesia y Comunidad Latina), en el mes de agosto de 2014, en Medellín, Colombia. Los temas transversales que orientaron las discusiones fueron: violencia, desplazamiento forzado, migración y exilio. Se hizo un intento interdisciplinario por articular dichos temas, sin perder el rumbo teológico y ministerial. Acudimos así a disciplinas tales como las ciencias sociales (sociología, psicología, economía), disciplinas bíblicas (Antiguo y Nuevo Testamento), teología y filosofía clásica, pensamiento crítico latinoamericano ("descolonial"), teología práctica (pastoral) y "misiología". El resultado fue una colección de ensayos que parten metodológicamente de dos realidades, una local y la otra global, pero ambas derivadas de la crisis de desplazamiento forzado vivido en el sur global americano (Colombia, Latinoamérica y la diáspora latina estadounidense). Todo esto se da en función de fuerzas promotoras de la violencia sistémica y continental: globalización, neoliberalismo, corrupción política, déficit en el compromiso misional de la iglesia cristiana de las Américas, etc. A pesar de tales factores promotores de violencia, se vislumbra en esta colección una esperanza ("teotopía") que da brillo a la historia aún por construirse en Nuestra América. Esta esperanza es expresada por medio de nuevos esfuerzos por entender las causas y consecuencias del desplazamiento forzado en Colombia y el resto de las Américas y por frescas maneras bíblico-teológicas de responder a tales causas y consecuencias como iglesia de Jesucristo. Tal colección de ensayos naturalmente posee fragmentaciones, virtudes (visiones transversales del continente) y limitantes (recortes locales inaplicables a todo el continente). A pesar del hecho que esta colección representa diferentes posiciones, intereses, disciplinas y visiones, se percibe una trayectoria teológica y pastoral común donde el diálogo dentro del sur global americano busca enfrentar y dar respuesta por medio de la fe viva y crítica a la crisis de la violencia que causa el desplazamiento forzado en Colombia y que trasciende a las Américas.

El primer capítulo nos ubica en el contexto particular de Colombia ofreciéndonos un análisis sociológico donde el desplazamiento forzado se presenta como un fenómeno constante en la historia colombiana. La problemática se humaniza por medio de testimonios de las víctimas. La conclusión apunta a la necesaria intervención civil, a la cual la iglesia es convocada. Para ser un agente eficaz de cambio, la autora recomienda a la iglesia asumir inteligente y comprometidamente la violencia, la paz, el perdón, la verdad, la justicia y la reconciliación como espacio de reflexión teológica, práctica ministerial y testimonio sociopolítico.

El segundo capítulo nos ofrece un enfoque psicológico con el fin de iluminar un contexto en el cual se puedan explorar maneras prácticas con las cuales la iglesia pueda ministrar en medio del dolor y el trauma que están usualmente asociados con el desplazamiento, el exilio, los patrones de migración y la violencia. El capítulo subraya ciertas similitudes y traza ciertos paralelos existentes entre las comunidades latinas de los Estados Unidos y Colombia. Al igual que el capítulo anterior, se recomienda a la iglesia educarse y reorganizar su vida litúrgica y teológica en correspondencia con el trauma del desplazado/a. El capítulo concluye con un cuadro bíblico basado en la "Armadura de Dios" (Efesios 6) aplicado a la iglesia en respuesta al trauma de su comunidad: una iglesia que ofrece acompañamiento, hospitalidad, solidaridad y abogacía por los que sufren.

El capítulo tres busca un abordaje económico, bíblico y pragmático que corresponda al fenómeno del desplazamiento forzado. Puntualiza que el resultado del desplazamiento frecuentemente es la pobreza crónica e intergeneracional. Si esto es así ¿qué hacer para intervenir como iglesia sin temor que la misma esté fuera de los preceptos bíblicos? Aquí el autor reconoce la validez y centralidad de la Biblia en la vida de la iglesia pero a su vez la llama a una lectura crítica y responsable de la Biblia; una lectura que no convierte la Biblia en un depositario de soluciones tras-temporales para la pobreza. La iglesia debe discernir los espacios económicos donde puede funcionar como iglesia y ahí desarrollar tácticas financieras de acompañamiento en beneficio de los desplazados.

El capítulo cuatro introduce la sección de las disciplinas bíblicas y sus grandes desafíos para el creyente latinoamericano. Jueces es el libro bíblico donde se encuentran mejor representados los peores problemas de Colombia, afirma el autor. Los patrones y lógicas de violencia entre las comunidades del Libro de Jueces y colombianas coinciden: hay conflicto, víctimas del conflicto, víctimas que se vuelven victimarias y las víctimas que son re-victimizadas por la vulnerabilidad en la que quedan. El gran déficit

Presentación

es teológico y ético pero con consecuencias nacionales porque, como dice el autor, todos seguimos siendo muy creyentes y muy religiosos.

El capítulo cinco, basado en la Epístola de Santiago, se dirige en forma exhortativa a la iglesia a la que se le atribuye la tarea civil de atender las necesidades vitales de los desplazados. Se ofrecen dos amonestaciones que surgen de Santiago 1, 2:1–11, y 4:13–5:6, con la esperanza y la oración de que su aplicación vitalice a la iglesia en su función misional en lo que atiende a los designios de Dios y la liberación evangélica de los compatriotas desplazados de Colombia.

El capítulo seis aborda el tema del sufrimiento y el perdón y limita el tema al contexto del cristiano colombiano que sufre el desplazamiento. Para ello se usa la Primera Epístola de San Pedro y se enfocan tres aspectos relacionados con la experiencia de sufrimiento de los desplazados: la identidad como pueblo de Dios, el manejo del temor y el acompañamiento en el sufrimiento. Sin pretender soluciones definitivas, el autor se enfoca en la construcción de espacios de perdón y paz en medio del sufrimiento del creyente desplazado.

El capítulo siete introduce la sección de filosofía y pensamiento crítico cristiano. Por medio de disciplinas clásicas, el autor construye el escenario conceptual dentro del cual la iglesia debe responder al gran reto del desplazamiento forzado. En palabras del autor: "La Iglesia de Jesucristo ubicada en Colombia se ve enfrentada a uno de los flagelos más deshumanizantes y alienantes que ha engendrado la historia. Esto se refiere al desplazamiento forzado que construye la identidad de un sujeto "desheredado de todo: de su tierra natal, de sus posesiones, de sus raíces." El capítulo reclama el cotejamiento de las causas que llevan a tal condición de vida a conciudadanos, vecinos y hermanos colombianos. A su vez, llama a la iglesia colombiana a la acción redentora empática no apática; concreta no vaga; inmediata no diferida; y exhaustiva no superficial.

El capítulo ocho abre el tema a las Américas y desafía las formas populares y normativas de lectura bíblica occidental que ubican al lector de la Biblia en las corrientes europeas cristianas que colonizaron los continentes americanos y en las corrientes norteamericanas que han ampliado su legado. Ambas, según el autor, han generado tanto desplazamiento como violencia. Estos patrones de interpretación bíblica, nos muestra el capítulo, se nutren de una hermenéutica colonialista que se fundamenta en la nacionalización racista de la población y en el hambre de conocimiento universal. Así entendido, los elegidos de Dios, los nacionales de referencia, son los habitantes de trasfondo visual y culturalmente europeo o blanco. Los demás se representan como extranjeros o ciudadanos no naturales. Como antídoto a esta hermenéutica colonialista, el capítulo presenta una hermenéutica reformadora que considera la historia bíblica completa y ambigua; un escenario menos ficticio donde los elegidos no son siempre los buenos de la película y donde a su vez tienen intrínsecamente un mandato de encarnación y vicario para los oprimidos.

El capítulo nueve es un ejercicio narrativo —teológico y literario— que busca ejemplificar una hermenéutica descolonial desde las Américas. Partiendo de la realidad que la iglesia carga con un pesado legado occidental, busca desmarcarse de las trampas de la modernidad y colonialidad a fin de descubrir la iglesia de y para las Américas. Para ello se debe vencer, afirma el autor, el déficit latinoamericano enraizado en un posicionamiento occidentalista y lograr un desarrollo del conocimiento propio, una visión geopolítica verdaderamente autónoma, unos recursos naturales disponibles al país y a la región, una economía sostenible y de mercado auténticamente libre y una libertad de producir experimentos propios no eurocentrados que hagan posible la re-invención de las narrativas nacionales y continentales de las Américas: su gente, su cultura y su tejido religioso. El autor parte de su propia narrativa hondureña y la expande al resto de las Américas —en verso teológico— para ilustrar cómo los sistemas productores de desplazamiento forzado y violencia sistémica generan una tierra y un pueblo en perpetuo desplazamiento migratorio. La propuesta es un desmarque evangélico trans-americanista que brinde un marco crítico viable para que la iglesia asuma de lleno su papel redentor no como misión civilizatoria occidental, sino como iglesia emancipadora de las Américas.

El capítulo diez introduce la sección final del libro, una pastoral y 'misiología' redentora aplicada a las comunidades cristianas en zonas de desplazamiento forzado. En este capítulo se identifican los rasgos principales de la labor social de las iglesias de corte pentecostal en medio de las poblaciones que son o han sido víctimas del desplazamiento forzado en territorio colombiano. El autor muestra que la iglesia pentecostal hace labor social, sin embargo ésta debe ser mejor estructurada, más visible y con un enfoque general que sobrepase la línea del evangelismo personal. La gran contribución de la iglesia pentecostal (de opción de los pobres para los pobres) es la de inclusión y agencia a razón de que el desplazado por la violencia reconstruye su identidad apoyado en las realidades del nuevo espacio ocupado, en relación con Dios como su única esperanza y sustento para continuar adelante. El desafío para esta iglesia es entonces la de estructurarse estratégica y colectivamente a fin de montar un frente de resistencia ante los productores de la violencia y el desplazamiento mientras continúa siendo un espacio alternativo de subsistencia.

El capítulo once es una reflexión sobre la vida y ministerio de John Wesley y sugiere que Wesley y su visión social en las comunidades empobrecidas y rurales de su tiempo y contexto pueden ser una fuente útil para la iglesia colombiana en su función de agente de cambio y transformación. Según el autor, para Wesley, es en la iglesia donde mejor se encarna la mayordomía del dinero y los bienes materiales, así como la justicia hacia los más pobres. La iglesia está llamada a la reconstrucción de los proyectos de vida que se da en diversas dimensiones: de supervivencia material, reconstrucción de la identidad y pertenencia, del tejido y la organización social.

Por último, el capítulo doce nos recuerda que los desplazamientos forzosos han sido parte, no solo de Colombia, sino de la gran historia de América Latina. Desde la llegada de los españoles las razones han variado desde la limpieza étnica, intereses económicos o políticos, a proyectos religiosos. El argumento del autor demuestra que si hemos de responder cristianamente a los desplazamientos actuales necesitamos entender el papel que han jugado las iglesias en los desplazamientos anteriores. Desde allí podemos retomar un entendimiento bíblico de nuestra misión entre los que están sufriendo los desplazamientos de hoy.

En todas estas presentaciones no se ha pretendido una solución definitiva, una utopía máxima, ni aun una descripción exhaustiva de los factores, agentes y consecuencias del fenómeno de la violencia y el desplazamiento forzado en las Américas. Lo que sí se ha buscado enfáticamente es discernir el lugar estratégico que ocupa la iglesia cristiana de las Américas y su ineludible tarea de agente des-victimario, particularmente, en torno al asunto de los desplazados material y simbólicamente a través del sur global americano.

Oscar García-Johnson, Pasadena, USA.
Milton Acosta, Medellín, Colombia.

Agosto 2015

Parte I

PERSPECTIVA SOCIAL

(1) **Elementos para comprender el desplazamiento forzado en Colombia: Un recorrido por normas, conceptos y experiencias,** *Laura Cadavid*

(2) **Desplazamiento de centroamericanos y colombianos: Violencia, trauma y el ministerio de la iglesia,** *Lisseth Rojas-Flores*

(3) **Economía del desplazamiento forzado,** *Christopher M. Hays*

Capítulo 1

Elementos para comprender el desplazamiento forzado en Colombia

Un recorrido por normas, conceptos y experiencias

POR MAG. LAURA MILENA CADAVID VALENCIA

INTRODUCCIÓN

ESTE DOCUMENTO TIENE COMO objetivo brindar elementos básicos sobre el Desplazamiento Forzado en Colombia, profundizando en los momentos históricos más relevantes en el posicionamiento de este fenómeno en la agenda pública, con una visión sobre actores, normas y vivencias de la población desplazada. Además tiene como objetivo presentar un análisis propositivo sobre el rol que la iglesia cristiana evangélica puede tener como parte de la sociedad civil colombiana.

Se reseñará en primer lugar el desplazamiento forzado como un fenómeno constante en la historia colombiana, resaltando su reconocimiento desde el Estado, cifras y normatividad más relevante, que nos permitan comprender la magnitud y relevancia de este fenómeno como una problemática central de la actualidad colombiana. En segundo lugar, se presentarán testimonios de personas que han sido víctimas del Desplazamiento Forzado que nos ayudarán a comprender, desde las vivencias de la población, el desplazamiento como un fenómeno multidimensional; y en tercer lugar, se plantearán algunas reflexiones en relación al papel de los actores de la sociedad civil frente al desplazamiento forzado.

MIGRACIÓN Y DESPLAZAMIENTO FORZADO

La migración poblacional es una constante de la historia de la humanidad, presentándose por diversas causas como el crecimiento demográfico, cambios climáticos, desastres naturales, necesidades sociales o económicas, persecución política y guerras. En diversos procesos históricos como la conformación de los Estados Nacionales, la industrialización y la colonización se presentaron fuertes procesos migratorios.[1]

La migración, en la actualidad, se refiere a la unidad política y administrativa del Estado Nacional, y con base en ello encontramos *migraciones internacionales*, que se refieren a movimientos poblacionales que atraviesan las fronteras entre países, y *migraciones internas*, las cuales ocurren dentro de las fronteras nacionales.[2]

Dentro de la *migración por razones políticas*[3] que tiene su origen en contextos de guerras civiles, persecución política y conflictos armados, encontramos un tipo de migración denominado *Desplazamiento forzado*. Este tipo de migración se reconoce cuando se produce al interior de un país; al traspasar las fronteras nacionales se habla de *refugio*.

Para el 2014, Colombia fue a nivel mundial el segundo país con mayor número de personas desplazadas internamente, superado únicamente por la República Árabe de Siria,[4] que en el 2013 sufrió la intensificación de su

---

1. En las últimas tres décadas el número de migrantes se habría duplicado en el mundo, en la década de los ochenta se calculó que 27 millones de personas migraron en el mundo, en los noventa se contabilizaron 154 millones de migrantes, y para el año 2005 fueron registrados entre 185 y 192 millones de migrantes, 2,9 por ciento de la población mundial. (OIM). De acuerdo a un informe publicado por ACNUR, el número de refugiados, solicitantes de asilo y desplazados internos en todo el mundo ha superado los 50 millones de personas por primera vez desde la Segunda Guerra Mundial. (Ginebra, Suiza, 20 de junio de 2014, ACNUR).

2. Boyle, *Exploring Contemporary Migration*, 4.

3. *Migración por razones políticas*: migración forzada que se da en contextos de guerras civiles, conflictos armados y transiciones políticas. Esta migración incluye a los asilados, los refugiados y los desplazados internos.

4. a) La intensificación del conflicto y la violencia *en la República Árabe Siria causó el desplazamiento de aproximadamente 4,5 millones de personas en 2013, lo que elevó*

conflicto y fueron desplazadas en ese año 4 millones y medio de personas. Previamente Colombia se ubicó por casi una década como el país con mayor número de personas desplazadas forzadamente a nivel mundial.

Para el 1 de marzo de 2014, 5.537.000 personas han declarado su situación de desplazamiento forzado, aproximadamente el 11% de la población del país.[5] En Colombia, el desplazamiento forzado se asocia a múltiples factores, algunos estructurales como la tenencia y distribución de la tierra, la exclusión social, la violencia y el conflicto armado; otros coyunturales como el narcotráfico, la persecución política y el surgimiento de nuevos actores armados.[6]

POSICIONAMIENTO DEL DESPLAZAMIENTO FORZADO EN LA AGENDA PÚBLICA

El desplazamiento forzado por causa de la violencia y el conflicto en Colombia ha sido una constante histórica, que se ha documentado principalmente para el siglo pasado. En la época de *La Violencia*, entre 1946 y 1958, se estima que más de dos millones de personas fueron desplazadas de sus tierras, y perseguidas por los grupos partidistas legales e ilegales; aproximadamente la quinta parte de la población del país fue víctima de desplazamiento forzado.[7]

En las décadas del 80 y 90, con la reactivación de la guerra entre grupos armados y mafias, se agudizó la violencia nuevamente. Se estima que entre 1985 y 1994 fueron desplazadas cerca de 600.000 personas.[8]

Sólo hasta mediados de la década de los 90, el Desplazamiento Forzado en Colombia se posicionó como un problema de interés público, cuando

el número total de desplazados internos en ese país a 6,5 millones al terminar el año; b) Colombia, con cerca de 5,4 millones de desplazados internos registrados por el gobierno al concluir 2013; c) La reanudación de los combates en la República Democrática del Congo causó el desplazamiento de cerca de un millón de personas en 2013, lo que elevó el número total de desplazados internos en ese país a casi 3 millones al terminar el año.

5. Para julio de 2014 Colombia tiene 47.700.000 habitantes DANE.

6. Programa de Iniciativas Universitarias para la Paz y la Convivencia (PIUC), Universidad Nacional de Colombia. Procesos de restablecimiento con población desplazada. Reflexiones, avances y recomendaciones de política. Informe presentado a la Unidad Técnica Conjunta, RSS—Acnur. Noviembre, 2002. Disponible en la página web: http://www.piupc.unal.edu.co

7. Cubides, *Desplazados, migraciones internas y reestructuraciones territoriales*, 16; Bello, "El desplazamiento forzado en Colombia: acumulación de capital y exclusión social," en *Migraciones, transnacionalismo y desplazamiento*, CES-UNAL, 2006, 381; Osorio y Lozano, "Derechos Humanos—Desplazados por Violencia en Colombia," 43.

8. Osorio y Lozano, 43.

Organizaciones defensoras de los Derechos Humanos y la Conferencia Episcopal de Colombia llamaron la atención al Estado colombiano para que atendiera este fenómeno, señalando que el desplazamiento no afectaba a familias en casos esporádicos, sino a una amplia cantidad de personas en el país. La publicación del informe *Derechos Humanos y Desplazados por la Violencia en Colombia* calculó que, en el período de 1984 a 1994, 108.301 familias habían sido desplazadas por causa de la violencia (600.000 personas afectadas.)

Pese a que este fenómeno migratorio se presentó a lo largo del siglo pasado, sólo hasta el año 1995, el gobierno de Ernesto Samper, reconoció oficialmente que el desplazamiento forzado en Colombia estaba ligado a la violencia y que requería atención del Estado, concretándose en ese momento en un Programa Nacional de Atención (CONPES 2804 de 1995). En 1997 se sancionó la Ley 387, que por primera vez define a nivel jurídico el desplazamiento forzado, reconoce derechos de la población afectada y asigna responsabilidades a las instituciones del Estado.[9]

La importancia del reconocimiento de fenómenos sociales como el Desplazamiento Forzado desde el Estado es planteada por el sociólogo francés Pierre Bourdieu, quien reconoce que la capacidad de nombrar, en este caso los problemas sociales y políticos, es una de las ganancias de poseer el poder político y es resultado de las luchas políticas para estar en el gobierno. Pierre Bourdieu afirma que "La capacidad de hacer existir en estado explícito, de publicar, de volver público, es decir objetivado, visible, decible y hasta oficial... representa un formidable poder social..."[10] Las categorías que permiten conocer el mundo social son uno de los objetivos de la lucha política electoral y de la incidencia de la sociedad civil y la academia ante el Estado.

Siguiendo a este autor, encontramos el planteamiento de que esta lucha política es al final una lucha teórica y práctica por la posibilidad de "conservar o transformar el mundo social conservando o transformando las categorías de percepción de ese mundo."[11]

En este sentido, se puede afirmar que no es ligera la pugna que se da en Colombia entre diversos sectores por llamar la violencia como "conflicto armado," "guerra" o "terrorismo." Pues las palabras no son carentes de significado sino, como reconoce Bourdieu, observar *cómo se nombra* nos

---

9. Desde el Estado, se habían implementado normativas y políticas exclusivamente relacionadas con la migración de tipo económico en el gobierno de Virgilio Barco Vargas (1986–1990), y la migración por desastres naturales en el gobierno de César Gaviria Trujillo (1990–1994).

10. Bourdieu, "Espacio social y génesis de las clases," 9.

11. Ibid., 9.

permite ver cómo se representa la violencia y el fenómeno del Desplazamiento Forzado en el país, y del mismo modo el tipo de respuesta social y estatal que se genera.

EL RECONOCIMIENTO DESDE EL ESTADO

Frente a fenómenos sociales como el desplazamiento forzado, desde las ciencias sociales y organizaciones de la sociedad civil se desarrollan investigaciones y propuestas conceptuales, las cuales alimentan discusiones que buscan el reconocimiento público desde el Estado.

Por ello, conocer la normatividad en materia de desplazamiento forzado, permite observar la transformación de la comprensión oficial sobre desplazamiento. Aunque la normatividad en esta materia es bastante amplia, para las personas, instituciones u organizaciones que se acercan al problema del desplazamiento forzado, es necesario conocer tres aspectos básicos:

- La promulgación de la Ley 387 de 1997 que define el desplazamiento forzado, los derechos de la población y la responsabilidad de las instituciones del Estado.
- La Sentencia T- 025 de 2004 de la Corte Constitucional, que establece un Estado de Cosas Inconstitucional por la baja implementación de la Ley 387, restablece el marco de derechos, la responsabilidad del Estado y el rol de la sociedad civil.
- Y los avances de la Ley 1448 de 2011, Ley de Víctimas, que ubica el desplazamiento en un marco más amplio de restitución y victimizaciones en el marco del conflicto y la justicia transicional.

Reconocimiento del fenómeno de desplazamiento forzado, primera ley

Aunque el desplazamiento forzado fue una constante en el siglo XX, la Ley 387 de 1997 se constituyó en la primera ley que avanza en la prevención y atención de la población en situación de desplazamiento (1997:1).

Esta ley define a la población en situación de desplazamiento como "toda persona que se ha visto *forzada a migrar dentro del territorio nacional abandonando su localidad de residencia o actividades económicas habituales*, porque su vida, su integridad física, su seguridad o libertad personales han sido vulneradas o se encuentran directamente amenazadas, con ocasión de cualquiera de las siguientes situaciones: Conflicto armado interno, disturbios y tensiones interiores, violencia generalizada, violaciones masivas de los Derechos Humanos, infracciones al Derecho Internacional Humanitario u otras circunstancias emanadas de las situaciones anteriores que puedan alterar o alteren drásticamente el orden público"(1997:1).

Esta ley reconoce el desplazamiento forzado en relación al abandono de localidad y actividades económicas, por ello posiciona una concepción del desplazamiento como un problema relacionado a la pobreza principalmente, y se estableció como el marco jurídico que delineó la política de atención de la población desplazada en Colombia[12] en tres ejes:

- *Prevención* para evitar y atender los riesgos de desplazamiento forzado.
- *Atención humanitaria de emergencia*; con subsidios monetarios para arriendo y mercado de tres meses, afiliación a salud y educación.
- *Estabilización socioeconómica*. Mediante proyectos productivos y generación de ingresos.

7 años después se declara un Estado de Cosas Inconstitucional, Sentencia T-025 de 2004

En el año 2004, 7 años después de la promulgación de la Ley387 de 1997, la Corte Constitucional con la sentencia T-025 declaró un *Estado de Cosas Inconstitucional*,[13] tras revisar 108 demandas interpuestas por 1150 hogares en situación de desplazamiento, en 22 ciudades del país, a diferentes funcionarios/as e instituciones por incumplimiento de las funciones y garantías establecidas en la Ley 387.

Esta sentencia nos lleva a reconocer que no basta la mera existencia de la ley, sino la voluntad y compromiso político e institucional para su debida implementación. Con esta sentencia la Corte reconoció las condiciones de vulnerabilidad de la población desplazada principalmente en las áreas de

---

12. En el año 2000 con la Ley 589, que modificó el código penal, se reconoció el desplazamiento forzado como un delito. Posteriormente con la sentencia 268 de 2003 se reconoce la existencia de desplazamientos internos relacionados no sólo con el traspaso de los límites territoriales municipales y departamentales, sino también desplazamientos ocurridos al interior de un municipio, ciudad, corregimiento o vereda, ampliando el concepto del desplazamiento forzado.

13. "... se presenta una repetida violación de derechos fundamentales de muchas personas—que pueden entonces recurrir a la acción de tutela para obtener la defensa de sus derechos y colmar así los despachos judiciales..." y "... cuando la causa de esa vulneración no es imputable únicamente a la autoridad demandada, sino que reposa en factores estructurales." (Sentencia T- 025 de 2004).

salud y falta de alimentación, y la reiterada omisión de protección oportuna y efectiva por parte de las distintas autoridades encargadas de su atención.[14]

> ... según varios informes aportados al proceso, más de la mitad de las personas registradas como desplazadas (57%) no estaban recibiendo la ayuda humanitaria de emergencia, y el 80,5% de ellas no accedía a programas de generación de ingresos que les permitiera subsistir digna y autónomamente. Asimismo, resultados insuficientes en relación con el acceso de los menores desplazados a la educación... y la reducción cercana al 50% en los recursos destinados a la atención de los desplazados.[15]

En la Sentencia T-025 se incluyen cifras de diagnóstico que revelaron que el 80% de la población desplazada se encontraba en situación de indigencia,[16] es decir que no contaba con ingresos mínimos ni siquiera para cubrir los gastos de alimentación mínima vital por día; y 92% de la población desplazada presentaba Necesidades Básicas Insatisfechas (NBI)[17] 63,5% habitaba una vivienda inadecuada, 49% no contaba con servicios públicos adecuados, 23% de los niños y niñas menores de 6 años estaban por debajo de los estándares mínimos de nutrición.

La Corte Constitucional exigió al Gobierno Nacional de Álvaro Uribe Vélez y las instituciones del Estado generar avances concretos en la implementación de la Ley 387, conservó la jurisdicción sobre el tema y debido a

---

14. Rodríguez Garavito, *Más allá del Desplazamiento*, 26.

15. Ibid., 27.

16. La pobreza monetaria y la indigencia se miden según los ingresos de una persona. La Línea de Pobreza es el valor monetario de una canasta de bienes y servicios que suple las necesidades básicas de una persona. La línea de indigencia o pobreza extrema se da por el valor monetario de una canasta alimenticia que suple las necesidades calóricas mínimas de una persona. Si los ingresos de una persona no cubren dicha canasta es considerada en condición de indigencia. De julio de 2012 a junio de 2013 la línea de pobreza fue fijada en 204.270 pesos por persona, y la línea de indigencia era 95.850por persona en las cabeceras municipales.

17. El indicador de Necesidades Básicas Insatisfechas es una metodología que busca determinar, con ayuda de algunos indicadores, si las necesidades básicas de la población se encuentran cubiertas. Los grupos que no alcancen un umbral mínimo fijado, son clasificados como pobres. Los indicadores utilizados en Colombia por DANE son: viviendas inadecuadas (materiales de piso, paredes, techos); viviendas con hacinamiento crítico (más de tres personas por habitación); viviendas con servicios inadecuados (acueducto, alcantarillado y sanitario); viviendas con alta dependencia económica (más de tres personas por miembro ocupado y el jefe tenga, como máximo, dos años de educación primaria); viviendas con niños en edad escolar que no asisten a la escuela (niño mayor de 6 años y menor de 12, pariente del jefe y que no asista a un centro de educación formal).

ello desarrolló la tarea de realizar seguimiento a las instituciones y el gobierno nacional en la superación del *Estado de Cosas Inconstitucional*.[18]

Ampliación del marco legal, Ley de Víctimas y restitución de tierras

En el año 2011 se realizó un cambio en la normatividad, con la promulgación de la Ley 1448, conocida como la *Ley de Víctimas*, ley promovida y aprobada en el gobierno de Juan Manuel Santos.

Esta ley define como víctima a "aquellas personas que individual o colectivamente hayan sufrido un daño por hechos ocurridos a partir del 1º de enero de 1985, como consecuencia de infracciones al Derecho Internacional Humanitario o de violaciones graves y manifiestas a las normas internacionales de Derechos Humanos, ocurridas con ocasión del conflicto armado interno."[19]

Esta ley considera el desplazamiento forzado como un hecho victimario, entre otras victimizaciones en el marco del conflicto: homicidio, desaparición forzada, secuestro, tortura y reclutamiento ilícito de niños, niñas y adolescentes.

En este sentido no sólo incluye el desplazamiento forzado en un marco más amplio de afectaciones por causa del conflicto armado, sino que amplía la visión de derechos generando un nuevo marco de actuación no sólo para el Estado sino para la sociedad civil.

Reconoce que todas las víctimas del conflicto armado tienen derecho a la reparación integral. Además, quienes han sido despojados de sus tierras

---

18. Para realizar seguimiento y control a los avances efectivos, se estableció una Comisión de Seguimiento a los informes y avances del gobierno y al estado y evolución del problema del desplazamiento; la Comisión se conformó con la participación de organizaciones sociales y diversas expresiones de la sociedad civil, entre ellas la iglesia católica. En los años 2007 y 2008, la Corte Constitucional se centró en el desarrollo de los indicadores para observar los avances de la política de atención a población desplazada y el goce efectivo de los 20 derechos esenciales reconocidos en la ley. Para el año 2009 se habían realizado 13 audiencias públicas y se habían emitido 84 autos de seguimiento de la corte constitucional. Esta comisión presentó propuestas de indicadores e informes paralelos a la Corte Constitucional, paralelamente a los presentados por el Gobierno, para realizar seguimiento a los avances, dificultades, retrocesos y también presentar propuestas para la aplicación de la Ley 387/97.

19. Artículo 3º de la Ley 1448 de 2011; En el congreso de la República se aprobó el 1 de enero de 1985 como la fecha desde la que serían reconocidas las víctimas, cubriendo episodios emblemáticos del conflicto colombiano como el holocausto del Palacio de Justicia, los crímenes de tres candidatos presidenciales, el exterminio de la Unión Patriótica, y las víctimas de la primera ofensiva del paramilitarismo.

o han sido obligados a abandonarlas tienen derecho a la restitución de las mismas. Promulga:

- la verdad como un derecho de las víctimas del conflicto;
- medidas de reparación simbólica;
- medidas judiciales para la restitución de tierras;
- garantías de no repetición;
- exige medidas y programas integrales de protección para las víctimas;
- demanda medidas específicas de protección integral a los niños, niñas y adolescentes;
- promueve un enfoque diferencial reconociendo a las mujeres como mayor porcentaje de víctimas del conflicto y prioriza su atención;
- e instaura mecanismos de participación de las víctimas en la aplicación de la ley.

ALGUNAS CIFRAS PARA RECONOCER LOS IMPACTOS DEL DESPLAZAMIENTO FORZADO EN EL PAÍS

Aunque el tema de las cifras presenta limitaciones, debido a los criterios de los sistemas de información o también a la magnitud de la denuncia, en Colombia se ha avanzado en generar un conteo que permita reflejar el drama del Desplazamiento forzado, y en el marco actual de las víctimas del conflicto armado.

Se presentarán a continuación algunas cifras generales que permiten comprender la magnitud e impactos de este fenómeno en el país.

Magnitud del desplazamiento en el país

En términos de cifras, en Colombia para el 1 de marzo de 2014 se encontraban 6.785.013 víctimas del conflicto armado interno, de ellas 5.537.883 personas sufrieron desplazamiento forzado, es decir el 83% de las víctimas del conflicto interno en Colombia.[20]

20. El desplazamiento forzado en Colombia comenzó a contabilizarse sistemáticamente desde el año 1997 con la aprobación de la Ley 387. El registro oficial del Desplazamiento Forzado por parte del Estado ha variado y ha contado con diversas etapas y responsables del registro. Las cifras oficiales del Estado colombiano sobre el desplazamiento forzado se centralizan actualmente en el Registro Único de Víctimas: http://rni.unidadvictimas.gov.co.

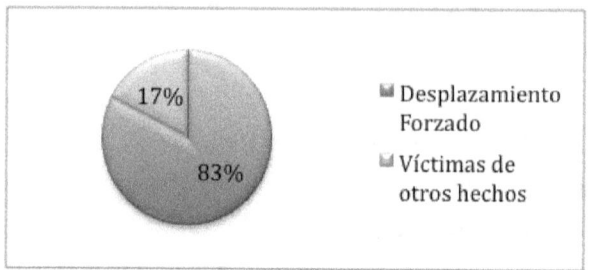

Víctimas del desplazamiento forzado y otros hechos de victimización

Poblaciones afectadas

Encontramos que el 51% de población desplazada son mujeres y un alto porcentaje de niños, niñas y jóvenes: 40% son menores de 15 años y cerca del 15% de diversas etnias.

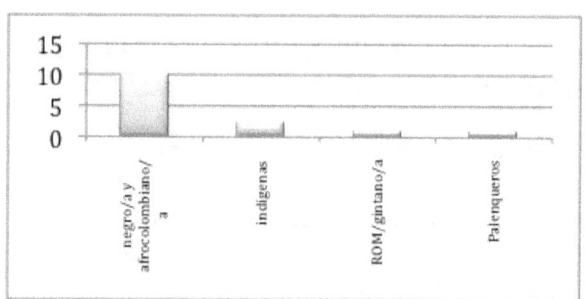

Población víctima de desplazamiento forzado por etnia

Tipo desplazamiento forzado

A diferencia de otros fenómenos de desplazamiento forzado por causa de la guerra, en los cuales el desplazamiento se presenta a nivel masivo de poblaciones enteras que temporalmente migran a zonas de refugio, en Colombia mayoritariamente personas solas y familias se desplazan de forma individual en diferentes fechas y momentos históricos hacia otros territorios donde se asientan invisible e indefinidamente. La invisibilidad es una de las principales características del desplazamiento forzado en Colombia, por presentarse "gota a gota" por largos periodos de tiempo y en diversos territorios, lo que ha impedido que se genere el impacto mediático que podría tener un desplazamiento masivo de casi el 11% de la población del país.

De acuerdo a cifras gubernamentales para el 2010, el 88% de las personas en situación de desplazamiento habían sido expulsadas individualmente y el 18% masivamente (RUPD, junio de 2010). En el 40% de los casos el desplazamiento implicó un cambio territorial con la migración hacia otro departamento.

Historicidad: el desplazamiento por fechas

Durante tres décadas en Colombia se han registrado desplazamientos año a año, encontrando un aumento en el número de personas que han salido de sus territorios desde 1997 hasta 2013 con cifras que superan las 200.000 personas desplazadas por año, y más del 50% de casos concentrados entre los años 2000 y 2008 coincidiendo con la vigencia de la Ley 387/97 y la posterior sentencia T-025 de 2004.

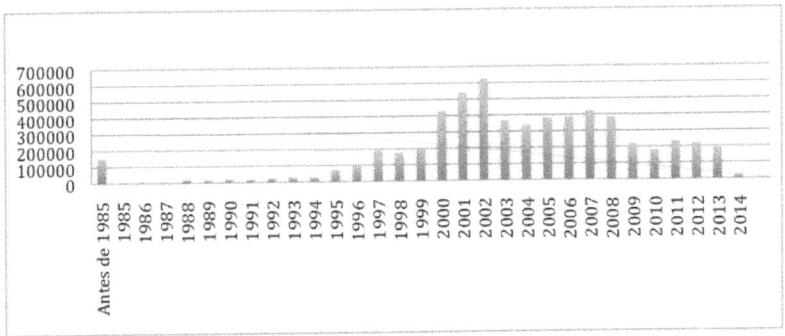

Gráfica: Desplazamiento forzado por año. Fuente: Registro Único de Víctimas RUV

Sin embargo, la mayor concentración se da en los años 2000, 2001 y 2002, en los que se presentaron en total más de un millón y medio de personas desplazadas. Al respecto la Comisión de Seguimiento establecida por la Corte Constitucional señaló que el periodo 2000-2002 ha quedado consignado en los registros oficiales de desplazamiento como el más crítico en términos de expulsión y recepción de población víctima del desplazamiento forzado. Este periodo coincide con la fase decisiva de expansión del proyecto paramilitar y la ruptura de los diálogos de paz con las FARC. Es reconocido que la ocupación territorial por parte de las fuerzas armadas ilegales generó el éxodo de miles de personas originarias de las zonas donde la influencia de dichos actores armados era de conocimiento público.[21]

Actores del desplazamiento forzado

La confluencia de grupos armados ilegales en disputa por el control de distintos tipos de recursos genera afectaciones directas sobre la vida, libertad, integridad y seguridad de la población.

De acuerdo a los registros de desplazamiento para el 2010 el gobierno reportó que la población había denunciado como autores: principalmente a las guerrillas con un 32% de los casos; pero resalta que el 35% de la población no identificó autor; 15% identificaron grupos paramilitares directamente; y 15% no identificó a los autores pero afirmó que no fue la guerrilla. Y porcentajes mínimos identifican como autor a la Fuerza Pública y a las bandas criminales.[22]

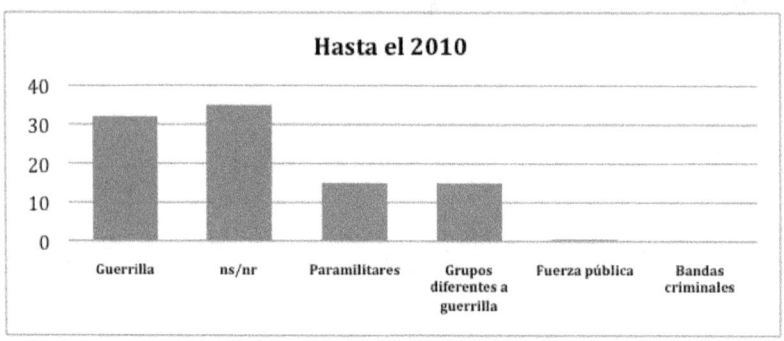

Gráfica: autores del desplazamiento forzado hasta el 2010

Posteriormente para los años del 2010 al 2012 ha aumentado el registro de desplazamientos ocasionados por la guerrilla con un 73% de los casos, y las bandas criminales con 15,6%. Es importante recordar que el cambio en los actores se debe a la desmovilización de los grupos paramilitares con la promulgación de la Ley de Justicia y Paz (Ley 975 de 2005), incluida desde el 2010 en el registro del desplazamiento forzado, lo que ocasionó un aumento en el porcentaje de accionar de bandas criminales, muchas de ellas remanentes de los grupos paramilitares.

---

21. "Proceso Nacional de Verificación de los Derechos de la Población Desplazada. Primer Informe a la Corte Constitucional," 29.

22. *Acción Social* 2010b, "Estadísticas de la población desplazada," www.accionsocial.gov.co.

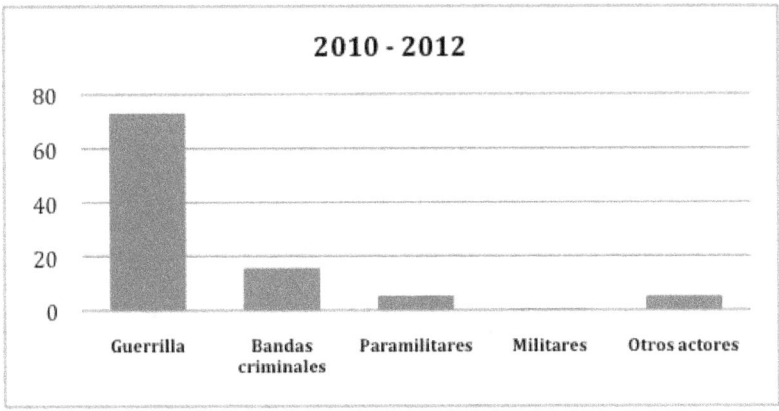

Gráfica: autores del desplazamiento forzado hasta el 2010

El desplazamiento forzado en los territorios del país

Cuando observamos el mapa de Colombia encontramos que todos los territorios se encuentran afectados en diferente grado por la expulsión de población desplazada. El *problema territorial del desplazamiento* se relaciona con la presencia de actores armados en territorios donde se desarrollan actividades altamente lucrativas como la presencia de corredores estratégicos de narcotráfico, la siembra de coca, el contrabando, la minería ilegal, la minería altamente extractiva, proyectos de agro combustibles y proyectos petroleros.

De esta forma, los territorios tienen afectaciones diferenciales aunque observamos que el desplazamiento forzado está relacionado con el control y despojo de tierras, y el control de la población en territorios del país, con objetivos económicos y políticos principalmente.

A nivel departamental los territorios donde se ha presentado un mayor número de eventos de desplazamiento son Antioquia con el 19,42% de casos; en segundo lugar Bolívar con 7,41% de los eventos; y los departamentos de Magdalena, Nariño, César, Chocó y Valle del Cauca con aproximadamente el 5% de los casos de desplazamiento cada uno.

A nivel municipal, encontramos que en el 99,5% de los municipios del país se han presentado eventos de desplazamiento forzado. De acuerdo al Departamento para la Prosperidad Social encontramos 1.117 municipios expulsores en el país, de un total de 1123 municipios.

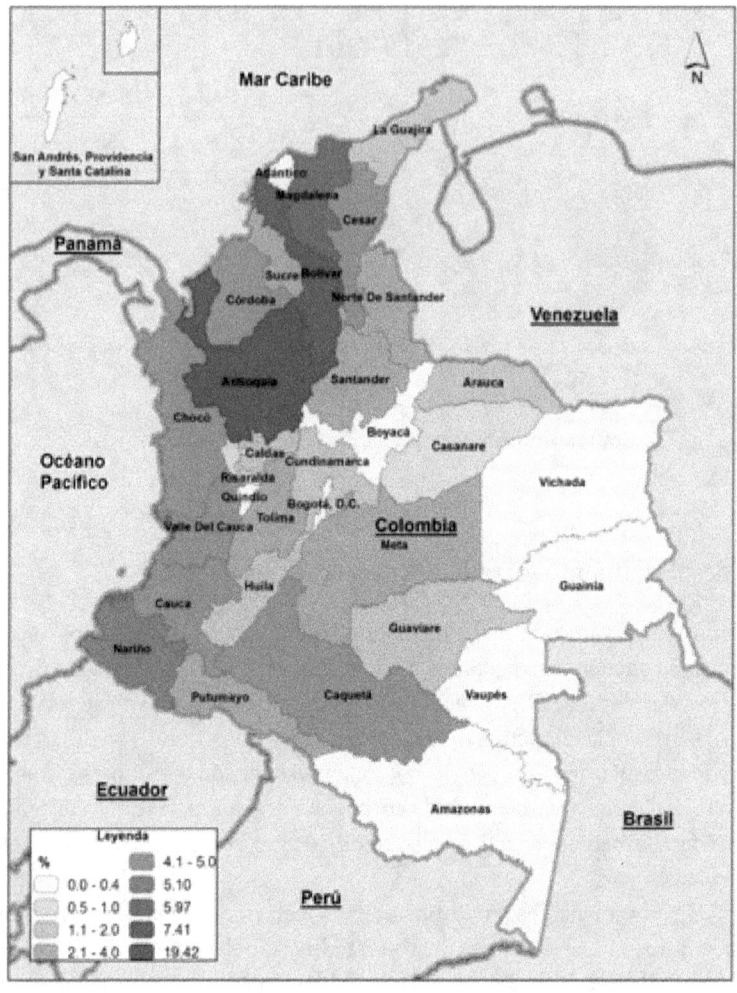

Mapa

Desde diversos estudios se ha afirmado esta tesis que plantea la relación entre el desplazamiento forzado no sólo con el conflicto armado sino con la apropiación y el control de tierras, en departamentos que constituyen zonas con corredores propicios para el tráfico de armas y drogas, territorios agrícolas aptos para el cultivos de ilícitos o agro combustibles, explotación minera, y por ello escenarios de disputas territoriales entre grupos armados.[23]

Según la Comisión de Seguimiento, entre 1980 y 2010 cerca de 6.637.195 hectáreas en Colombia fueron despojadas por acciones violentas y desplazamientos forzados en el país.[24]

Al respecto Ana María Ibáñez señala que el índice de concentración de tierras a nivel nacional aumentó en un 1% en el índice Gini de propiedad de tierras[25] entre el 2000 y 2009,[26] y afirma que los municipios con mayor concentración de la tierra, coinciden con aquellos que sufrieron mayor número de eventos de desplazamiento; y que las personas con tierras son más propensas a ser desplazadas forzosamente que personas sin propiedades.[27]

El desplazamiento se visualiza así, como un proceso de reordenamiento socio demográfico,[28] caracterizado por la creciente desocupación y concentración de la propiedad de tierra en las zonas rurales y el aumento de la población en cascos urbanos.

Pero el desplazamiento y sus impactos territoriales contemplan otras formas de migración. Encontramos también *desplazamientos temporales* de comunidades que han generado formas de preservar la vida sin renunciar a sus territorios. Aun en condiciones de inseguridad y amenaza, grupos indígenas y colonos se internan temporalmente en la selva o huyen hacia las cabeceras municipales hasta que disminuyan o cesen los enfrentamientos u hostigamientos, para retornar y desplegar estrategias de resistencia.[29]

Así mismo se visibiliza otra estrategia de control territorial y poblacional que se presenta en zonas con desplazamiento que se refiere al *confinamiento*, donde poblaciones son víctimas del control de la movilidad, del ingreso de alimentos y abastecimiento, así como del tipo de actividades productivas que se deben implementar por orden de grupos armados. En

---

23. Ibáñez, *Acceso a Tierras y Desplazamiento Forzado en Colombia*, 9.

24. Comisión de Seguimiento, 2011; Esta comisión señala que el despojo en i) Antioquia y Chocó alcanza 1.852.561 hectáreas; ii) en Cauca, Nariño, Putumayo, Caquetá y el municipio de Buenaventura en el Valle del Cauca, se han despojado 1.491.892 hectáreas; iii) en el Magdalena, Cesar, Guajira y Norte de Santander se despojaron 866.535 hectáreas; iv) en Atlántico, Bolívar, Sucre y Córdoba 749.968 hectáreas; v) en Boyacá, Caldas, Cundinamarca, Huila, Quindío, Risaralda, Tolima, Santander y Valle del Cauca(exceptuando Buenaventura) 633.299 hectáreas.

25. Gini de propiedad de tierras.

26. Ibáñez, "¿Puede la población desplazada recuperar su capacidad productiva con el paso del tiempo?," 135.

27. Ibáñez, *Acceso a Tierras y Desplazamiento Forzado en Colombia*, 9.

28. Osorio y Lozano, (1996) Pobladores rurales.

29. Bello, 389.

las situaciones de confinamiento las personas son limitadas en su libre locomoción y constreñidas a permanecer en un territorio.

Por estas múltiples expresiones de control y despojo de los territorios, Martha Bello y Marta Villa, proponen ampliar el concepto de desplazamiento forzado, incluyendo aún las migraciones forzadas que traspasan las fronteras nacionales, de miles de refugiados y migrantes colombianos; proponiéndonos que entendamos como persona víctima de desplazamiento forzado "a todo aquel que por razones del conflicto armado no puede habitar su territorio con autonomía y está en consecuencia impedido para realizar su proyecto de vida individual, familiar y comunitaria."[30]

El desplazamiento se ha conceptualizado como un evento que ocasiona la migración forzada, pero también puede comprenderse como un *proceso* intrínsecamente relacionado con el tiempo, como un fenómeno amplio que incluye otras características posteriores a la salida o migración, un proceso tanto de salida como de llegada a una nueva ciudad, de reasentamiento, intentos de retorno, migración constante entre territorios en búsqueda de condiciones adecuadas para la supervivencia, y desplazamientos interurbanos.

Al respecto Naranjo afirma que "El Desplazamiento forzado entendido como un proceso, más que como un evento, está determinado por un antes, o el hecho del desplazamiento forzado: la expulsión de un lugar; por un después, o el reasentamiento involuntario: la inserción en un nuevo lugar; y por un durante, o el hecho de que la población permanece en "situación de desplazamiento" por periodos extendidos de tiempo, durante años incluso."[31]

EL DESPLAZAMIENTO, UNA CUESTIÓN DE VIDA

Para aportar a la comprensión del desplazamiento forzado como un fenómeno multidimensional, se retomarán testimonios de personas que fueron víctimas de desplazamiento forzado y que migraron de diversas zonas del país hacia Bogotá y Soacha; estas entrevistas fueron realizadas como parte de una investigación participativa adelantada en el año 2010.[32] Con ellas se expondrá de forma rápida diversas formas en el evento de salida del desplazamiento forzado y sus principales afectaciones.

30. Bello y Villa, *El desplazamiento en Colombia: regiones, ciudades y políticas públicas*, Bogotá: Universidad Nacional de Colombia, 2005, 13.

31. Naranjo Giraldo, "Desplazamiento Forzado y Reasentamiento Involuntario. Estudio de caso: Medellín 1992-2004,"83.

32. Cadavid Valencia, "Condiciones de Miseria y Desigualdad en 100 Familias en situación de Desplazamiento asentadas en Bogotá y Soacha," 36.

La salida y la llegada a un lugar desconocido

Es importante señalar que la mayoría de los desplazamientos estuvieron precedidos en la zona por historias de muerte, miedo, y terror, y el evento del desplazamiento con todos sus diversos traumatismos y violencias se convierte en una corroboración de los rumores y las historias escuchadas.

> *Lorena[33] llegó a Bogotá desplazada de Santander. En un territorio en conflicto armado, Lorena vio y escuchó muchas cosas de enfrentamientos y reclusiones forzadas, recuerda historias sobre violaciones a mujeres y niños reclutados obligados a violar y matar a familiares.*
>
> *El día que llegaron a su casa los hicieron salir de forma inmediata, "cuando ellos llegan a tocar su puerta, le toca a uno salir como esté, no hay tiempo de nada, si lo cogió sin ropa, así le tocó... Cuando llegaron a llamarnos, eran las 10 de la noche, nosotros ya estábamos durmiendo, y apenas escuchamos: salga corriendo... los niños salieron descalzos, y yo a duras penas alcancé a coger una plática que mi esposo y yo manteníamos debajo del colchón por si acaso, pues porque ya se sabía que la zona estaba así pesada."*
>
> *Al salir le dijeron al esposo que debía reportarse en una hora frente a un comandante en un lugar alejado, y ella y su familia debían irse. Lorena relata cómo ella salió con sus tres hijos pequeños y comenzaron a caminar entre el monte, porque así tuvieran algo de dinero para tomar un bus, temían salir a carretera y encontrarse con el grupo o con un retén, así que caminaron tres días entre fincas.*
>
> *Al tercer día cuando ya se habían retirado lo suficiente, salieron a la carretera y cogieron un bus a Bogotá. Al llegar a la terminal, los niños no tenían zapatos ni ropa que les abrigara, y Lorena no conocía la ciudad ni a nadie que viviera en ella. (Mujer Desplazada de Santander, de 32 años, Bogotá).*

Salida precipitada

> *"Un día llegó un conocido mío, que me tenía aprecio, y me dijo que me fuera, que saliera como pudiera, porque el jueves en la mañana me iban a matar. Así enterré esa noche una mercancía que tenía ahí en el negocio para no perder todo, eché una muda de ropa en el bolso de la niña... salimos escondidas en un carro,*

---

33. Los nombres han sido cambiados por protección de las personas entrevistadas.

> *como si yo fuera a hacer una rápida diligencia en el pueblo . . . y pues ya nunca volví . . ." (Mujer desplazada del Casanare, 32 años, Bogotá).*

Algunas personas alcanzaron a preparar la salida

Algunas familias y personas han salido desplazadas por amenaza de reclutamiento o asesinato, pero tuvieron tiempo de organizar y planificar apresuradamente la salida.

> *". . . Me llamó mi esposo y me dijo "empaque todo" . . . en cuestión de un día armamos el trasteo nuestro y de su familia . . . porque la cruz roja al otro día nos iba a acompañar con un camión para sacar todo . . . muchas cosas se perdieron: propiedades, cosas de la casa, el contacto con mi familia que quedó allá, toda la vida que uno tenía . . ." (Mujer desplazada del Cesar, 27 años).*

Jóvenes: los más amenazados por el reclutamiento forzado

Una de las principales causas del desplazamiento se presenta por el reclutamiento de jóvenes por parte de los grupos armados.

> *Octavio llegó con su familia desplazado del Huila. Relata que para él el problema comenzó luego de que sus hijos mayores decidieran unirse al ejército para prestar servicio militar, decisión que él apoyó. Después de esto, "comenzaron a molestar allá." Con acento opita marcado, Octavio relata que luego de esto, constantemente, le pedían a él favores, mandados, por parte de la guerrilla. "si uno estaba comiendo y llegaban a llamarme, pues tocaba dejar de hacer lo que fuera por ir, que para hacer mandados, que pa´qui, que pa´yá, y pues ya era todo el tiempo, a veces de noche . . . y luego comenzaron a preguntar si cuando crecieran los menores los iba a enlistar* (en el grupo guerrillero)*, y pues uno de padre, imagínese! me dolía el corazón de tener que responder que si para que no molestaran . . . Así que un día decidimos irnos primero a Neiva, pero estábamos muy junto . . . Entonces nos vinimos para Bogotá." (Hombre desplazado del Huila, 48 años, Bogotá)*

Señalamientos, en medio del fuego cruzado

Se observa comúnmente personas y familias que han quedado en el medio de la disputa de grupos armados, siendo señalados por diversos actores como auxiliadores del grupo enemigo.

> "Cuando fui candidato a la alcaldía me secuestró la guerrilla, tres días, y me dijeron que sí quería apoyara a alguien más, pero que yo no me podía lanzar, así que apoyamos a otro del grupo y yo fui nombrado secretario de gobierno. Durante ese mandato la guerrilla se tomó el pueblo y lo atacaron terriblemente y nosotros intentamos dialogar, entonces después llegaron los paramilitares y nos señalaron como auxiliadores de la guerrilla ... A mí los paramilitares no me amenazaron, me iban era a matar, pero un conocido mío se enteró y me llamó y me advirtió que al día siguiente venían a matarme, así que a toda mi familia nos tocó salir." (Testimonio Hombre desplazado del Cesar, 37 años, Bogotá).

El señalamiento de personas como auxiliadores de ciertos grupos, se convirtió en estrategias de venganza y dominación, con el desplazamiento forzado de ciertas familias a conveniencia de algunos pobladores, vecinos, grupos políticos, etc.

> Teresita llegó a Bogotá desplazada de la costa, tras el asesinato de su esposo y su padre. "Nosotros teníamos una hacienda y ganado, vivíamos bien, pero solo bastó que un señor que le debía una plata a mi papá soltara el rumor de que nosotros éramos colaboradores de la guerrilla para que llegarán a nuestra finca ... asesinaron a mi papá y a mi esposo delante de todos nosotros, y esa misma noche nos tocó salir, y dejar el ganado y la finca ... solo logramos vender una casa que teníamos en el pueblo ..." (Mujer desplazada del César, 50 años, Bogotá).

Amenazas, agresiones y violencias sexuales

Algunos son golpeados, violentados, abusados y llegan enfermos y con problemas de salud a la ciudad; las mujeres son víctimas de violencia sexual, al ser el cuerpo botín de guerra, esta violencia es la más invisible en el conflicto pues las mujeres sienten temor a hablar no sólo por el miedo generado por el desplazamiento sino por el estigma y la consideración de que es un problema "privado" de la mujer. Se han encontrado testimonios de hombres que también han sido víctimas de abusos sexuales en el conflicto.

> *Sandra llegó del campo desplazada con su esposo y su hijo, en la finca donde vivían llegó un grupo armado "a él lo golpearon en el estómago con el fusil, y a mí me hicieron mal, y eso nos dijeron que comenzáramos a andar y no volviéramos... Llegamos a Bogotá y llamamos un primo, sólo teníamos el número... nos dijeron que ya no vivía allí, imagínese y nosotros sin saber ni pa' donde, pero nos dieron la dirección, y con él tan enfermo cogimos pa' allá y pues el dueño de la casa nos ayudó... yo viéndolo a él así empecé a reciclar por esas calles cerca para al menos tener para comer y pagar los 5000 diarios de arriendo, aunque yo también estaba mala...." (Mujer Desplazada de Santander, 34 años, Bogotá).*

Desintegración familiar

Algunas personas relatan que diferentes miembros de la familia tuvieron que huir o fueron reclutados y por ello estuvieron separados y perdidos unos de otros por meses o años enteros, lo que genera desintegración de núcleos familiares, gastos de búsqueda y localización de quienes se han extraviado, incluso personas se integran a nuevos núcleos familiares.

> *"Cuando yo llegué a Bogotá no sabía dónde estaba mi esposa, duramos un año así hasta que nos encontramos por unos conocidos ... es que cuando llegaron a la finca yo salí corriendo, me tocó así salir, me volé... y mi esposa quedó ahí, pero la hicieron irse con los hijos..." (Hombre, Desplazado del Huila, 38 años, Bogotá).*

Desintegración familiar—Migración internacional

Muchos deben salir del país por las condiciones de inseguridad o buscando mejores opciones económicas.

> *"Carlos decidió irse, recién llegamos entró al SENA, no por programas de desplazados, sino por el proceso normal y corriente... y en un programa de intercambio se fue a España... está allá y pasó papeles para el asilo político y cuando salga nos vamos todos ..." (Mujer desplazada del Cesar, 27 años, Bogotá).*

Afectaciones emocionales

Algunas de estas familias salieron tras eventos dolorosos de asesinato, desaparición y retención de familiares, y se manifiestan consecuencias emocionales y psicológicas.

> "En el segundo desplazamiento, nosotros estábamos en el valle, tuvimos que salir porque asesinaron a mi hermano, mi sobrino vio todo, él estaba ahí viendo... habla todo el tiempo de que se quiere vengar, si tiene sólo 9 años, mi cuñada y yo no sabemos qué hacer..." (Mujer desplazada del Guaviare, 38 años, Bogotá).

Observamos que el desplazamiento en la primera norma, la Ley 387, se definió en relación al abandono de localidad de residencia o actividad económica habitual; y si bien el desplazamiento incluye la pérdida de capital económico con detrimento de sus posesiones y despojo de tierras y bienes, también afecta lo que se conoce como capital social con la desestructuración de la familia y las redes de apoyo, agravado en los casos en que han sido asesinados familiares y vecinos, lo que genera una grave afectación a nivel emocional y psicológico de las personas.

El desplazamiento genera además una serie de manifestaciones de la violencia que se vive en los cuerpos y vidas y que no finaliza con el desplazamiento. Situaciones de inseguridad, temor y amenazas a la salud y la integridad siguen presentándose en los lugares de asentamiento, lo que provoca nuevas migraciones forzadas, intermunicipales y al interior de la ciudad receptora y migraciones internacionales de miembros de la familia.

De esta manera se llama la atención que atender el desplazamiento forzado incluye el conocimiento del evento de salida, pero también las condiciones posteriores que caracterizan a la población desplazada. Ubicando centralmente el análisis del *ser*, del sujeto del desplazamiento forzado y también del reasentamiento y reconstrucción. Cuando hablamos de la reconstrucción de los proyectos de vida, ésta se da en diversas dimensiones: de supervivencia material, reconstrucción de la identidad y pertenencia, del tejido y la organización social.

Al respecto Donny Meertens, afirma que "la población migrante y población desplazada por la violencia -mujeres y hombres- no sólo son víctimas de crisis económicas, de desempleo, del conflicto, del desarraigo, del abandono por parte del Estado. También son todos, en algún grado, agentes del cambio social, sujetos activos de sus derechos, forjadores de su futuro."[34] Las personas desplazadas son el sujeto y agentes del reasentamiento,

---

34. Meertens, "Género, Desplazamiento Forzado y Migración. Un ejercicio comparativo en movilidad y proyectos de vida," 429.

reconstrucción, exigencia de derechos, acercamiento a la política pública y la de agencia de nuevos proyectos de vida.[35]

REFLEXIONES EN TORNO A LA RESPUESTA SOCIAL ANTE EL DESPLAZAMIENTO FORZADO

La agencia es un concepto de la sociología,, que busca responder a la relación fundamental evaluada por esta ciencia social entre individuo-sociedad, entre el individuo y las estructuras sociales.

Las teorías sociológicas abordan esta discusión, algunas con un mayor énfasis en las estructuras y otras en el rol de los individuos. El concepto de *agencia* corresponde a teorías como la de Anthony Giddens y Pierre Bourdieu que reconocen el peso de las estructuras, pero también el rol de los individuos para actuar en dichas estructuras sociales.

En este sentido reconocer a las personas desplazadas en su calidad de *agentes* en el reasentamiento, de exigencia de derechos, acercamiento a las instituciones del Estado y la construcción de nuevos proyectos de vida, en el marco de estructuras sociales de violencia, desigualdad y desarraigo, nos llama a reconocer a las víctimas no en un papel pasivo sino como sujetos de derechos y con posibilidades de acción y empoderamiento.

Como ejemplo de ello, encontramos la Ley de Víctimas (Ley 1448 de 2011) que reconoce y promueve el rol central que las víctimas tienen en los procesos de verdad, justicia y reparación para la superación de la violencia. Así como la relevancia de su participación en escenarios de seguimiento a la implementación de la ley.

Igualmente cuando como sociedad civil abordamos preguntas como ¿Qué debemos hacer?, y relacionada a ésta ¿Qué podemos hacer frente al Desplazamiento Forzado? Es importante retomar categorías de agencia social no sólo en el trabajo con la población desplazada sino en la creación de agendas de trabajo propias, pues esta categoría nos permite vernos en roles activos dentro de las estructuras sociales.

Las preguntas por el accionar frente al Desplazamiento Forzado, se encuentran con la dificultad de gestarse en una sociedad con una creciente individualización, sin embargo el *hacer social* no debe ser una pregunta individual sino colectiva, cuando hablamos de sociedad civil no hablamos de individuos aislados sino de la ciudadanía[36] organizada colectivamente de frente al Estado y otras expresiones de la sociedad.

35. Ibid., 429.

36. Retomamos ciudadanía como lugar de reconocimiento y reivindicación de un sujeto de derecho frente al Estado, y Estado como expresión de poder legítimo.

En este sentido, es recomendable que toda organización, iglesia, institución que se plantee una acción social efectiva reconozca:

1. El marco normativo de la Atención a la Población Desplazada, centrada principalmente en el análisis de los derechos de las víctimas del conflicto.
2. Los diferentes actores sociales como son el Estado y sus instituciones, otras organizaciones sociales, sector privado, iglesias, reconociendo sus características, capacidades de actuación y roles diferentes a nivel social. (Ver cuadro 1)
3. Objetivos, capacidades de actuación y limitaciones.

Para la construcción de agendas de trabajo se recomienda avanzar en técnicas de elaboración de agendas políticas participativas utilizadas en procesos comunitarios en Colombia y América Latina.

Cuadro 1: Actores sociales

Actores sociales	
Estado	Instituciones, Gobiernos municipales, departamentales y nacional
Organismos Internacionales	Organismos Internacionales de Estados, Cortes Internacionales
Sociedad Civil	Organizaciones sociales, ONGs—Academia—Iglesia
Sistema de representación	Partidos políticos
Empresa	Medios de comunicación, industria, comercio

Fuente: Elaboración propia

Es importante conocer los roles que el Estado y Sociedad Civil pueden cumplir, para una acción consciente en un marco social y político contextualizado.

Es importante reconocer el impacto diferenciado (enfoque diferencial) que el desplazamiento forzado causa sobre personas y comunidades en razón al género, a la etnia, edad, nivel de formación y condición de discapacidad, entre otras. Las ciencias sociales y los movimientos latinoamericanos han avanzado en posicionar categorías de diversidad y mestizaje que nos ayudan a ver nuevos impactos en conceptos como pobreza, vulnerabilidad, exclusión, y otros.

Es importante señalar, que la intervención social y la movilización en América Latina se han centrado en la reivindicación de los derechos humanos y sociales, pero se debe contemplar la necesidad de realizar nuevas demandas sociales y propuestas al Estado y la sociedad. Por ello, es relevante que la agenda de representantes políticos,[37] académicos y sociales de las iglesias cristianas evangélicas en Colombia incluyan en sus asuntos prioritarios la violencia, la paz, el perdón, la verdad, la justicia y la reconciliación.

Parte de rol de la academia, es incidir en el contenido de estos conceptos centrales en la agenda política actual colombiana. Recordemos con Bourdieu, sin hablar aún de lo que establece el evangelio, que la capacidad de nombrar "representa un formidable poder social," y al incidir en la transformación de estas categorías, estamos incidiendo en la conservación o transformación del mundo social.

---

37. Líderes políticos cristianos son reconocidos por su incidencia en la agenda nacional en torno a temas relacionados con la eutanasia, familia y niñez, como su oposición a derechos sexuales y reproductivos normados principalmente por la Corte Constitucional.

Capítulo 2

Desplazamiento de centroamericanos y colombianos

Violencia, trauma y el ministerio de la iglesia

LISSETH ROJAS-FLORES, PH.D.

INTRODUCCIÓN

VIVIMOS UNA ÉPOCA VIOLENTA. En estos tiempos el desplazamiento forzado y la violencia rampante prevalecen, dejando heridas emocionales y morales muy profundas tanto a nivel individual como comunal. Al vivir en un contexto marcado por la violencia, nos incumbe como iglesia preguntarnos cómo enfrentar las consecuencias negativas asociadas con la violencia, las cuales no solo afectan a nuestras comunidades de fe, sino también nuestro mundo alrededor y más allá. Como psicóloga—voy a abordar los temas de inmigración, desplazamiento forzado y violencia, desde un enfoque psicológico y sociológico—con el fin de proveer un contexto en el cual se pueda también explorar maneras prácticas con las cuales la iglesia sea capaz deministrar en medio del dolor y el trauma que están usualmente asociados con el desplazamiento, el exilio, los patrones de migración y la violencia.

Como orgullosa colombiana, tengo que admitir que he pasado un buen rato en Norte América y por lo tanto mi experiencia con cuestiones migratorias y problemas sociales se enfocan en la experiencia migratoria de los latinos en los Estados Unidos, siendo que mi familia y yo experimentamos el migrar de Colombia a los Estados Unidos. Partiendo de esa vivencia y realidad, mis ejemplos están primordialmente relacionados con la población latina en ese país. Creo que la situación del inmigrante latino en los Estados Unidos nos puede dar otra perspectiva de lo que implica el problema del desplazamiento forzado y la violencia. Por lo tanto, mi meta es subrayar ciertas similitudes, trazar ciertos paralelos, que existen entre las comunidades latinas en los Estados Unidos y la situación en Colombia. Mi propósito es resaltar que vivimos en una era violenta donde tenemos que enfrentar dolor y trauma, y que en este contexto, la iglesia debe educarse con respecto a los efectos del trauma y la violencia para así delinear maneras prácticas y efectivas para ministrar y proveer cuidado y asistencia espiritual relevante y significativa.

Los movimientos migratorios han estado presentes en los seres humanos desde el principio de la historia. Hoy en día grandes números de personas se mueven de un lugar a otro; no hay país exento de estos movimientos migratorios. Los Estados Unidos, por ejemplo, son un país que representaba menos del 5% de la población del mundo, pero hoy tiene casi el 25% de todos sus residentes indocumentados viviendo a la sombra de la ley. Este porcentaje corresponde a más de 11.3 millones de inmigrantes indocumentados que viven en lo EEUU.[1] La población latina en los Estados Unidos es vasta y heterogénea. Enfoquémonos por un momento en la población centroamericana por país de origen. Existen aproximadamente 11,489.387 (28.2%) mexicanos;; 1,254,501 (3.1%) de salvadoreños; 880,869 (2.2.%) guatemaltecos y 535,725 (1.3%), y hondureños residiendo en los EEUU.[2] Con respecto a nuestros compatriotas en el exterior, los colombianos constituyen aproximadamente 705,006 (1.7%) por ciento de la población Latina en los Estados Unidos.[3] El emigrante latinoamericano llega a los Estados Unidos por variadas razones y entra al país en diversas, creativas y riesgosas formas. Hay estudiantes y trabajadores con visas temporales, turistas semipermanentes, residentes permanentes (estos entran en forma legal), además de refugiados y residentes indocumentados. Enfoquémonos

---

1. Passel, *As Growth Stalls, Unauthorized Immigrant Population Becomes More Settled*, 2014, 1.

2. Brown, *Pew Research Hispanic Trends Project: Statistical Portrait of the Foreign-Born Population in the United States*, 2014, 5.

3. Ibid.

en los indocumentados y refugiados ya que inherentemente son los más vulnerables en estos movimientos migratorios.

CONTEXTOS VIOLENTOS LATINOAMERICANOS EN EL SIGLO XXI: CONFLICTOS ARMADOS

La inmigración en el siglo XXI está marcada por la globalización, la desigualdad social, al igual que por un ciclo de guerras y conflictos armados. Estudiemos exclusivamente en los movimientos migratorios en las Américas, y particularmente en los países del istmo centroamericano—México,, El Salvador, Honduras y Guatemala, e incluyamos a Colombia—y en las prolongadas guerras civiles y situaciones sociales desfavorables, incluyendo el problema del narcotráfico que han azotado a estas tierras. En el caso centroamericano sabemos que desde 1976 a 1996 la guerra en Centroamérica dejó más de 250,000 muertos, más de un millón de desplazados internos, y más de dos millones de refugiados, la gran mayoría en EEUU como inmigrantes irregulares.[4] En Colombia, el conflicto armado ya cumplió sus ¡50 años! Según un estudio realizado por el Centro Nacional de Colombia para la Memoria Histórica, más de 220.000 personas han muerto en el conflicto entre 1958 y 2012[5]—la mayoría de ellos civiles—y más de cinco millones han sido desplazados y obligados a emigrar a otros territorios. Los más afectados por el conflicto armado, han sido las comunidades afrocolombianas y los pueblos indígenas. De acuerdo a un reporte del Alto Comisionado de las Naciones Unidas para los Refugiados (conocido por las siglas ACNUR),[6] los indígenas representan el 2.74% del total de la población colombiana, y el 3.4% de la población desplazada internamente. Sin duda alguna estos conflictos armados germinan contextos violentos y son los antecedentes de movimientos masivos de personas.

MIGRACIONES MASIVAS CAUSADAS POR DESPLAZAMIENTOS FORZOSOS

A mediados del año 2014, los Estados Unidos se ha enfrendado con un éxodo centroamericano masivo e histórico. Esta crisis humanitaria, prácticamente

4. García, *Seeking Refuge: Central American Migration to Mexico, the United States, and Canada*,1.

5. Centro Nacional de Memoria Histórica, "¡Basta Ya! Colombia: Memorias de Guerra y Dignidad," 20.

6. Alto Comisionado de las Naciones Unidas para los Refugiados: ACNUR, *Situación Colombia Indígenas*, 1.

invisible por un buen rato, ha explotado recientemente en las políticas y la conciencia estadounidense y del mundo, a medida que el número de niños no acompañados ha escalado a niveles exorbitantes. La realidad es que desde el 2009, se ha registrado un número creciente de solicitantes de asilo de El Salvador, Honduras, Guatemala y México.[7] Desde Octubre del 2013, más de 60,000 niños y niñas sin acompañantes cruzaron la frontera de México-Estados Unidos—y en lo que corre del año 2015, la cifra ya alcanza aproximadamente 35,000 menores.[8] ¿Por qué están abandonando estos niños sus países de origen? Conociendo la pobreza agobiante que azota a estos países, es fácil concluir que la falta de oportunidades económicas es el factor principal que impulsa a estos niños a huir de sus hogares en Centroamérica, y dirigirse a la frontera con Estados Unidos buscando mejor vida, a sus padres y familiares. Existen pruebas circunstanciales de que este último aumento de las madres y los niños de Centroamérica se compone de auténticos refugiados de la violencia generalizada, y no de inmigrantes económicos. Brillan por su ausencia en este éxodo los niños de Nicaragua, un país que es aún notoriamente más pobre que El Salvador, Honduras y Guatemala, pero que no tiene una crisis de pandillas y bandas criminales.[9] Varios estudios demuestran que la razón más comúnmente citada para el reciente aumento de la migración de menores no acompañados a los EE.UU. es la violencia, especialmente la violencia de pandillas o "maras" rivales a nivel local y comunitario.[10] Recordemos que los niños son reclutados por las maras por la fuerza y porque las leyes son indulgentes con menores de edad, usados para fines delictivos como extorsiones y asesinatos.

Esta violencia se ha agravado en los últimos años, coincidiendo con la actual ola de migración de menores no acompañados. Por ejemplo, Honduras ahora, es el país más peligroso del mundo, tiene hoy un escalofriante índice de violencia de 90.4 muertos por cada 100,000 habitantes.[11] El Salvador no se queda atrás con la quinta tasa de homicidios más alta (41.2 por cada 100.000 habitantes,) y Guatemala tiene la sexta tasa más alta con 39.9 por cada 100.000 personas.[12] Es así como estos niños y niñas, y familias con

---

7. Alto Comisionado de las Naciones Unidas para los Refugiados: ACNUR, *Niños en Fuga*, 3.

8. *Southwest Border Unaccompanied Children, U.S. Customs and Border Protection* (July, 2014), 5.

9. North, "How the US's Foreign Policy Created an Immigrant Refugee Crisis on Its Own Southern border," 11.

10. ACNUR, *Niños en fuga*, 6.

11. United Nations Office on Drugs and Crime (UNODC), *Global Study on Homicide 2013*, 24.

12. Ibid.

pequeñitos, huyen del pandillerismo narcoterrorista, del terror de género demostrado en el alto índice de abuso y violaciones sexuales, la desintegración familiar, los asesinatos provenientes de una cultura de muerte y del poco valor de la vida humana que es característico de estos países del istmo centroamericano. Estos niños están siendo desplazados por la violencia y los conflictos armados. En un reporte hecho en Marzo de este año, titulado: "*Niños en Fuga*." La Oficina del Alto Comisionado de las Naciones Unidas para los Refugiados para los Estados Unidos y el Caribe (ACNUR), estima que un 58% de los centroamericanos que cruzan la frontera de México han sido "forzosamente desplazados" y por lo tanto tienen derecho a "protección internacional."[13]

Al igual que los países centroamericanos, en Colombia el conflicto armado ha obligado a más de 5 millones de colombianos a abandonar sus hogares o comunidades y a buscar refugio en otras partes del mismo país o fuera de él.[14] De acuerdo a estadísticas reportadas por ACNUR en Enero 2014, se estima que 396,635 colombianos viven como refugiados en el exterior.[15] La mayoría ha emigrado a las ciudades (también de barrio a barrio y de ciudad a ciudad, incluso de ciudad al campo) en busca de anonimato, seguridad y maneras de ganarse la vida. De acuerdo a los reportes del ACNUR, éste es el desastre humanitario más grande del hemisferio occidental y desafortunadamente uno de los menos visibles.[16] Similar a los países centroamericanos de los que hablamos anteriormente—mujeres y niños—forman un 70% de la población desplazada en Colombia.[17] Es así que tanto en el caso centroamericano como en el colombiano notamos el escape de la violencia y crueldad en busca de albergue y protecciones fundamentales, dentro o fuera de sus países de origen, pero que desafortunadamente no siempre son encontrados.

INMIGRACIÓN HACIA EL NORTE Y LEYES MIGRATORIAS QUE PERPETÚAN LA SEPARACIÓN FAMILIAR

Habiendo cruzado la frontera estadounidense—ya sea nadando el Río Grande, viajando encima del tren de carga conocido como la "Bestia,"

13. ACNUR, *Niños en fuga*, 3.
14. Alto Comisionado de las Naciones Unidas para los Refugiados: ACNUR, *2015 UNHCR country operations profile—Colombia Overview*, 7.
15. Ibid., 4; ACNUR, *Niños en Fuga*, 6.
16. ACNUR, "*Colombia's Invisible Crisis*." 1.
17. IDMC, *Colombia IDP Figures Analysis*, 1.

cruzando desiertos, escondidos en carros, camiones o en avión—estos inmigrantes desplazados se encuentran con otros riesgos. En la realidad histórica y contemporánea estadounidense ambos grupos, los centroamericanos y los colombianos, están expuestos a y son víctimas de un sistema complejo de leyes migratorias que resultan en la fragmentación del sistema familiar y exacerban los riesgos psicosociales de estos inmigrantes en los EE.UU. Después de México y los países centroamericanos, Colombia se encuentra entre los 10 países con más deportados de los EE.UU.[18]

Más de 4.5 millones de niños y jóvenes menores de 18 años son hijos de padres indocumentados[19] y están creciendo en hogares donde el status migratorio precario de sus padres los coloca en una situación de desventaja social y económica. Entre las fechas de julio 2010 y septiembre 2012, más de 205,0000 padres de niños ciudadanos fueron deportados de los Estados Unidos.[20] Recientemente estas cifras se han incrementado exorbitantemente. En el año 2013, el Servicio de Inmigración y Control de Aduanas de los Estados Unidos (U.S. Immigration and Customs Enforcement o ICE, en Inglés) deportó a 72,410 inmigrantes indocumentados que son padres de niños ciudadanos de EE.UU.[21] Dada la inminente posibilidad de sus padres ser deportados en cualquier momento, estos niños ciudadanos de los Estados Unidos, viven en constante angustia, zozobra y ansiedad. En un estudio que estamos llevando a cabo en el área de Los Ángeles, con el objetivo de documentar el impacto emocional y psicológico, educacional y espiritual que tiene la detención y deportación de un padre en los niños y niñas latinos nacidos en los EE.UU. (de edades entre 6–12 años), y por ende ciudadanos estadounidenses con todos los derechos asociados, estamos encontrando: altos niveles de ansiedad, depresión y trauma, especialmente en aquellos que fueron testigos del arresto de sus padres.[22] La zozobra de que la familia pueda ser desgarrada en cualquier momento, por la gran operación de las autoridades migratorias, reina no solo en estos niños y niñas que han

---

18. Department of Homeland Security (DHS), *FY 2014 ICE Immigration Removals*, 1.

19. Passel, *Unauthorized Immigrant Population: National and State Trends*, 13.

20. Wessler, *Primary Data: Deportations of Parents of U.S. Citizen Kids*, 1.

21. Ver: U.S. Dep't of Homeland Sec., *ICE, Deportation of Aliens Claiming U.S.-Born Children: First Semi-Annual, Calendar Year 2013* (Apr. 28, 2014), disponible en http://big.assets.huffingtonpost.com/2013report1.pdf ; U.S. Dep't of Homeland Sec., *ICE, Deportation of Aliens Claiming U.S.-Born Children: Second Half, Calendar Year 2013 Report to Congress* (Apr. 28, 2014), disponible en http://big.assets.huffingtonpost.com/2013report2.pdf.

22. Rojas-Flores, "Latino Citizen Children of Detained & Deported Parents: Implications for the Church, Practitioners, and Immigration Policies," conferencia en Pasadena, CA, Febrero, 2014.

sufrido en carne propia la pérdida de un padre por deportación o detención, sino también en aquellos cuyos padres están viviendo en las sombras en los EE.UU.[23] Sin duda alguna, las secuelas psicosociales de estos patrones migratorios son devastadoras, y estas experiencias traumáticas afectan al niño y al adulto en todo aspecto de sus vidas.

¿QUÉ ES UNA EXPERIENCIA TRAUMÁTICA?

En estos contextos de guerra y violencia, políticas y leyes migratorias adversas y rechazo, los desplazados y asilados están expuestos a una gama de experiencias posiblemente traumáticas antes, durante y después de emigrar o ser desplazados. Una experiencia traumática es aquella en la que algo muy aterrador, triste, o peligroso le sucede a alguien o a alguien cercano al sujeto, y ante lo cual se sienten impotentes. Sin embargo, las personas no tienen que ser víctimas directas para ser perjudicadas por la exposición a la violencia, sólo el hecho de presenciar o escuchar actos de violencia, graves lesiones o una muerte grotesca pueden ser igualmente traumáticos. Algunos ejemplos de situaciones traumáticas incluyen desde desastres naturales, guerra, terrorismo, violencia en la comunidad o vecindario, violencia doméstica, hasta maltrato y abuso infantil. Los eventos traumáticos pueden suceder una sola vez y durar corto tiempo, o pueden suceder muchas veces durante meses o aún años. Es de esperar que dado los contextos de violencia discutidos anteriormente, la mayoría de los desplazados enfrenten peligros, miedo y experimenten situaciones de horror extremo en condiciones de enorme indefensión y humillación. Muchos experimentan trauma no sólo antes de emigrar por el desarraigo, sino también durante el viaje en sí, durante su estancia fuera de su comunidad (ya sea dentro o fuera de su país), y aun cuando regresan a sus países o lugar de origen al encontrar los mismos problemas o peores. Es así que por razones fundamentales a la supervivencia, mucho después de la experiencia traumatizante, estos eventos continúan siendo prioridad en sus pensamientos, emociones y comportamiento y este fenómeno lo vemos tanto en los niños como en los adultos. Estas experiencias se quedan clavadas en la memoria, conducen a intentar evitar a como dé lugar situaciones que les recuerden el suceso y mantienen el cuerpo en un estado de "alerta" constante.

23. Ibid.

¿QUÉ ES UN TRAUMA?

Trauma es la respuesta biológica, psicológica, emocional y espiritual a eventos caracterizados por indefensión, humillación y extremo terror. En otras palabras, los eventos traumáticos pueden afectar el cuerpo, el corazón, la mente y el alma. Estudio tras estudio nos demuestran que la exposición a situaciones traumáticas y violentas pueden tener consequencias a largo plazo a nivel físico, cognitivo, conductista, social, y espiritual.[24]

Físicamente/biológicamente: La víctima puede sufrir reacciones físicas muy agudas al enfrentarse con recuerdos, pensamientos y sentimientos asociados con eventos traumatizantes, como palpitaciones fuertes del corazón, pulso rápido, visión borrosa, problemas para respirar entre otros. Biológicamente el cuerpo continúa en un estado crónico de "alerta," y consecuentemente se tienen problemas para dormir, irritabilidad, sobresaltos por cualquier ruido y dificultad para concentrarse y poner atención. Estudios demuestran que el estrés crónico y la exposición a la violencia están altamente asociados con la mala salud, incluyendo problemas cardiovasculares y síntomas físicos recurrentes tales como dolores de cabeza, estómago y problemas para dormir.[25]

Psicológicamente/emocionalmente: En el aspecto psicológico/emocional, estudios documentan que las víctimas de la violencia tienen más probabilidades de experimentar la ira y la agresión, problemas de abuso de sustancias (alcohol, drogas), pensamientos suicidas, síntomas de ansiedad, depresión y el trastorno de estrés post-traumático[26] y en los niños vemos también problemas de desarrollo cognitivo y social. Específicamente, existen reacciones al trauma que, a grandes rasgos, incluyen la tendencia a repetir el trauma, a sentir una excitación aumentada y a tener problemas manejando emociones y relaciones interpersonales. Estas reacciones problemáticas las vemos en los recuerdos instantáneos que evocan vivencias del evento traumático, insomnio constante y/o pesadillas que incluyen sensaciones físicas y emocionales que la persona sintió durante la experiencia traumática.

Socialmente: La propensión a estar excitado emocionalmente conlleva a dificultades en manejar la intensidad de las emociones (enojo, nerviosismo,

---

24. Briere, "Phenomenology and Psychological Assessment of Complex Posttraumatic States," 401–412; Bryant-Davis, *Thriving in the Wake of Trauma: A Multicultural Guide*, 43–61; 161–173; Linch, "Consequences of Children's Exposure to Community Violence," 265–274.

25. Briere, 401–412; Brown, "Traumatic Stress Symptoms in Women Exposed to Community and Partner Violence," 1478–1494.

26. Ibid.

temor, preocupación, duelo) y la persona tiende a evitar participar en actividades de la vida diaria como eventos escolares y sociales, incluyendo el ir a la iglesia. Este aislamiento complica el proceso de sanación ya que la víctima busca el anonimato y el olvido de eventos imposibles de olvidar.

Espiritualmente: En el área espiritual, el estrés postraumático puede crear la sensación de que las cosas pueden tornarse en circunstancias terribles de un momento a otro, que nadie, ni aun Dios, puede verdaderamente ofrecer protección y que de nada sirve la ley, ni la fe. La presunción de que la reglas de la familia, de la comunidad y de la sociedad son justas y que velan por los intereses y el bienestar de sus miembros se desmorona. Este panorama tan escalofriante del mundo y sentido de inseguridad e inestabilidad, produce una crisis espiritual, donde las creencias—nuestra fe en Dios—es desafiada y cuestionada de raíz. En los niños, y aun en los adultos, vemos el impacto que eventos traumáticos tienen en su desarrollo moral y la dificultad que tienen de sostener la esperanza que el futuro será mejor. El área espiritual y existencial afectada por el trauma presenta al líder espiritual, la oportunidad y responsabilidad de explorar, asesorar, y ayudar a los sobrevivientes de trauma a crear significados religiosos y prácticas espirituales que les infunda esperanza, sanamiento y vida. Es así como la iglesia debe educarse sobre lo que es trauma y cómo manejarlo, al igual que debe examinar y predicar una teología que responda al trauma.

LA IGLESIA DEBE PREPARARSE PARA RESPONDER AL TRAUMA CAUSADO POR LA VIOLENCIA Y EL DESPLAZAMIENTO FORZADO—EDUCÁNDOSE

Entonces, ¿cómo se prepara la iglesia de Cristo para responder al sufrimiento relacionado con el desplazamiento, migración y trauma? Primeramente, reconociendo el impacto espiritual, emocional y físico que sufren las víctimas de exilio, desplazamiento y violencia. Es crucial el educarse y entender los procesos y mecanismos de trauma y consecuencias de la violencia que discutimos anteriormente y que son característicos en las víctimas. Cuando educamos a las víctimas a afrontar sus necesidades físicas, emocionales, sociales y espirituales, damos pautas concretas que les van ayudar a sobrevivir y transcender los efectos negativos del trauma. Cuando partimos del conocimiento y de la fe en que Dios reina en medio del dolor, reconocemos que los niños y los adultos pueden manifestar resistencia ante la adversidad, y pueden desarrollar la capacidad de recuperación a lo largo de su vida, con la política, la comunidad y el apoyo familiar y de la iglesia, que se esfuerzan por ofrecer un ambiente saludable para el crecimiento y florecimiento personal y comunitario. Cuando creamos una concienciación de los impactos negativos de la violencia, fomentamos compasión y se nos facilita (hasta cierto punto) el acompañar a la víctima en su sufrimiento y en su proceso de entender y hacer sentido de su dolor y sufrimiento.

También es importante entender el proceso de sanación y sus facetas, ya que existen tremendas implicaciones en el cómo la iglesia debe, y tiene que, acompañar a la víctima. A grandes rasgos, existen dos crisis mayores cuando se lidia con el trauma. La primera es la crisis inmediata, cuando la víctima acaba de experimentar el evento traumático y todavía está en estado de "shock," posible negación o está experimentando terror masivo. Es en estos momentos que nuestros actos de compasión les revelan la realidad de la esperanza y posible sanidad. Estas acciones de compasión son usualmente prácticas y concretas e incluyen el proveer seguridad, protección y acceso a servicios psicosociales y educación. Como hemos ya discutido, los desplazados y refugiados están en alto riesgo y muy susceptibles a la explotación ya que la mayoría que viene de zonas rurales no está preparada para la vida en la ciudad o su entorno. Llegan traumados y luego son re-traumatizados por la brutalidad de la vida en la ciudad o por la detención y deportación.

LA IGLESIA SE DEBE PREPARAR AL EXAMINAR, DESARROLLAR Y PREDICAR UNA TEOLOGÍA QUE RESPONDA AL TRAUMA

La otra faceta importante es la *crisis existencial* que se experimenta a largo plazo después de haber sufrido o ser testigo de un acontecimiento violento. Este es un tiempo donde la víctima busca crear significado, entender lo que pasó y sus razones, y buscar trascender el evento. No es algo que se da de la noche a la mañana. Es un tiempo sagrado de lucha espiritual y emocional en el cual las víctimas necesitan expresar sus lamentos, ruegos, protestas, dudas, y preguntas ante Dios y en comunidad con otros. Aquí es donde se necesita una teología que infunda vida, aliento y que corrija confrontamientos religiosos negativos (ejemplo: esto me pasó porque Dios me está castigando). Es esencial y crucial una iglesia que alivie y elimine ideas críticas de la infancia[27] y principios no tan bíblicos. Es aquí cuando la iglesia y sus miembros se preparan a "cruzar el valle de sombra de muerte y pestilencia" para examinar, desarrollar y predicar una teología que responda al trauma y violencia de una manera que infunda vida y esperanza. Esto

---

27. Doehring, "Spiritual Care After Violence: Growing from Trauma with Lived-Theology," 7.

es extremadamente importante ya que vivimos en un mundo que enfatiza la prosperidad, y en una sociedad que constantemente le huye al dolor, al sufrimiento, al aislamiento y al silencio. Como líderes cristianos debemos ayudar a nuestra iglesia a entender el sufrimiento desde una perspectiva teológica y los principios bíblicos de cómo enfrentar el sufrimiento a nivel personal y comunitario.

La Dra. Carrie Doehring, una profesora en el area de Cuidado Pastoral y Consejeria de la Facultad de Teología Iliff en Denver usa dos modelos para ilustrar teologías que ayudan y no ayudan a la víctima.[28] Partiendo de algunos principios que ella presenta, voy a expandir un poco el modelo de un teología que infunde vida.

Primero que todo, este modelo incluye el reconocimiento de que vivimos en una naturaleza caída y/o en un entorno caído y corrupto y que por lo tanto el pecado y las consecuencias del pecado están bien presentes en nuestro caminar aquí en la tierra. Que el dolor y sufrimiento son productos de esta naturaleza caída y el entorno social. Por lo tanto, tenemos que combatir la idea teística simplista de que el sufrimiento es el resultado directo del pecado personal, del mal que hizo el individuo solamente. Si fuera así como entendemos la enseñanza bíblica del sufrimiento de José, Job, Jesús, y del ciego de nacimiento (Juan 9: 1–7). El problema de enfrentar el reto y los desafíos del dolor es tener que confrontar nuestros sentimientos y nuestra relación con Dios.

Segundo: Que aún en medio del pecado, dolor, y trauma existe Dios, y que Él ha vencido y superado el sufrimiento. Jesucristo lo estableció muy claro, "En el mundo tendréis aflicción pero confiad Yo he vencido al mundo" (Juan 16:33). Este principio bíblico es básico para combatir la desesperanza clásica en aquellos que han sido lacerados moralmente por los horrores del trauma y la violencia. La iglesia tiene que ofrecer la fe, la esperanza y el significado perdido a los que sufren las consecuencias trágicas asociadas con el desplazamiento.

Tercero: Que nuestra santidad es un proceso (una santificación). Tenemos la tendencia de poner en el mismo plano el cambio radical e instantáneo generado por "la conversión" y el cambio constante y a largo plazo generado por la "santidad" a la cual nos llama Dios día tras día. La santidad o santificación es un proceso largo y tendido—una jornada durante todo nuestro peregrinar en la tierra—una transformación constante, un renovar permanente de nuestras mentes y corazones (Romanos 12:2; Filipenses 1:6).

Cuarto: Que como comunidad de Dios tenemos el privilegio y el deber de sobrellevar las cargas de los otros especialmente de los que más lo

---

28. Ibid, diagramas 1 y 2.

necesitan. Dios sabía muy bien que el lidiar con el sufrimiento (físico, espiritual, emocional) requería que nuestra agonía privada se hiciera pública—se hiciera una pérdida compartida, un dolor compartido—y por lo tanto nos manda a cargar el dolor, los unos con los otros (Filipenses 2:4) y a consolarnos los unos a los otros. De hecho, tenemos que ser ángeles para los demás, y darles fortaleza y consuelo aun sin saberlo. Todo eso lo recibimos de Dios y de nuestros hermanos. Al entender cómo funciona el trauma, las cargas de aquellos que han sido traumatizados por el desplazamiento y actos violentos puede tomar formas prácticas desde el proveer seguridad, abrigo, protección, a dar un espacio, un contexto donde se pueda hacer memoria de lo perdido y donde se pueda regalar consuelo. Donde, como canta Rubén Blades,—es "¡Prohibido Olvidar!"[29]—porque es en el recordar donde se reorganizan las memorias en comunión con otros y esto genera reconexión y sanamiento, para afirmar de que lo que pasó fue injusto.

El aislamiento, soledad y desconexión de otros, son aspectos de reacción que como ya hemos hablado anteriormente, son experimentados por el horror que causa un acto violento. Usualmente las víctimas se ven obligadas a desplegar mecanismos de defensa y protección, como el silencio, la desconfianza, el aislamiento y la busca de pertenencia y reconocimiento. Dios nos ha creado como seres relacionales—seres comunales, sociales—para estar en relación con Él y con los demás, y por lo tanto, la iglesia tiene la responsabilidad de combatir estos miedos y aislamientos.

¿CÓMO RESPONDE LA IGLESIA? PONIÉNDOSE LA ARMADURA DE DIOS

La iglesia debe responder a la violencia y al trauma poniéndose la armadura de Dios cuando atraviesa por "el valle de sombra de muerte" (Efesios 6:10–13). El acompañar a las víctimas de trauma y violencia no es cosa fácil. Todos los que trabajan directamente con víctimas de violencia y desplazamiento se exponen a los efectos del trauma también. Por lo tanto, es importantísimo educarse sobre el posible impacto que puede tener la exposición vicaria al trauma en los que sirven o trabajan con las víctimas, o lo que en términos psicológicos, se llama "trauma de origen secundario." Esto se refiere a la fatiga por compasión o estrés secundario, que es estar gastado física, mental o emocionalmente, o tener la sensación de estar abrumado por el trauma de las víctimas. La mejor manera de manejar la fatiga por compasión es reconocerla tempranamente. La iglesia trabajando en zonas marginales y violentas necesita recargar baterías constantemente usando prácticas espirituales

---

29. Blades, "Discography & Song Reference," 1991.

que le ayuden a combatir el estrés y renovar el alma durante momentos de sequía, duda y dolor, asegurándose de mantener un cuidado personal, espiritual y emocional, y de practicar virtudes espirituales como el descanso (Sabbath). El descanso, individual y corporal, cooperativo y comunal del "Sabbath" es crucial para reponer energía porque "nuestra lucha es contra principados, contra potestades, contra los gobernadores de las tinieblas de este siglo" (Efesios 6:12).

¿QUÉ PUEDE HACER LA IGLESIA? OFRECER ACOMPAÑAMIENTO

- ¿Qué puede hacer la iglesia en situaciones de violencia, o de desplazamiento forzado? La iglesia puede, y debe, proveer acompañamiento, hospitalidad, solidaridad y abogacía por los que sufren.[30] Un acompañamiento es un compromiso de compartir las buenas y las malas situaciones y estar en las buenas y en las malas con las personas. Es un compromiso que requiere una disposición a oír, escuchar y compartir en el dolor del que ha sido maltratado, del que ha sido victimizado. Es acompañarlos en oración y ayuno, a veces haciendo presencia aunque sea silenciosa y sin respuestas elocuentes, durante el proceso de duelo por lo perdido. Nuestro estudio de familias en los que un padre ha sido deportado o detenido,[31] que mencionó anteriormente una niña de 8 años, describe el acompañamiento que le brindó una amiga cuando su familia fue desgarrada por las autoridades de inmigración.

    > "La mayor parte del tiempo estuve muy triste, y yo no le dije a mis amigos que mi madre fue deportada porque tenía miedo de lo que pensarían de mí y mi familia. Yo sólo le dije a una amiga, y ella fue a la casa y nos daba esperanza, ella es católica y ella reza por nosotros todos los días."

- El hacer duelo requiere una disposición a soportar algo insoportable. En su libro, *Trauma and Grace*, Serene Jones argumenta que el hacer duelo requiere reconocer y admitir cuánto se ha perdido, cuánto se ha amado u odiado, la profundidad de su importancia, lo inestable que el mundo se ha vuelto tras la pérdida, y lo difícil que se siente el pensar en seguir adelante.[32] El duelo requiere además que nuestro cuerpo entero

---

30. Hagan, *Migration Miracle: Faith, Hope and Meaning of the Undocumented Journey*, 82–114.
31. Rojas-Flores, conferencia en Pasadena, CA.
32. Jones, *Trauma and Grace: Theology in a Ruptured World*, 163.

sienta la aflicción y el dolor por lo que se ha perdido. El duelo también es una forma de celebrar—una forma triste de honrar—en la cual se demuestra el aprecio por lo que se perdió o se dejó ir. Cuando permitimos que el desplazado, la víctima de actos de violencia, nos cuente con lujo de detalles lo que sufrió estamos proveyendo afirmación del valor de lo que ella perdió, sufrió y continúa sufriendo—nos unimos y compartimos su dolor. Es en este proceso de acompañamiento que conjuntamente buscamos como transcender el dolor, no sólo proveyendo seguridad y protección en forma práctica y concreta (ejemplo: techo), sino también construyendo un contexto—un espacio emocional y espiritual—donde la víctima pueda hacer memoria y duelo, y donde se le pueda proveer consuelo, donde la iglesia predique libertad y no vergüenza, ni mucho menos venganza. Es en este ambiente en que la iglesia puede ayudar a la víctima a reconectarse no solamente con sus propios sentimientos sino con el resto de la comunidad y donde puede recobrar de nuevo su voz apagada por la violencia y las atrocidades asociadas con el desplazamiento forzado.

¿QUÉ PUEDE HACER LA IGLESIA? OFRECER HOSPITALIDAD

El proveer hospitalidad es otra de las misiones de la iglesia que contribuyen al establecimiento de la paz y a la sanación interior. Proveer hospitalidad implica acoger y agasajar con amabilidad y generosidad a los invitados o a los extraños, y responder a las necesidades de las personas que se encuentran temporalmente ausentes de sus hogares. Pero la hospitalidad tiene implicaciones más profundas que el simplemente proveer alimentación, bebida y refugio. La hospitalidad sirve como mediadora y restauradora de una identidad fragmentada y lacerada por el sufrimiento, usualmente impuesta por otros, como vemos en situaciones de desplazamiento forzado y víctimas de violencia. El teólogo de Cataluya, Francesc Ramis Darder, describe la hospitalidad como una virtud teológica que fragua la identidad del Resto de Israel.[33] De acuerdo a Ramis Darder, "la hospitalidad propicia que el Resto de Israel mantenga su identidad y su misión, a la vez que permite a quienes se hospedan entre la comunidad del Resto de Israel descubrir que la bondad de Dios llena de sentido la existencia humana."[34] La hospitalidad

---

33. Ramis Darder, *La Comunidad del Amén, Identidad y Misión del Resto de Israel*, 35.

34. Ibid., 8.

ayuda a recuperar la identidad perdida, lacerada por actos violentos (que niegan el valor humano), con el valor divino del ser humano. El conflicto existencial—¿Quién soy? ¿Dónde pertenezco? ¿Qué puedo hacer? ¿Para dónde voy?—y los problemas de identidad y capacidad de poder generar soluciones propias, son problemas reales y profundos que tienen que enfrentar las víctimas de trauma. Sea que la víctima haya sido desplazada dentro de su propio país de origen como lo vemos en Colombia, o que la víctima sea desplazada a otro país, como lo vemos con la situación de los niños y familias centroamericanas que buscan refugio en EE.UU., su identidad es cuestionada, retada, rechazada y amenazada. La hospitalidad como virtud teológica contesta estas preguntas existenciales diciéndole claramente a la víctima: "Tú eres hijo de Dios, creado a su imagen y semejanza, con valor inigualable a tal punto que dio a su Hijo Unigénito" . . . y perteneces a la familia de Dios, a la comunidad de fe. Definitivamente la hospitalidad y el acompañamiento restauran la identidad y ponen claro el valor divino del individuo. La solidaridad y el apoyo legal ayudan a sobrevivir y transcender la experiencia traumática.

¿QUÉ PUEDE HACER LA IGLESIA? OFRECER SOLIDARIDAD Y ABOGACÍA

El proveer solidaridad y abogacía son otras de las funciones de la iglesia, esenciales para el establecimiento de paz. El escuchar y acompañar al desplazado y al que ha sufrido una migración forzada, implícitamente hace reconocer el valor esencial del individuo y combate la invisibilidad y el anonimato en que vive la víctima, para lo cual no fue creada por Dios, su salvador y esperanza. La iglesia se vuelve un centro de educación y transformación total a medida que protege y defiende al desplazado en su vulnerabilidad inherente de ser explotado una vez más. El abogar, el nombrar y denunciar públicamente las violencias que han sufrido los desplazados, los emigrantes ilegales, requiere un envolvimiento político y jurídico a nivel individual y como comunidad cristiana. Con la armadura de Dios puesta, la iglesia debe de aceptar el riesgo de abogar y profetizar posturas bíblicas no populares y demostrar valor y coraje al nombrar la verdad. En ese proceso no sólo enriquece espiritualmente a sus feligreses sino que también se involucra y se suma al discurso público en el cual la iglesia tiene que participar porque tiene un mensaje particular de paz, amor y sanamiento. A medida que abogamos por el que sufre las secuelas del desplazamiento y violencia, también fomentamos y afirmamos la capacidad de estas personas de lograr una verdadera transformación y empoderamiento y les ayudamos a involucrarse en un proceso autoiniciado de crecimiento y cambios.

Cuando el cuerpo de Cristo—las iglesias cristianas—se unen para denunciar las atrocidades causadas por un sistema injusto se tiene aun más impacto. En los EE.UU, el movimiento evangélico y católico, está peleando por un reforma *legislativa de inmigración integral*. Por ejemplo, existe *LA RED de pastores y líderes latinos del sur de California*,[35] una red de más de 200 iglesias latinas de Los Ángeles, California, y a nivel nacional: *Esperanza para América*,[36] entre otros grupos que constantemente están vociferando en lugares públicos y jurídicos las desgracias del inmigrante ilegal y las barbaries, atrocidades e injusticias que el Estado está cometiendo. Con este ejemplo, la iglesia latina de los Estados Unidos se está concienciando de su poder, capacidad y responsabilidad bíblica de abogar por el pobre, por el emigrante y el extranjero. Por supuesto a veces el compromiso eclesial de abogar por la justicia conduce a cometer actos de desobediencia cívica. Recientemente en Washington ha habido arrestos de líderes cristianos que denuncian las barbaridades cometidas por el refuerzo migratorio estadounidense. Ya sea en EE.UU., Centroamérica o Colombia, confío que podamos formar, establecer y fortalecer alianzas cristianas donde voces de diferentes denominaciones se unan al clamor y demanden restitución y justicia por los desamparados, a resistir la tendencia a la "privatización de las consecuencias de la violencia, devolviendolas una y otra vez al espacio público y político en el que ocurrieron."[37]

En síntesis: El acompañamiento es compartir los dolores y necesidades de la víctima. La hospitalidad es la aceptación de la persona y su condición actual. La solidaridad es la identificación con el valor fundamental humano; y la abogacía, la defensa de sus derechos civiles esenciales e inalienables.

Sin duda alguna, vivimos una época violenta. Ante esta cruda realidad, la negación y el pretender que el sufrimiento causado por el horror del trauma y la violencia no deben ser parte de la iglesia, es una actitud no evangélica porque la misión de la iglesia es redentora. La iglesia por mandato divino no puede ser un grupo más que es ciego, sordo, y mudo al dolor y al horror, un lugar "donde las voces no resuenan porque no hay nadie que escuche."[38] Cristo mismo ejemplificó el proceso de sanidad como el enfrentamiento al mal, al dolor y al sufrimiento. Sabiendo que era inminente su arresto y muerte, él invitó a sus discípulos a que lo acompañaran en oración

---

35. "LA RED de Pastores y Líderes latinos del Sur de California," 1.
36. "Esperanza para América," 1.
37. Lira, "Trauma, Duelo, Reparación y Memoria," 14–28.
38. Ibid., 14–28.

y contemplación (Mateo 26: 36–46). Estamos viviendo una época violenta que nos fuerza a que como iglesia estemos dispuestos a lidiar con el jueves santo en contemplación y preparación, para poder enfrentar el viernes de muerte y el sábado de luto donde hacemos duelo conjuntamente con la víctima y donde sufrimos en comunidad. Pero gracias a Dios que la historia de la iglesia no es todo sufrimiento. Hay un Domingo de Resurrección, de supervivencia, de trascendencia, donde podemos celebrar la resistencia y resiliencia y el crecimiento que puede existir después de experimentar el trauma; donde podemos declarar con fe y esperanza que—"Tú has cambiado mi lamento en danza . . ." (Salmos 30:11–12).

Capítulo 3

Economía del desplazamiento forzado[1]

por Christopher M. Hays, PhD.

INTRODUCCIÓN

Este desastre ha sido provocado y prolongado, en gran medida, por razones económicas. El asesinato de Jorge Eliécer Gaitán, la violencia, y el surgimiento de los grupos paramilitares y guerrilleros se han justificado y explicado por recurrir a ideologías económicas (*inter alia*). Además, los intereses económicos siguen animando las acciones de los grupos paramilitares y guerrilleros, dirigiendo su violencia estratégicamente para asegurar su autonomía financiera. Al final, las víctimas del desplazamiento sufren no sólo de la violencia sino también de la pobreza. Son desamparadas y empobrecidas por una ideología que supuestamente tenía el propósito de terminar la desigualdad, explotación y pobreza.

Mi contribución a nuestra investigación se enfocará en los aspectos económicos del desplazamiento, y cómo la teología y la iglesia cristiana pueden responder a tales problemas, aunque sea solamente un pequeño paso en un camino muy largo hacia la justicia. Comienzo con un resumen de los factores económicos que contribuyen a las experiencias de los desplazados. Posteriormente doblo mi atención al testimonio bíblico en cuanto a la justicia económica. Termino con una compilación preliminar de sugerencias

1. Las citas directas de fuentes en inglés que aparecen en español son traducciones del autor.

EL IMPACTO ECONÓMICO DEL DESPLAZAMIENTO

En los lugares de llegada

Para comenzar, brevemente quiero mencionar las ramificaciones del desplazamiento en *los lugares de llegada*. Hay dos consecuencias sobresalientes de un influjo de desplazados en lugares de llegada: 1) la disminución de sueldos y 2) el aumento del nivel del desempleo.

En cuanto a la caída de sueldos es importante señalar que, en comparación con la población general de los lugares de llegada, los desplazados suelen tener menos capital humano (es decir, menos educación y menos habilidades profesionales). En promedio, los desplazados gozan de menos de cinco años de educación formal, aunque el 11% no ha cumplido ni un año de escuela.[2] Los desplazados trabajan horas más largas y en promedio ganan 80% del salario mínimo. Ana María Ibáñez sugiere que la pobreza de estas poblaciones baja su sueldo de reserva (reserve wage) y los impulsa a aceptar cualquier trabajo ofrecido. Esto resulta en mayor competencia para trabajos informales y un descenso de sueldos.[3]

Además de tener un impacto negativo en los sueldos, el desplazamiento ha contribuido al nivel del desempleo, que ha subido en los sitios de llegada en proporción con la llegada de los desplazados.[4] El nivel de desempleo para las personas cabezas de hogar durante los primeros tres meses después del desplazamiento es del 53%.[5] Además, el aumento en la población de la fuerza laboral tiene el impacto más severo para trabajadores no calificados, especialmente para las mujeres en el sector informal (cocineras, aseadoras, niñeras, etc.).[6]

---

2. Carillo, "Internal Displacement in Columbia," 531.

3. Calderón, "Labor Market Effects of Migration—Related Supply," 16; cf. Carillo, 538; Calderón, 3.

4. Calderón, 12.

5. Ibáñez, "Do Conflicts Create Poverty Traps?," 157.

6. Calderón, 27; cf. Calderón, 3.

PARA LOS DESPLAZADOS MISMOS

Bueno, vale la pena señalar las consecuencias del desplazamiento en el lugar de llegada, pero naturalmente mi interés reside más en las consecuencias económicas *para los desplazados mismos*.

La pérdida de activos

Al abandonar sus hogares, en promedio, los desplazados sostienen una pérdida de más del 50% de sus activos familiares.[7] Y este 50% *no incluye* el valor de tierras.[8] El 55% de las familias desplazadas tenían acceso formal o informal a tierra, y en promedio el tamaño de la parcela era de 13.2 hectáreas. Como resultado, cuando un desplazado rural abandona la tierra, pierde su activo productivo más importante y valioso.[9]

---

7. El valor medio de activos familiares en el lugar de origen es US$7037, y en el lugar de llegada es US$3194; estas cifras indican una pérdida de más del 50% de sus activos familiares (Ibáñez, "Do Conflicts Create Poverty Traps?," 155), en forma de animales, herramientas, maquinaria, cosechas, y casas (Ibáñez, "Do Conflicts Create Poverty Traps?," 145). Las familias que se desplazan preventivamente pueden rescatar un porcentaje más alto del valor de sus activos. Por otro lado, los que se desplazan reactivamente pierden una proporción mucho más alta de sus activos que los que se desplazan preventivamente (33% en vez de 20%) (Ibáñez, "Civil Conflict and Forced Migration," 671; cf. Arboleda, "Forced Inernal Displacement," 845). Pero en todo caso, cuando se trasladan, aún los desplazados que tienen tiempo para vender sus activos todavía venden a pérdida (Ibáñez, "Do Conflicts Create Poverty Traps?," 145).

8. Estás estadísticas no reflejan el daño económico ya sostenido por los desplazados rurales *antes* del desplazamiento. Los años de violencia e inseguridad en el lugar de origen generalmente causan la deterioración del valor de los activos de la gente, detienen la producción y la inversión económica, estorban el apoyo gubernamental, e infravaloran los activos (Ibáñez, "Do Conflicts Create Poverty Traps?"). Para más información sobre la manera en que la pobreza influye en la expectativa de convertirse en refugiado, cf. Stark, "On the Economics of Refugee Flows," 1–8.

9. Los problemas asociados con la recuperación de tierras abandonadas son enormes (Ibáñez, "Do Conflicts Create Poverty Traps?," 154). Aunque la restitución de tierras sigue siendo una prioridad esencial, también es opuesto con ferocidad y violencia por los grupos paramilitares que se benefician de la expropiación de las tierras disputadas. Además permanecen preguntas serias y complejas acerca de la viabilidad de la agricultura a pequeña escala en el largo plazo (Internal Displacement Monitoring Centre 2013, 11–12). Adicionalmente, existen datos limitados (y cierto es que se derivan de situaciones muy distintas) que sugieren una ventaja a largo plazo para migrantes forzados que se trasladan del sector agrícola a otro sector de la economía (Ruiz and Vargas-Silva, "The Economics of Forced Migration," 776).

LA DISMINUCIÓN DEL CONSUMO

Las familias ya pobres también sufren mucho más, a lo largo de la vida, como resultado del desplazamiento.[10] Este fenómeno se puede medir calculando el nivel del consumo de un hogar desplazado. Las familias desplazadas en el primer y segundo cuartil de la población sufren pérdidas medias del 72% y del 41% del consumo a lo largo de la vida, pero las familias en el cuarto cuartil sostienen pérdidas medias de solamente del 6% a lo largo de la vida.[11] Dicho de otra manera, los desplazados ricos se recuperan rápidamente, pero los pobres desplazados sufrirán económicamente por el resto de la vida.

¿Cómo se explican estas cifras? Tienen que ver con el hecho de que uno no puede simplemente comenzar de nuevo al llegar al lugar de destino.[12] Siendo que la mayoría de los desplazados se traslada de lugares rurales a lugares urbanos,[13] sus habilidades agrícolas no les sirven en su lugar de llegada.[14] Consiguientemente, el 86%[15] de tales personas viven en pobreza extrema.[16]

LA SUAVIZACIÓN DEL CONSUMO

Además, los desplazados generalmente no tienen acceso a crédito formal, lo cual limita su capacidad de mantener un consumo estable—lo que los economistas llaman la "suavización del consumo." Sin acceso a crédito formal, los pobres tienen que utilizar mecanismos informales para suavizar el consumo. Tales mecanismos incluyen:

---

10. En promedio, una familia desplazada pierde el 37% del presente valor neto del consumo rural agregado (Ibáñez, "Civil Conflict and Forced Migration," 670), pero este cálculo del promedio oscurece una diversidad de experiencias distintas, dependiendo del estatus económico de la familia antes de desplazarse.

11. Ibáñez, "Civil Conflict and Forced Migration," 671.

12. Los desplazados típicamente tienen pocas oportunidades de empleo como resultado de su falta de capital humano (es decir, no tienen acceso a redes sociales para apoyar su búsqueda de empleo remunerado).

13. Carillo, "Internal Displacement in Columbia," 529–30.

14. Ibáñez, "Vulnerability of Victims of Civil Conflicts," 647; cf. Ibáñez, "Do Conflicts Create Poverty Traps?" 141, 46.

15. En contraste con el 16% de la población general (UN Office for the Coordination of Humanitarian Affairs 2013).

16. Carillo, "Inernal Displacement in Columbia," 534; El coeficiente de Gini de Colombia en 2012 fue .539, uno de los más altos en América Latina, que ya tiene coeficientes de Gini notoriamente altos; Internal Displacement Monitoring Centre 2013, 8.

- la venta de activos, y
- los créditos informales (pedir un préstamo de la familia extendida... que con frecuencia no es posible después de ser desplazado y separado de la familia).[17]

Además de estas dos medidas, las más problemáticas son:

- pedir préstamos usurarios, que lisian beneficios futuros,[18]
- reorganizar el hogar (es decir, mandar miembros de la familia a diferentes lugares para diversificar las fuentes de ingresos, o mandar algunos niños a vivir con otro miembro de la familia),[19]
- trabajar horas más largas,
- eliminar comidas ("En Bogotá, Sincelejo, Medellín, y Villavicencio, casi la mitad de los hogares desplazados comen menos de tres comidas al día";[20] y
- sacar los niños de la escuela para que trabajen también.[21] "En el 16% de los hogares encuestados, los niños contribuyen a actividades para generar ingresos, conduciéndolos a interrumpir la educación por un promedio de aproximadamente 147 días."[22]

En todo caso, la falta de recursos para suavizar el consumo resulta en una caída del nivel de consumo. Aunque menos consumo quizás sería una cosa buena para gente de clase media y alta, la disminución del consumo en familias ya viviendo cerca de o debajo de la línea de pobreza significa la privación de recursos necesarios.[23]

17. Ibáñez, "Do Conflicts Create Poverty Traps?," 146.
18. Ibid., 146.
19. Ibáñez, "Vulnerability of Victims of Civil Conflicts," 658.
20. Carillo, "Internal Displacement in Columbia," 540.
21. Ibáñez, "Vulnerability of Victims of Civil Conflicts," 647.
22. Ibáñez, "Vulnerability of Victims of Civil Conflicts," 658.
23. "Los niños de hogares que no pueden suavizar el consumo pueden sufrir la deterioración de la salud, y no pueden alcanzar un tamaño corporal adecuado"; Ibáñez, "Vulnerability of Victims of Civil Conflicts," 658.

LOS FACTORES COADYUVANTES AL EMPOBRECIMIENTO DE LOS DESPLAZADOS

Además de los elementos económicos, debo señalar un par de factores coadyuvantes que influyen el empobrecimiento de los desplazados: la desintegración de la familia y el trauma psicológico.

La desintegración de la familia

Primero, el desmembramiento de la familia multiplica los retos que los desplazados tienen que enfrentar. Más allá de la división intencional de la familia para diversificar las fuentes de ingresos, las familias desplazadas con frecuencia han sido desmembradas por el asesinato de los hombres de la familia o por el reclutamiento forzado por grupos paramilitares.[24] El 39% de las casas desplazadas son familias monoparentales, y de aquellas familias, el 91% son encabezadas por mujeres.[25] El 39% de estas mujeres que son cabezas de familias desplazadas reportan que presenciaron el asesinato del esposo o de un hijo varón.[26] Con frecuencia, cuando las madres se convierten en líderes y sustentadores de la familia, tienen aún menos tiempo para criar y educar a los niños, lo cual tiene negativos efectos laterales para la recuperación de la familia a largo plazo.[27]

El trauma psicológico

Segundo, muy grave y muy común es el daño psicológico causado por el desplazamiento y los eventos precipitantes. "Aproximadamente el 67% de los hogares desplazados reporta la experiencia de problemas psicosociales ... Sólo el 2% de los que reportaron que sufre de tal problema psicosocial recibió ayuda" aunque el 24% buscó tal ayuda.[28] Los trastornos psicológicos comunes del desplazamiento incluyen el TEPT (trastorno de estrés postraumático), la depresión seria, el miedo, y la ansiedad. Tales trastornos impiden la capacidad de enfrentar y superar el desplazamiento, y también pueden conducir a malas decisiones económicas.

24. Ibáñez, "Vulnerability of Victims of Civil Conflicts," 647; cf. Ibáñez, "Do Conflicts Create Poverty Traps?," 140–41.
25. Carillo, "Internal Displacement in Columbia," 531.
26. Arboleda, "Forced Internal Displacement," 834.
27. Ibáñez, "Do Conflicts Create Poverty Traps?," 167–68; cf. Ibáñez, "Vulnerabilities of Victims of Civil Conflicts," 647.
28. Carillo, "Internal Displacment in Columbia," 541.

> Las emociones prevalentes entre víctimas del trauma y del desplazamiento producen distintos patrones de conductas de riesgo (*risk behavior*): evitan el riesgo económico y evidencian una preferencia por situaciones con riesgo bajo y recompensa baja.[29] Como resultado, se puede anticipar que las experiencias asociadas con el desplazamiento van a distorsionar el comportamiento económico ... La aversión al riesgo entorpece las trayectorias de bienestar, desalienta la inversión en el capital físico y el capital humano, refuerza la vulnerabilidad del hogar y frustra el crecimiento de los salarios.[30]

La pobreza intergeneracional

A la luz de tantos retos económicos, sociales, y psicológicos que los desplazados tienen que enfrentar, no nos debe sorprender que el resultado del desplazamiento frecuentemente es la pobreza crónica.[31] Las estrategias costosas de supervivencia adoptadas por desplazados *antes* de su migración tienen consecuencias severas para su futuro y suelen reforzar su vulnerabilidad.[32] Asimismo, *después* del desplazamiento, el consumo disminuido, la malnutrición resultante, los niveles inferiores de educación, y las ganancias reducidas a lo largo de la vida, resultan en la pobreza intergeneracional.[33]

En las ciencias económicas del desarrollo, hay un creciente reconocimiento del fenómeno de "trampas de pobreza" debido a las dinámicas de los "umbrales de activos" (*asset thresholds*). Un trabajador empobrecido pero productivo viviendo bajo el límite de pobreza necesita un cierto nivel de activos para posibilitarlo a superar el límite de la pobreza. Bajo este nivel de activos, que se llama el "umbral Micawber," no va a parecer ni razonable ni factible seguir acumulando y reinvirtiendo activos con la expectativa de levantarse por encima del límite de la pobreza (income poverty line?).[34] Es

---

29. Moya, "Violence, Emotional Distress and Induced Changes," 11–12.

30. Ibid., 11–12.

31. Ibáñez, "Do Conflicts Create Poverty Traps?," 169.

32. "Vender activos, adoptar prácticas agrícolas ineficientes, y recurrir a agricultura de subsistencia son algunas de las estrategias adoptadas durante conflictos" (Ibáñez, "Vulnerability of Victims of Civil Conflicts," 649).

33. Ibáñez, "Vulnerability of Victims of Civil Conflicts," 649; Ibañez, "Do Conlficts Create Poverty Traps?," 138–39, 69; cf.

34. "Parece probable que, si un hogar no está 'demasiado lejos', en algún sentido, del nivel de activos al cual rendimientos crecientes ocurren, probablemente se dedicaría a una estrategia autárquica de acumulación. No obstante, cuando la distancia de aquel nivel crece, parece menos probable que aparentaría factible y deseable dedicarse a una estrategia autárquica de acumulación" (Carter, "The Economics of Poverty Traps and

probable que muchos de los desplazados empobrecidos caigan debajo del umbral Micawber, con el resultado de que ni ellos ni sus hijos podrán escapar de la pobreza.

RECURSOS GUBERNAMENTALES

¿Cuáles son los recursos gubernamentales disponibles para los desplazados? Legalmente, los desplazados reconocidos por el gobierno tienen derecho a tres meses de ayuda de emergencia. Después del periodo de ayuda de emergencia, los desplazados tienen derecho a apoyo de educación, salud, y capacitación.[35] El gobierno federal asignó 30.5 billones de dólares estadounidenses para la ayuda de los desplazados desde 2012 hasta 2021.[36]

Estas políticas no son malas, pero los desplazados tienen que superar obstáculos para aprovechar las buenas políticas. Para ser elegible para tal apoyo, hay que estar registrado con el gobierno, y este proceso puede ser difícil. Más allá de los desafíos típicos de burocracia gubernamental, el gobierno es cuidadoso con el registro, siendo que personas no desplazadas con frecuencia intentan fingir que son desplazadas para recibir el apoyo financiero del gobierno.[37] Según la *Office for the Coordination of Humanitarian Affairs* de las Naciones Unidas, el 40% de los que intentan registrarse con el gobierno para el estatus de desplazado son rechazados, y se estima que el 23%, mayoritariamente en zonas rurales, nunca intentan registrarse para apoyo gubernamental, puesto que las oficinas y los recursos están ubicados exclusivamente en zonas urbanas.[38]

Persistent Poverty," 189–90). Aunque la determinación del umbral Micawber es una tarea para un economista, "no se espera que los hogares que caen debajo de aquel umbral se recuperarán, sino que, al contrario, sufrirán una deterioración permanente de su posición. Así la necesidad de una red de seguridad para un hogar depende menos de la magnitud que del shock que experimenta—como generalmente se concibe según la economía estándar del seguro—y más de su nivel de activos después de un shock." (Carter, "The Economics of Poverty Traps and Persistent Poverty," 195) Consiguientemente es aún más urgente extender micro-créditos a hogares desplazados que son excluidos de mercados convencionales de crédito.

35. Carillo, "Internal Displacement in Columbia," 536.

36. Internal Displacement Monitoring Centre 2013, 11; Además, las Naciones Unidas asignaron 3.493.954 dólares estadounidenses para Colombia, en gran medida debido a las necesidades de los desplazados; UN Central Emergency Response Fund 2014.

37. Carillo, 537; cf. 45; También, miembros de las comunidades receptoras de los desplazados a veces están en conflicto con los desplazados, suponiendo que ellos monopolicen los beneficios gubernamentales (Carillo, 537; cf. 43).

38. UN Office for the Coordination of Humanitarian Affairs 2013; Cuando un desplazado es registrado y recibe su ayuda de emergencia, con frecuencia es robado de lo

No obstante el supuesto ofrecimiento de capacitación, solo es recibido por el 12% de los hogares registrados.[39] Adicionalmente, como dice el reporte de la Cruz Roja,[40] mucha gente desplazada no tiene una disposición para los negocios, y como resultado, es difícil promover proyectos que generan ingresos. Los proyectos que sí son iniciados suelen formar parte de la economía informal, que a menudo limita los ingresos y el desarrollo potencial a largo plazo y además exacerba la competencia en el sector informal, lo cual bajará los sueldos para los desplazados y los trabajadores informales que no son desplazados. Y, según Ana María Ibáñez y Andréz Moya, los programas de generación de ingresos no han sido exitosos a largo plazo.[41] En resumen, aunque existe una gama de políticas prometedoras para el apoyo del desplazado, hasta este punto no han tenido el impacto necesario para facilitar la recuperación económica del desplazamiento.

LAS RESPONSABILIDADES ECONÓMICAS DE LAS IGLESIAS CRISTIANAS HACIA LOS DESPLAZADOS

A la luz de la riqueza de la información económica que existe hoy en día, debe ser obvio que las iglesias no pueden quedarse indolentes frente a la tragedia económica que sigue desarrollándose por todos lados y en nuestras propias ciudades. "*Debe* ser obvio," pero quizás no lo es. Por lo menos en ciertas comunidades eclesiásticas, la priorización de lo espiritual a expensas de lo material (que es una forma moderna del docetismo que las iglesias de Colombia heredaron de Norteamérica) y la preocupación con el auto-enriquecimiento han contribuido a una grave ignorancia del rol integral de la justicia económica en la misión de Dios. De manera que, *debo* resumir algo del testimonio bíblico en cuanto a justicia económica, con referencia especial a la situación de los desplazados en Colombia.

---

recibido por gente que sabe en cuales oficinas gubernamentales se desembolsan los fondos y suministros de emergencia. Además, siendo que los desplazados típicamente no tienen carros, a veces son extorsionados por la gente que les ayuda a transportar sus suministros de emergencia de las oficinas gubernamentales a los sitios donde residen (Carillo, 537).

39. Para más información acerca de la discrepancia entre la política gubernamental y la realidad, ver Internal Displacement Monitoring Centre 2013, 9–12.

40. Carillo, 538.

41. Ibáñez, "Vulnerability of Victims of Civil Conflicts," 659; cf. 58; Después de una subida breve de ingresos, los niveles de bienestar tienden a ser comparables con los de personas que no toman parte en programas de generación de ingresos, sin prevenir la adopción de costosas estrategias para la suavización del consumo.

Destilación ética de la Ley: Justicia y misericordia

En el pueblo de Israel (especialmente antes del desarrollo de una teología de la vida eterna), no se podía separar la vida social y material de la identidad israelita como la nación escogida de Dios. El pueblo de Jehová se identificó con los países paganos de su alrededor por medio de su estilo de vida que cumplía con las demandas cúltico-éticas de Dios, expresadas en la Ley (Dt 4:7–8; cf. Gn 12:3). Y cuando el Antiguo Testamento mismo se pone a destilar la esencia de la Ley, la expresa, no en términos de pureza ritual ni de sacrificios, sino en términos de justicia, misericordia, y humildad delante de Dios. "Ya se te ha dicho lo que de ti espera el Señor: practicar la *justicia* (מִשְׁפָּט/κρίμα), amar la *misericordia* (חֶסֶד/ἔλεον), y humillarte ante tu Dios" (Mi 6:8).[42] Oseas 6:6 refleja el mismo motivo profético, priorizando la misericordia sobre los otros aspectos de la Ley: "Lo que pido de ustedes es misericordia[43] (חֶסֶד/ἔλεος) y no sacrificios." Y, para adelantar al paso la objeción cuasi-marcionita aunque tan común que los cristianos no están "bajo la Ley" (Gá 5:18), permítaseme señalar que Jesús mismo evoca Oseas 6:6 (Mt 9:13; 12:7) y Miqueas 6:8 (Mt 23:23; Lc 11:42) como normas morales para sus coetáneos.[44]

Consideremos su alusión al segundo texto:

> ¡Ay de ustedes, maestros de la ley y fariseos, hipócritas! Dan la décima parte de sus especias: la menta, el anís y el comino. Pero han descuidado los asuntos más importantes de la ley, tales como la justicia, la misericordia y la fidelidad (τὴν κρίσιν καὶ τὸ ἔλεος καὶ τὴν πίστιν). (Mt 23:23)

En este versículo, repudiando la putativa piedad de los fariseos, una piedad supuestamente evidenciada por su atención rigorosa del diezmo, Jesús asevera que los elementos más esenciales de la Ley son, como dijo Miqueas, la justicia y la misericordia, virtudes que no son realizadas por la mera dedicación de un diezmo al culto. No se puede pasar por alto la relevancia obvia de este texto para nosotros que vivimos en medio de desplazados en grave necesidad de bondad: nuestros diezmos apenas satisfacen nuestra obligación de practicar la misericordia.

---

42. Los temas de justicia y misericordia se encuentran a lo largo del canon del AT. Por ejemplo, los Proverbios enfatizan que los reyes y líderes de las ciudades tienen que asegurar que los pobres no sufran la injusticia (Pr 21:1–3; 31:8–9; cf. Hays 2010, 29–32).

43. Traducido de la NVI, con la alteración de la palabra "amor" a favor de "misericordia."

44. France, *The Gospel of Matthew*, 873–74; Hays, *Lukes Wealth Ethics*, 121–23.

Amor al prójimo: La interpretación de Levítico 19 en la parábola del Buen Samaritano

Quizás aún más exigente, Jesús dice que uno de los dos ejes centrales de la Ley es Levítico 19:18, "Ama a tu prójimo como a ti mismo" (Mt 22:39–40 y paralelos). Lo especialmente fascinante para nuestro estudio, no obstante, no es la mera citación de Levítico 19:18, sino la manera en que Jesús aclara la relevancia del mandato. La parábola del Buen Samaritano (Lc 10:25–37) es precisamente una aplicación interpretativa de Levítico 19:18 a un escriba que preguntó a Jesús como cumplir con esa *mitzvah* esencial para "heredar la vida eterna" (Lc 10:25; cf. 10:28). Es una coincidencia deslumbrante que el hombre necesitado de la parábola fue atacado por "λῃσταῖς," bandidos, o quizás mejor "guerrilleros."[45] Como es bien conocido entre eruditos del NT, el bandidaje en Palestina del primer siglo con frecuencia era epifenómeno de la resistencia militar de los judíos en contra de la autoridad romana. Varios militantes desafectados con el gobierno romano, y con frecuencia impulsados por expectativas mesiánicas salían de sus pueblos a resistir a Roma y a sus percibidos colaboradores por medio de tácticas guerrilleras, y se sostenían por medio del bandidaje.[46] Qué provocador es, entonces, reconocer que el Buen Samaritano invirtió su propia plata y tiempo (Lc 10:34–35) para rescatar a un hombre de otro departamento palestino quien había sufrido una violencia horrenda a manos de guerrilleros.

Describí al Samaritano como un hombre de otro "departamento" palestino, porque los samaritanos, aunque técnicamente parte de la provincia de Judea después de la muerte de Herodes el Grande, se consideraban a sí mismos un pueblo muy distinto al pueblo judío ... y quizás, a la luz del regionalismo fuerte de Colombia,[47] esto tiene una relevancia analógica a la experiencia de los desplazados que se trasladan de un departamento de Colombia a otro. Cuando Jesús extiende la relevancia de Levítico 19:18 al Samaritano, a un hombre de otro departamento palestino, él sigue el precedente de Levítico 19 mismo. Aunque la mayoría de rabinos se esforzaban

---

45. *BDAG*, 594.

46. Ver Horsley, *Bandits, Prophets y Messiahs*, 98; No implico que cada bandido del primer siglo era guerrillero, ni que Lucas quería implicar que los bandidos ficticios eran guerrilleros; tal reconstrucción imaginativa, aunque plausible históricamente, ni se puede confirmar ni refutar, y sin duda es tangencial a las necesidades narrativas de Lucas. Propongo una expansión interpretativa del escenario parabólico, en una manera contigua con nuestro conocimiento histórico y con el campo semántico de λῃστής, para intensificar las similitudes entre la parábola y la situación contemporánea de Colombia, y así para intensificar nuestro reconocimiento de nuestra responsabilidad a nuestros prójimos a la luz de la parábola.

47. Puyana García, *¿Cómo Somos? Los Colombianos*, 83–86.

a limitar la definición de "prójimo" en Levítico 19:18 a los israelitas, los versículos 33-34 del mismo capítulo especifican la relevancia del mandato de amar al prójimo *para el extranjero que vive dentro del pueblo de Israel* (cf. Carroll 2008, 104): "Cuando algún extranjero (גֵּר) se establezca en el país de ustedes, no lo traten mal, al contrario, trátenlo como si fuera uno de ustedes. Ámenlo como a ustedes mismos." Entonces la parábola del Buen Samaritano aplica Levítico 19:18 en una manera que chocaba con las expectativas contemporáneas pero que cumplía con la visión de Levítico 19. El Samaritano extendió misericordia a un hombre quien, según toda definición contemporánea, *no era* su prójimo,[48] así *convirtiéndose en* su prójimo (πλησίον . . . γεγονέναι τοῦ ἐμπεσόντος εἰς τοὺς λῃστάς; Lc 10:36).[49]

Es difícil imaginar un precedente para el cuidado de los desplazados que sea más pertinente que el extranjero viviendo entre los israelitas, los גֵּרִים. Los desplazados son gente cuyas experiencias evocan de manera bastante directa las de los גֵּרִים. Viven rodeados por gente a quien no pertenecen (o por lo menos con frecuencia se sienten como que no pertenecen en su nuevo contexto) y a menudo carecen de la capacidad de adquirir tierra o empleo seguro (en cuanto a las dificultades de conseguir tierra y empleo, ver arriba) salvo los trabajos ofrecidos por la gente nativa del lugar de llegada. Y el hecho de que los desplazados no son extranjeros, sino colombianos, no socava sino subraya la relevancia de la analogía del residente transitorio, *a minori ad maius*.[50]

LEYES DEL DIEZMO Y DE ESPIGAR

He argüido que Jesús sigue el precedente del AT cuando, en Lucas 10, extiende Levítico 19:18 a los extranjeros. Además, cuando Jesús especifica que el amor al prójimo se debe manifestar en apoyo concreto y financiero (10:34-36), él sigue la lógica moral interna al AT otra vez. Las leyes agrarias del AT incluyen varias provisiones para el cuidado material del extranjero. Las leyes de espigar aseguran que se deja una porción de cada cosecha para los residentes transitorios, tanto como para los pobres (Lv 19:10; 23:22; Dt 24:19-22). Pero estas leyes no son meros artefactos de legislación antigua.

---

48. Neudecker, " 'And You Shall Love Your Neighbor as Yourself I Am the Lord' (Lev 19,18) in Jewish Interpretation," 499; Esler, "Jesus and the Reduction of Intergroup Conflict," 335-36.

49. cf. Hays, *Lukes Wealth Ethics*, 118-19; Reicke, "Der bamherzige Samariter," 107.

50. Dios se define como el protector de tales personas vulnerables, y como resultado le incumbe al pueblo de Dios imitar su cuidado por los extranjeros, por los desplazados. "El Señor tu Dios . . . defiende la causa del huérfano y de la viuda, y muestra su amor *por el extranjero*, proveyéndole ropa y alimentos" (Dt 10:17-29; cf. 27:19).

La organización de Levítico 19 deja claro que el amor al prójimo y el cuidado material del extranjero *imitan* la actividad y el carácter de Dios mismo. Las leyes de Levítico 19 dan cuerpo al mandato fundamental que encabeza el capítulo: versículo 2, "Sean santos, porque yo, el Señor su Dios, soy santo" (Lv 19:2). Las leyes de espigar y amar expresan *la santidad en imitación de Dios*.

En la misma línea, cada tres años los israelitas tenían que apartar el 10% de su cosecha (el *segundo* diezmo) para los pobres, las viudas, los huérfanos, *y los extranjeros* (Dt 14:28–29; 26:12–13; cf. Hays 2010, 39–40; *Enc. Jud.* XI:1026). Estás leyes son formas legisladas de caridad a favor de los גֵּרִים, y aun cuando Jesús critica la interpretación farisaica de la Ley, él presume que las leyes de pagar el diezmo y de espigar permanecen relevantes.[51]

Naturalmente, las leyes de diezmar y espigar no llegan al punto de ser un sistema de beneficios sociales que abarca todos los aspectos de la vida del extranjero; sin duda hoy en día tenemos una perspectiva más integral en cuanto a las maneras de apoyar el florecimiento de la persona necesitada, más allá que proveer un mínimo de comida para la subsistencia. No obstante, la relevancia de tal legislación israelita a la situación de Colombia es evidente. Aunque los actores, los lugares, y los sistemas económicos de hoy son distintos a los de Israel, las leyes acerca del tratamiento de los extranjeros reflejan la voluntad de un Dios que no cambia (Mal 3:6; Stg 1:17; cf. debajo). Esto quiere decir que el compromiso de Dios con el extranjero indudablemente se extiende al desplazado de hoy, y como resultado nos obliga a desarrollar semejantes (aunque nuevas, distintas, y mejores) medidas en busca de justicia y en expresión de misericordia para el desplazado.

PREFERENCIA POR LOS POBRES

Ya intimé que, dentro del marco bíblico, los גֵּרִים funcionan como un subconjunto de un grupo más amplio, un grupo que se puede caracterizar en términos *etic* como "los marginados," y que en términos *emic* abarca los pobres, los huérfanos, y las viudas. Como resultado, se vuelve relevante para nuestro estudio todo el testimonio bíblico acerca de la opción preferencial por los pobres, ya mencionada aquí en Medellín en 1968 en la Conferencia de Episcopado Latinoamericano.[52] El Dios de la Biblia está comprometido con los pobres.[53] Como dicen los Salmos, Dios "librará al indigente que pide

---

51. Por ejemplo en las controversias acerca del sábado (Mc 2:23–28 y paralelos) o del diezmo (Mt 23:23//Lc 11:42).

52. *CELAM*; Episcopado Latinoamericano 1968, parte 14, §9.

53. Exod 22:25–27; Deut 10:17–19; 2 Sam 2:22–28; Sal 9:19; 10:17–18; 12:6; 35:10;

auxilio, y al pobre que no tiene quien lo ayude. Se compadecerá del desvalido y del necesitado, y a los menesterosos les salvará la vida" (Sal 72:12-13).[54] Y como un estudio inductivo muestra rápidamente, los prominentes dentro del grupo de los "pobres" son los huérfanos y las viudas,[55] otras personas como los גֵּרִים quienes eran sumamente vulnerables en la sociedad patriarcal y agraria del reino de Israel (donde sólo los hombres Israelitas podían ser dueños legales de tierras[56]).

No es trivial para nuestro estudio que más del 80% de los desplazados, además de ser residentes transitorios (por lo menos a corto y a medio plazo después de desplazarse), viven bajo de la línea de pobreza extrema, y con frecuencia, según la estadística, son viudas y niños privados por la violencia de por lo menos un padre. Consiguientemente, los mandamientos bíblicos en cuanto al cuidado de los pobres son obviamente relevantes a nosotros que vivimos con los desplazados. Y dada la miríada de otras cosas que los desplazados han sufrido (trauma psicológico, privación de familia y redes sociales, ser desarraigados de su contexto cultural, etc.) el compromiso con ellos es de pronto más urgente y forzoso para nosotros de lo que es la atención a los otros pobres no-desplazados en nuestras ciudades.

LA IMPORTANCIA DEL TRABAJO REMUNERADO

Antes de avanzar a maneras concretas de responder a la situación de los necesitados, es clave subrayar la medida fundamental que Dios estableció para el apoyo del ser humano: el trabajo. La visión del libro de Génesis indica que los seres humanos tienen la responsabilidad y el privilegio de ejercer sus capacidades en el mundo creado a través del trabajo. Aún en las narraciones de la creación, antes del relato de la caída de Adán y Eva, la visión de Dios era que los seres humanos trabajaran. "Dios el Señor tomó al hombre y lo puso en el jardín del Edén para que lo cultivara y lo cuidara" (Gn 2:15; cf. 1:26). El trabajo no se describe como una consecuencia de la caída.

68:5-6; 72:4, 12-13; 76:9; 146:7-10; Is 3:14-15; 25.4; Am 8.4-7.

54. Dios mismo dice en los Salmos "Voy ahora a levantarme, y pondré a salvo a los oprimidos, pues al pobre se le oprime, y el necesitado se queja" (Sal 12:5). Además dice Isaías 58:6-7 "El ayuno que he escogido. . . ¿No es acaso . . . compartir tu pan con el hambriento y dar refugio a los pobres sin techo, vestir al desnudo y no dejar de lado a tus semejantes?"

55. Dt 10:18; 14:29; 16:11, 14; 24:21; 26:21-13; 27:19; Job 22.9; Sal 146.9; Is 1.17, 23; Zac 7:10; Mal 3:5. Además, los textos mencionados arriba relevantes al espigar y el segundo diezmo se extienden a las viudas y los huérfanos.

56. Los extranjeros en Israel no podían adquirir tierra en Israel por razón de la prohibición de la venta permanente de la heredad terrenal familiar (Lv 25:23-30).

Además, los Proverbios indican que el trabajo es un factor clave para la seguridad financiera[57] (aunque uno apenas necesita un doctorado en teología o en economía para saber esto). Pero más allá de la independencia económica, el trabajo remunerado capacita al necesitado a tomar parte en una obra digna y esencial para la vida cristiana: el apoyo de los otros vulnerables. Así que Pablo dice a los presbíteros de Éfeso,

> Ustedes mismos saben bien que estas manos se han ocupado de mis propias necesidades y de las de mis compañeros. Con mi ejemplo les he mostrado que es preciso trabajar duro para ayudar a los necesitados (Hch 20:34–35; cf. 2Ts 3:6–13).

Cualquier estrategia que tiene la intención de ayudar al desplazado a largo plazo tendrá que comprometerse con la capacitación para y el conseguir de un buen trabajo remunerado, para que los desplazados puedan volver a realizar su vocación como agentes de Dios, cultivando la tierra y apoyando a los pobres que Dios ama, a los pobres entre los cuales los desplazados eran nombrados. Así será cumplido lo que fue mandado en Deuteronomio 10: "Debes tú mostrar amor por los extranjeros (הַגֵּר), porque también tú fuiste extranjero (גֵרִים)" (Dt 10:19).

LOS LÍMITES DE LA RELEVANCIA DEL TEXTO BÍBLICO A LA SITUACIÓN DEL DESPLAZADO

Al argüir por la relevancia de la Biblia a temas de justicia económica, no quiero empujar el péndulo al otro extremo e implicar que la Biblia sea *suficiente* para resolver nuestros problemas económicos modernos. Aunque la Biblia incluye sugerencias antiguas para apoyar a los necesitados,[58] la Biblia no se presenta como un depositario de soluciones tras-temporales para la pobreza.[59] Además, los autores bíblicos no tenían casi ninguna comprensión de las dinámicas económicas de sus propias épocas, y por descontado ellos

---

57. Pr 5.6–11; 10:4; 12:27; 13.4; 21:5; 24.30–34; Spangenberg, "The Poor Will Always Be with You," 32; Van Leeuwen, "Wealth and Poverty," 25–36.

58. La limosna (Lc 11:41; 12:33; Hch 9:36; 10:4, 31; 20:34–35), las comidas comunes (Hch 2:42–47), las distribuciones de un fondo central (Hch 6:1–7), las colecciones especiales en tiempos de crisis (Ro 15:25–26; 1Co 16:1–3; 2Co 8–9, Hch 11:27–30), el trabajo remunerado (Hch 20:33–35; 1Ts 2:9; 4:11–12; 5:14; Ef 4:28), los préstamos sin interés (Lc 7:41–42; 11:4; 16.1–13), el perdón de deudas (Lc 6:35), y el dedicar remanentes de la cosecha y el segundo diezmo a los pobres (Lv 19:10; 23:22; Dt 14:28–29; 24:19–22; 26:12–13).

59. Al contrario, cuenta con la presunción de que la pobreza será un aspecto intransigente de la sociedad humana: "gente pobre en esta tierra, siempre la habrá" (Dt 15:4).

no tenían la capacidad de entender las dinámicas de la economía global de hoy,[60] las cuales son exponencialmente más complejas de lo que eran en tiempos bíblicos.

Reconozco que muchas personas recurren a las leyes del Antiguo Testamento en busca de consejos para la política contemporánea, y con frecuencia su justificación no es más refinada que decir, "Si fue la voluntad de Dios para su pueblo en aquella época, sigue siendo su voluntad para su pueblo hoy." Sin negar que uno puede espigar algunas ideas útiles con tal método, es el equivalente hermenéutico de jugar a la ruleta rusa. Si uno trata de adoptar la Ley como su guía para la sociedad contemporánea, requeriría, por ej., que una mujer violada se case con el violador y pase el resto de la vida con el animal (Dt 22:28-29). Naturalmente, las leyes de la pureza ritual pertinentes a la menstruación limitarían el número de mujeres que asisten a esta ponencia (Lv 21:19-24). Y la esclavitud se convertiría de nuevo en una carrera potencial para nosotros que no somos de descendencia judía. Hay una razón, de hecho, hay muchas razones por las cuales los cristianos en los tiempos apostólicos no implementaron todas las leyes del Antiguo Testamento literalmente en sus comunidades. Aunque las referencias perpetuas a la ética del Antiguo Testamento ponen de relieve que los autores del Nuevo Testamento indudablemente creían que el texto bíblico reveló la voluntad de Dios con respeto a la justicia, no presumían que aquella revelación se debía extender para formar una legislación sistemática y concreta para cada y cualquier sociedad.

Esto no implica que yo dude de la relevancia de la revelación bíblica. Es cierto que la Biblia nos muestra parte de la respuesta de Dios a por ej., la pobreza en Israel después del exilio, pero no incluye un apéndice con la prescripción de Dios en contra de la pobreza mundial en el siglo 21 (a menos que uno lea el Apocalipsis de una manera chiflada). El puente hermenéutico entre hoy y ayer depende del hecho de que Dios no cambia (Mal 3:6; Stg 1:17), que su carácter y sus deseos para su gente siempre son iguales. Nosotros, el pueblo de Dios del siglo 21, llegamos a conocer el corazón de Dios por medio de examinar lo que ese corazón inmutable deseaba en otros momentos de la historia sagrada. Pero el cumplimiento de estos deseos divinos requiere una *actualización* a la luz de nuestro contexto distinto.

---

60. La Biblia no nos explica, p. ej., cuáles deben ser los niveles de las tarifas internacionales o cuáles industrias el gobierno debe incentivar con recortes de impuestos.

Las estrategias sugeridas para estimular la recuperación económica de los desplazados: Economía práctica y la teología de la vocación

Dadas las consideraciones delineadas arriba, ¿cuáles son algunas respuestas prácticas que las iglesias pueden adoptar para acompañar a los desplazados en su recuperación económica? En los párrafos que siguen, voy a adoptar algunas de las prescripciones de economistas contemporáneos,[61] siguiendo el apotegma de San Agustino *domini sui esse intellegat, ubicumque invenerit veritatem*, "Dondequiera que se encuentre la verdad, pertenece a[l] Señor."[62]

APROVECHAR BIEN LOS RECURSOS QUE YA EXISTEN

En primer lugar, no debemos olvidar que ya hay un montón de organizaciones y recursos dedicados al desplazamiento. Con frecuencia, el gran problema no es falta de recursos, sino falta de conocimiento de o acceso a los recursos que existen. En vez de reinventar la rueda, debemos cooperar con y facilitar acceso a las organizaciones y programas que existen pero son infrautilizados. La iglesia puede funcionar como un bróker, un agente de buena fe que puede facilitar acceso a y ofrecer información acerca de los varios recursos y organizaciones disponibles para los desplazados.

Quizás las iglesias también podrían organizar gente para apoyar a los desplazados para enfrentar la burocracia que complica la obtención de permisos y licencias para negocios y que obstaculiza acceso a los programas gubernamentales y los programas de ONGs. Las iglesias están llenas de abogados y funcionarios con experiencia en programas y formatos gubernamentales, y sus destrezas serán claves para los muchos desplazados que son mal informados acerca de los recursos disponibles, abrumados por la burocracia, o simplemente incapaces de ayudarse a sí mismos por falta de alfabetización. Tenemos que recuperar y aprovechar la teología protestante de la vocación y recordar a los laicos del sacerdocio de cada creyente, no

---

61. Naturalmente, las sugerencias y prescripciones de los economistas son dirigidas mayoritariamente al gobierno y las ONGs. Algunos de sus comentarios son, no obstante, relevantes para las iglesias. Estudios económicos indican que los hogares desplazados que se recuperan económicamente tienen "una combinación de niveles más altos de educación y capacitación, contacto con y acceso a las redes sociales en los lugares de llegada, ahorros o microcréditos, y una o más fuentes de ingresos" (Ibáñez, "Do Conflicts Create Poverty Traps?," 147). Entonces, me parece lógico investigar las maneras en las cuales las iglesias pueden ofrecer tales recursos y facilitar tales condiciones para optimar las chances de recuperación para los desplazados.

62. Augustine, *Doctr. chr.*, 2.18.28; traducción del autor.

sólo en el sentido de que todo cristiano tiene acceso directo a Dios, sino que cada cristiano tiene el privilegio y la responsabilidad de servir a Dios con las capacidades que Dios les ha dado.

OBTENER EL TRABAJO REMUNERADO Y CALIFICADO

Las iglesias también pueden hacer mucho para apoyar la recuperación económica después del periodo inicial de transición. Para tal recuperación los desplazados necesitan la oportunidad de tomar parte en el trabajo remunerado, sea por recibir empleo o iniciar una empresa nueva.

Por un lado, las redes sociales de las iglesias pueden facilitar acceso a empleos temporales y permanentes.[63] Pero solo hay un número limitado de trabajos en los lugares de llegada, entonces será necesario volvernos proactivos en facilitar la creación de nuevos trabajos y nuevas empresas. Hay varias organizaciones ya en Colombia, p. ej. Opportunity International, que ofrecen microcréditos como una especie de capital inicial, y podemos facilitar contactos con estas organizaciones.[64]

Pero más allá de "networking," las iglesias pueden apoyar el éxito de nuevas microempresas de desplazados. Siendo que muchos desplazados son de zonas rurales y no tienen experiencias con negocios, las comunidades cristianas pueden reclutar empresarios experimentados de sus comunidades para acompañar y servir de mentores a los desplazados. Similarmente, sería sabio ofrecer clases de capacitación acerca de la fundación y manejo de empresas. Todo eso tendría que pasar en comunidades locales y a pequeña escala, implementado a la medida de las necesidades y oportunidades específicas del contexto, para evitar el sobrecargo de un solo subsector de la fuerza laboral. Así, con la movilización de laicos las iglesias pueden ser recursos para el desarrollo de capital humano, que es esencial para trasladar la gente de trabajos con baja productividad y baja remuneración a trabajos con alta productividad y remuneración.[65]

---

63. cf. Ibáñez, "Vulnerability of Victims of Civil Conflicts," 660; Uno podría animar a los laicos a ofrecer tales puestos a los desplazados en la comunidad; cf. Carillo, "Internal Displacement in Columbia," 546.

64. Sería prudente vincular o complementar tales préstamos con apoyo nutricional para evitar el gasto del préstamo en comidas diarias (cf. Ibáñez, "Vulnerability of Victims of Civil Conflicts," 660).

65. Ibáñez, "Do Conficts Create Poverty Traps?," 140.

BRINDAR APOYO SOCIAL Y PSICOLÓGICO

Adicionalmente, las iglesias pueden dirigir sus esfuerzos hacía los factores coadyuvantes que con frecuencia descarrilan a los desplazados en sus esfuerzos hacia la recuperación económica. El informe de la Cruz Roja aclara que "el desafío mayor para los desplazados será jugar un *papel activo* en el proceso de reconstruir sus vidas y no caer en la trampa de *depender de la asistencia*."[66] Tal independencia y proactividad dependería en gran medida de una salud psicológica, un cierto sentido de seguridad interpersonal, y un pozo profundo de capital social.

Las iglesias pueden contribuir a tal recuperación emocional y social en varias maneras. Las iglesias siempre han sido fuentes de capital social,[67] y todavía pueden apoyar a los desplazados durante el proceso de trasladarse y adaptarse a la vida en sus sitios de llegada.[68] A un nivel más personal, las iglesias podrían ser refugios emocionales para gente sufriendo de los traumas emocionales del desplazamiento. Por añadidura, comunidades eclesiásticas y denominaciones con consejeros calificados pueden facilitar el cuidado psicológico necesario para la recuperación emocional[69] y económica.

CUIDADO Y EDUCACIÓN INFANTIL

Finalmente, el apoyo a los niños será clave para respaldar la reactivación económica de los desplazados. Tal trabajo es relativamente natural para las iglesias, siendo que muchas ya tienen programas para el apoyo de niños necesitados. Pero, además de ofrecer cuidado infantil durante la semana (para que los padres puedan seguir trabajando después de la jornada escolar), quizás las iglesias podrían extender o subsidiar apoyo educativo (tutoría

---

66. Carillo, "Internal Displacement in Columbia," 546.

67. "Hay varias razones por las cuales las redes sociales y el capital social es importante para apoyar la salida de la pobreza. Primero, las redes sociales brindan recursos y ayuda durante el proceso de migración y en la satisfacción de las necesidades más básicas. Segundo, las redes sociales en el lugar de llegada pueden brindar a las familias oportunidades para el empleo y los muy importantes permisos de trabajo y de negocios, tanto como acceso a programas del gobierno y de organizaciones no-gubernamentales" (Ibáñez , "Do Conflicts Create Poverty Traps?," 148).

68. Ver Ibáñez, "Do Conflicts Create Poverty Traps?," 148.

69. "Colombia, por ejemplo, entre todos los países de América Latina, es el país que dedica la cantidad menor de recursos, como porcentaje del presupuesto nacional de salud, al diagnóstico y el tratamiento de trastornos emocionales, a pesar de ser un país en el cual la incidencia de violencia ha tenido un grave efecto en la salud emocional de un segmento grande de la población" (Moya, "Violence, Emotional Distress and Induced Changes," 42).

y becas) para niños desplazados o para niños que han tenido que salir de la escuela para apoyar las finanzas de la familia. De tal manera podemos movilizar a los maestros y profesores en nuestras iglesias, y también podemos facilitar el ministerio de las mujeres en nuestras comunidades que no son profesionales, pero que son madres y abuelas. Quizás ellas no saben cómo pueden participar en el ministerio de la iglesia, pero por medio de participar en un programa de cuidado infantil ellas podrían servir a la comunidad de los desplazados en una manera sumamente valiosa para los padres.

CONCLUSIÓN: EL ROL DEL PASTOR Y LAS VOCACIONES DE LOS LAICOS

Esta ponencia comenzó con un resumen breve del impacto económico del desplazamiento, que resulta con frecuencia en pobreza extrema e intergeneracional. Entonces esbocé algo del testimonio bíblico relevante a la situación del desplazamiento: nos muestra un Dios que extiende justicia y misericordia a los pobres y los extranjeros y exige que nosotros hagamos lo mismo. Finalmente, sugerí que hay mucho que la iglesia puede aprender de la Biblia y de las ciencias sociales, con el propósito de responder a la llamada de Dios, especialmente a través de la realización de las vocaciones diversas de los laicos.

Déjenme concluir con una palabra para los pastores. Naturalmente, un pastor no puede encargarse de capacitar nuevos empresarios, dar cuidado psicológico a gente traumatizada, navegar en la burocracia gubernamental, trasportar gente y suministros, cuidar de niños, enseñar a estudiantes, y ofrecer microcréditos. Y no deben hacer tales cosas. Estas cosas son las responsabilidades de todos los miembros del pueblo de Dios. Necesitamos una eclesiología robusta, un reconocimiento del hecho de que somos un cuerpo con muchos miembros, cada uno que necesita del otro (cf. 1Co 12:12-31). El pastor, por su parte, tiene el privilegio de *educar* e *inspirar* la congregación, y además de *facilitar* la realización de las vocaciones de su rebaño frente al desplazamiento. Y nosotros, los profesores y líderes de denominaciones, tenemos la oportunidad de capacitar a las congregaciones para apoyar a los desplazados; además, podemos organizar comunicación entre las comunidades cristianas, el gobierno, y las ONGs para optimizar la extensión de los recursos ya disponibles.

En tal esfuerzo nosotros no simplemente haríamos trabajo social. Al contrario, cumpliríamos con los mandatos bíblicos en cuanto al cuidado del pobre, del extranjero, de la viuda y del huérfano. De tal manera, reconoceríamos y realizaríamos el reino de Dios en el mundo. Finalmente, apoyaríamos a los laicos en la ejecución de su vocación divina, utilizando sus dones espirituales y prácticos para el servicio del reino.

Parte II

PERSPECTIVA BÍBLICA

(4) **Violencia en el libro de Jueces**, *Milton Acosta*

(5) **Dos pautas en el libro de Santiago frente al desplazamiento**,
Guillermo Mejía

(6) **Desplazamiento, sufrimiento y fe a la luz de 1 Pedro**,
Sandro Gutiérrez

Capítulo 4

Violencia, religiosidad y desplazamiento en el libro de los Jueces
Analogías colombianas

Milton Acosta Benítez, PhD.

> Que no me aplaste el pie del orgulloso, ni me desarraigue la mano del impío
> —Sal 36:11

INTRODUCCIÓN

La prominencia de la figura de Dios como roca-refugio en las oraciones bíblicas sugiere que una parte importante de la literatura bíblica piadosa es producto de la amenaza y la violencia (p. ej. 2S 22:3-4; Sal 18:2; 90:1; 94:22). Pero, así como hay oraciones pidiendo protección, también hay críticas a la violencia y a los violentos, algunas en forma directa, como en los salmos y los profetas; otras en forma de narraciones, como es el caso del libro de los Jueces.

El propósito de esta ponencia es mostrar cómo responde el libro de los Jueces al tema de la violencia y sus consecuencias. Para ello, primero presentamos una justificación de la selección de Jueces. En segundo lugar, describiremos el panorama general del tiempo de los jueces y señalaremos algunos paralelos con Colombia. En tercer lugar, observaremos qué ha hecho el escritor bíblico con un período caótico de la historia de Israel. Concluiremos con algunas reflexiones.

Con este ejercicio nos proponemos buscar caminos que nos orienten a los creyentes en Colombia en la reflexión sobre la teología, la pastoral y la praxis más apropiadas para nuestro contexto, marcado como está, por asuntos que desafortunadamente compartimos con el libro de Jueces: violencia, desplazamiento y religiosidad.

POR QUÉ EL LIBRO DE LOS JUECES

Existen enormes distancias cronológicas, geográficas, lingüísticas y culturales entre el mundo de Jueces y el nuestro. Por eso, las comparaciones que proponemos aquí corresponden a los patrones de conducta y a los aspectos que consideramos comunes en la cosmovisión. Si bien no son analogías perfectas, esperamos que sean útiles para una reflexión inicial y posterior refinamiento de la misma.

Por qué no hablar del exilio

La primera inclinación de cualquier teólogo al intentar reflexionar sobre la violencia y el desplazamiento en Colombia, desde una perspectiva bíblica, es acudir a los textos que hablan del exilio. El exilio es el acontecimiento anti-Abraham, anti-éxodo, anti-conquista y anti-todo. Sin duda el exilio por definición fue un desplazamiento humano terrible que cambió la historia del pueblo judío de manera permanente. Sin embargo, el exilio no representa la mejor fuente para nuestra reflexión sobre la violencia y el desplazamiento en Colombia por tres razones fundamentales. Primero, se trata de una agresión externa contra Judá y de un desplazamiento fuera de su territorio. Segundo, es cierto que la invasión de Babilonia los afectó a todos, pero los desplazados fueron principalmente los nobles, los ricos y la mano de obra calificada.[1] Y tercero, a los exiliados, además de que se les permitió practicar su religión, en el largo plazo a la mayoría le fue tan bien económica

---

1. Por eso la mayoría de los deportados eran habitantes de Jerusalén. Véase Lipschitz, "Demographic changes in Judah," 364.

y socialmente que nunca quiso regresar a la tierra de sus antepasados, convirtiéndose así en diáspora. Tanto es así que para que algunos regresaran se necesitó una obra especial de Dios (Esd 1:5). Nada de esto niega que hayan sido víctimas del imperio babilonio.

Si bien los exiliados experimentaron nostalgia por la tierra, amenaza a la identidad judía[2] y mucha reflexión teológica, en realidad su caso dista mucho de la situación colombiana donde la violencia es de colombianos contra colombianos, donde los más afectados son los pobres y los campesinos, y donde la calidad de vida de la mayoría de desplazados no mejora. Es cierto que la mayoría no desea volver a sus sitios de origen, pero por razones distintas a las de los exiliados judíos en Babilonia. Según un estudio del desplazamiento forzado en Colombia, el deseo de retornar es más alto entre quienes tienen tierras de "propiedad colectiva" que entre quienes no poseen tierras.[3] Tierra significa todo: historia, identidad, familia, economía.

Si quisiéramos estudiar el desplazamiento interno en Israel, tendríamos que observar el caso de los habitantes del norte (Israel) que se refugiaron en el sur (Judá) cuando fueron invadidos por Asiria (722 a.C)[4] y los desplazamientos que seguramente ocurrieron en Judá cuando fueron invadidos por Babilonia (596–586 a.C). El otro candidato importante para el tema es obviamente el libro de los Jueces.

Por qué Jueces

Leer el libro de los Jueces es como ver las noticias de Colombia en Estados Unidos. Nos da la impresión de que todo el tiempo de los jueces y en toda la tierra de Canaán hubo opresión y guerra. Sin embargo, el mismo libro dice que hubo muchos períodos de paz, los cuales sumados son más largos que los períodos de violencia, independientemente de cómo sumemos

---

2. Curiosamente, esto que atenta contra la identidad de los judíos termina siendo parte de la misma y hasta enriqueciéndola. Es decir, una gran tragedia como la deportación, terminó afianzando la identidad de los judíos. Sin duda que el elemento de la fe de los hebreos fue fundamental. Véase Del Olmo Lete, *Origen y persistencia del judaísmo*, 31. De hecho, un autor sostiene que "La Biblia Hebrea es el libro del exilio," ya que en los textos donde se cuenta su historia, desde Génesis hasta Crónicas, el elemento constitutivo es la expulsión. Véase Carroll, "Deportation and diasporic discourses in the prophetic literature," 64. Se ha sugerido también que los deportados de Israel (722/721 a.C.) y de Judá (596–586 a.C.), de alguna manera se "re-unieron" primero en Judá y luego en Babilonia. Véase Smith-Christopher, "Reassessing the historical and sociological impact of the Babylonian exile (597/587–539 BCE)," 18.

3. Véase, Restrepo and Sadinle, "Grupos armados y tenencia de tierras," 413.

4. Smith-Christopher, "Reassessing the historical and sociological impact of the Babylonian exile (597/587–539 BCE)," -12–13.

los períodos de tiempo registrados en el libro. De hecho, algunos de estos períodos fueron más largos que el reinado entero de Salomón, que duró 40 años (Jue 3:30).

Cuando mataron a Luis Carlos Galán, el 18 de agosto 1989, yo estaba estudiando en Estados Unidos. Pegado al televisor veía cómo Colombia caía en un profundo caos. Mi conclusión fue, literalmente, ¡esto se acabó! Desesperado llamé a mis padres en Montería para ver cómo estaban ellos. Después de preguntarle a mi mamá insistentemente cómo estaban, la respuesta fue la misma, todos estamos bien, todo bien, gracias a Dios. Por fin le pregunté directamente, ¿Y lo de Galán? "Ah sí, lo mataron por allá en Bogotá."

La experiencia personal, aunque limitada, muestra que la violencia no nos afecta a todos de la misma manera y que un evento no lo es todo. Por eso, el análisis de la situación de un país se hace mejor con la observación de patrones y tendencias en el tiempo, como se analizan los portafolios de inversión, pero a mucho más largo plazo (la *longue durée*, dicen los franceses). ¿Sabemos qué significó la muerte de Galán? Los colombianos tenemos apilados en nuestra mente incontables hechos de violencia que no logramos comprender; tal vez porque no sabemos interpretarlos. O tal vez el problema es que a las interpretaciones que tenemos les hace falta más distancia tanto en el tiempo como en las pasiones.

Eso, que a mi parecer no hemos podido hacer en Colombia, es tal vez la tarea que se propuso el autor (o autores) del libro de Jueces, la cual intentaremos bosquejar a continuación, poniendo especial atención a la violencia y el desplazamiento. Es posible que el libro de Jueces hasta pueda servir de modelo para los historiadores de hoy que intentan salvar la brecha entre la historia académica y sus múltiples escuelas, las historias nacionalistas y la historia como la percibe la gente.[5]

VIOLENCIA, RELIGIOSIDAD Y DESPLAZAMIENTO EN EL LIBRO DE LOS JUECES Y EN COLOMBIA

Se podría decir que Jueces es el libro bíblico donde encontramos mejor representados los peores problemas de Colombia. Por eso es el texto bíblico seleccionado para esta investigación. Es decir, el mejor libro es el peor. Los puntos de encuentro entre estos dos mundos son tan claros como lamentables. Los registramos siguiendo el modelo de Jesús y del apóstol Pablo: para que no cometamos los mismos errores (1Cor 10), incluidos los teólogos.

---

5. Wang and Iggers, *Turning points in historiography*.

Violencia

Aunque el libro de los Jueces no contiene una definición de violencia, los relatos y comentarios de su autor evidencian una conciencia de lo que es violencia. Por ejemplo, cortar dedos de manos y pies de un prisionero de guerra es reconocido por los mismos personajes como un acto violento y además cruel (1:6-7). Pagarle tributo a un rey extranjero se registra como una forma de opresión puesto que conduce al clamor del pueblo de Israel y a la subsecuente acción divina que a su vez conlleva a la liberación; de hecho, con algunas variaciones y complicaciones, esa es la trama de los relatos de los jueces (3:15; 4:2; 6:1). Los padres de Sansón se oponen a su matrimonio con una filistea porque son incircuncisos- y Sansón responde "esa es la que a mí me gusta"- conste que estos fueron los padres que insistentemente le preguntaron al ángel cómo debían criar a su hijo (14:3); igualmente se considera inaceptable que un hombre le mienta a su mujer y todavía le diga que la ama, como le reclama Dalila a Sansón tres veces (16:10, 13, 15) o que una mujer tenga dos maridos (Jue 15:1). Cuando los israelitas se unen para atacar a otra de las tribus de Israel se preguntan, "¿Debemos subir y volver a luchar contra los de Benjamín, nuestros hermanos?" (20:23); se entiende que eso no está bien. Existen entonces pistas claras de que ciertos actos se consideran violentos o por lo menos indebidos.

El pueblo del estribillo

"No había rey en Israel y cada quien hacía lo que bien le parecía," dice cuatro veces en los últimos cinco capítulos de Jueces (17:6; 18:1; 19:1; 21:25).[6] No todos los académicos interpretan este estribillo de la misma manera. Una corriente representativa afirma que es una propaganda para la monarquía, y más específicamente el reinado de David.[7] Sin embargo, los dos libros siguientes en la Biblia Hebrea (Samuel y Reyes), se dedican a demostrar sistemáticamente que la monarquía, incluyendo a David, no fue la solución a los problemas sociales y de seguridad nacional. Así, independientemente de la función que se le atribuya al estribillo, la situación de Israel en el tiempo de los jueces es social, política y teológicamente caótica.

En Colombia ya se escucha menos eso de que "la ley es para los de ruana"; dicho que en el Caribe siempre nos ha costado entender. Sin embargo,

---

6. El estribillo pareciera seguir sonando aún en tiempos cuando ya hay rey (2R 10:5). También existen los sentimientos de que hay situaciones en las que un rey tampoco marca diferencia alguna (1S 12:25; Os 10:3; Miq 4:9).

7. Auld, *Joshua, Judges, and Ruth*, 256.

en el peor de los casos, se podría decir que este es un país donde no hay ni orden ni libertad; o en el mejor de los casos diríamos que es un país donde algo se ha hecho, pero todavía falta mucho para convertirnos en una sociedad donde reinen la justicia y la paz. Esto se aplica a la educación, la igualdad social, la seguridad, la educación, la salud, entre otros, como lo refleja el discurso del presidente actual en su segunda instalación.

El país de las atrocidades nunca antes vistas

Aun si aceptáramos la legitimidad de algunas guerras y si comprendiéramos la teología según la cual Dios le quita la tierra a un pueblo para dársela a otro, al leer el libro de los Jueces nos quedamos perplejos ante tanta crueldad (p. ej., como mata Jael a Sísara (4:17–22), el gusto de Sansón por matar (14:19).

Violar a una mujer en pandilla hasta matarla se considera en Jueces como el colmo de la maldad (19:30). Eso dice el escritor de Jueces cuando muere la mujer que fue violada por un grupo de israelitas. La desgracia llega al colmo de las ironías dado que el marido de esta mujer se hospedó en tierra de Benjamín porque consideró incorrecto hospedarse en tierra de jebuseos paganos. Esta violencia sexual es otro problema grave en Colombia, del cual han sido señalados como culpables militares, guerrilleros, paramilitares, pandillas y delincuentes comunes;[8] y ni qué decir del abuso sexual intrafamiliar.

El abuso de los prisioneros y los cadáveres de los enemigos están plenamente documentados en la arqueología y la literatura antiguas.[9] Como hemos señalado, en Jueces encontramos casos de tortura y mutilación. A un cananeo de nombre Adoní Bézec lo capturaron "y le cortaron los pulgares de las manos y los dedos gordos de los pies" (Jue 1:6). En otra ocasión, a dos jefes madianitas los ejecutan después de capturarlos, los decapitan y le envían las dos cabezas al jefe militar de Israel que en ese momento es Gedeón. Lo más perturbador en Jueces es que estas barbaries se cometan contra los enemigos y entre "paisanos" por igual, y que Dios esté de por medio (Jue 8:6–7). Si bien la identidad de Israel como nación no está establecida en el período de los Jueces,[10] el escritor bíblico probablemente presenta estas

---

8. Pinzón Paz, "La violencia de género y la violencia sexual en el conflicto armado colombiano: indagando sobre sus manifestaciones."

9. Véase, por ejemplo, Hamblin, *Warfare in the Ancient Near East to 1600 BC: holy warriors at the dawn of history*, 308–309.

10. Esto se ve de diferentes maneras. Una de ellas es la constante sospecha entre las tribus cuando hay guerras y alguna de las tribus no es invitada (p. ej. Jue 8:1–3).

situaciones de violencia para mostrar el grado de descomposición social que había alcanzado este pueblo.

En síntesis, el libro de Jueces está escrito de tal manera que la violencia es un patrón constante y progresivo. De la tortura y mutilación del enemigo (1:6) se pasa al asesinato divertido (3:12-30); del asesinato sin escrúpulos (4:21) se alimenta la burla de los enemigos (5:25-31); así como se calumnia para asesinar a los propios hermanos con el fin de alcanzar el poder (9:2-5), se queman vivos a los enemigos políticos (9:49); y para rematar las maldades, se viola a una mujer hasta matarla, cosa que desemboca en una guerra civil. Resulta difícil no creer en la intención de un autor al observar esta estrategia narrativa.

Desplazamiento

El desplazamiento no es la única consecuencia de la violencia en el libro de Jueces. Tampoco es el problema al que se le dedica más espacio. En realidad ni siquiera existe la categoría específica. Solamente observamos algunos casos aislados, que aunque pocos, resultan instructivos para los colombianos que llevamos siglos de violencia y un desplazamiento forzado que se ha desbordado en las últimas tres décadas.

Un caso en Jueces al que no se le dedica mucho espacio es el desplazamiento de un sobreviviente de una masacre. Abimelec asesinó a sus 70 hermanos con el fin de que ninguno le arrebatara el poder. Sobrevivió Jotán, quien denunció la violencia de Abimelec por medio de una fábula, y le tocó huir: "Luego Jotán escapó, huyendo hasta Ber. Allí se quedó a vivir porque le tenía miedo a su hermano Abimelec" (9:21).

Hay otro caso en Jueces en el que uno de los libertadores empezó como un desplazado al que luego se le unió un grupo de gente sin tierra. Se trata de Jefté. Sus hermanos lo habían echado por ser hijo de una prostituta. Jefté se va a vivir a tierra de Tob y allí se le junta un grupo de "desocupados" (heb. *requim*, 11:3). Tal vez se podría hablar de estos individuos como ociosos sin escrúpulos. Pressler sostiene que estos individuos probablemente son "desplazados que no han podido encontrar un lugar en la sociedad."[11] Sicre afirma que son "grupos marginados, sin posesiones, que buscan ganarse la vida al margen de la ley."[12] Sin embargo, tiempo después, los mismos que habían desplazado a Jefté, lo necesitan. Este es un caso donde la sociedad convierte a un individuo en desplazado, luego este se vuelve un delincuente,

---

11. Pressler, *Joshua, Judges, and Ruth*, 200.

12. Sicre Díaz, *Con los pobres de la tierra*, 56. Sicre piensa que en el caso particular de los acompañantes de Jefté se trata de "criminales a sueldo."

y con el tiempo su poder militar llega a ser útil para los intereses políticos de los mismos que inicialmente lo desplazaron.

En Colombia se habla de los desplazados por la violencia en el campo, que han llegado a las ciudades a hacer parte de pandillas y de otros grupos violentos. De esta manera la violencia también se desplaza y se muta, pero no se acaba.

También ocurre, como en la antigüedad, que quienes son desplazados por las guerras y la pobreza, y no hacen parte de grupos armados, se convierten automáticamente en mendigos o en mano de obra barata. Irónicamente, esos que trabajan por poco dinero, terminan siendo parte fundamental en la construcción de grandes proyectos de infraestructura[13] o haciendo parte de los ejércitos, para defender causas y patrias, honras y bienes que jamás han conocido, como le ocurrió a Jefté, a quien sus hermanos primero desplazan por "ilegítimo" y luego reclutan para que los defienda (Jue caps. 11–12). Otros terminan siendo víctimas de bandas organizadas (Jue 18:1–28).

En síntesis, en Colombia tenemos el conflicto, las víctimas del conflicto, las víctimas que se vuelven victimarios y las víctimas que son revictimizadas por la vulnerabilidad en la que quedan. Sin embargo, como lo muestran otras ponencias en este congreso, todos seguimos siendo muy creyentes y muy religiosos.

Religiosidad sin ética

La religión es un elemento fundamental en Jueces. No existe en este libro una "Virgen de los sicarios," pero sí encontramos a una especie de "Yavé de los matones"; suena irreverente, pero el texto claramente lo insinúa. En uno de los relatos de Jueces, una mujer del territorio de Efraín fabrica un ídolo para Yavé y se lo entrega a su hijo, quien lo pone en un santuario familiar y contrata a un sacerdote para recibir protección de Dios. Más adelante, una banda de merodeadores le quita a Micaías el ídolo y el sacerdote. Antes de eso, a ese sacerdote le pidieron que consultara a Yavé sobre un ataque que le harían a un pueblo que vivía tranquilo y en paz (Jue caps. 17–18). Como se ve, todos aquí son creyentes en Yavé.

En medio de estos relatos, el texto dice que "en aquella época no había rey en Israel; cada uno hacía lo que le parecía mejor" (17:6). Estos tres elementos juntos (Dios, el ídolo y el estribillo), sumados a la violencia, hacen

---

13. Hamblin, *Warfare in the Ancient Near East to 1600 BC: holy warriors at the dawn of history*, 115.

que la presencia de Dios, o por lo menos la de su nombre, sea enigmática en todo el libro de Jueces.

Varios casos se podrían mencionar para mostrar cuán religioso es Israel en este libro y cuán lejos están de practicar los mandamientos más elementales sobre la ética propuesta en Deuteronomio[14] o simplemente "la ley escrita en el corazón" (Ro 2:15). La violencia de Israel contra sus enemigos, por ejemplo, se convierte en juego de niños cuando Jefté ofrece a su propia hija como sacrificio a Dios en cumplimento de una promesa que le hizo por la victoria contra los amonitas (11:29-40).

En una historia hacia el final del libro, las tribus de Israel oran para pedirle a Dios instrucciones sobre la forma de atacar a otra tribu de Israel (Jue 20), oración que al comienzo del libro se hace para atacar a los cananeos (Jue 1). La dificultad para el lector de Jueces radica en que en la mayoría de los casos el escritor bíblico no comenta, no juzga, no condena; simplemente cuenta. Por eso la dificultad de la lectura. Tal vez es como en Colombia cuando ocurre algún caso extremo de injusticia o de violencia; casi instintivamente decimos "en el país del Sagrado Corazón."

La religión se constituye así en un elemento despistante para la interpretación del libro de los Jueces. Observamos prácticas, eventos y vocabulario religioso propios de la fe del Antiguo Testamento mezclados con prácticas, eventos y vocabulario religioso contrarios a la religión que en apariencia se profesa.

Los estudiosos han planteado distintas interpretaciones para los desafíos que presenta Jueces. Una es hablar de testimonios diversos y de múltiples teologías en el libro (Brueggemann, Gestenberger). Es decir, el esfuerzo por armonizar la teología bíblica podría resultar inútil. Sin embargo, siguiendo a Brueggemann, y buscando el sentido profético de Jueces, se podría decir que al igual que el culto que Amós critica, el libro muestra que "Yahvé se ha convertido en mera función de una empresa religiosa que es manipuladora e interesada, y que ha olvidado por completo cualquier referencia al Dios soberano del testimonio fundamental."[15]

Otros dirán que se trata de literatura de folclore (Niditch, quizá Alter), según la cual los pueblos antiguos creaban historias de estos héroes libertadores, donde se podría mezclar realidad con ficción.[16] La crítica que se le ha hecho a esta interpretación es que de todas maneras los relatos muestran

---

14. Entendemos que la teología del libro de Deuteronomio ejerció una influencia significativa en la composición de los libros de Josué, Jueces, 1-2 Samuel y 1-2 Reyes.

15. Brueggemann, *Teología del Antiguo Testamento*, 711.

16. Niditch, *Judges*.

una cultura a la que aparentemente no le molestaba este tipo de historias y las consideraron tan suyas y buenas para instruir que las canonizaron.

Autores como Seibert, por ejemplo, sostienen que no es posible que el espíritu de Dios haya venido sobre individuos como Jefté y Sansón para que cometieran las atrocidades por las que son conocidos. Si la máxima revelación de Dios ocurre en Jesucristo, entonces el comportamiento de Dios en el Antiguo Testamento (ni en ninguna parte) puede ser distinto al comportamiento de Jesús. Y si el Antiguo Testamento nos deja una impresión cuestionable de Dios es porque sus autores tienen concepciones equivocadas de Dios.[17] Esta perspectiva aparentemente lo resuelve todo de una vez, pero crea innumerables problemas, uno de los cuales es una especie de montanismo académico solapado; se queda el Antiguo Testamento en la Biblia, pero sólo el académico puede discernir cuándo habla Dios y cuando el hebreo troglodita.

Ante estas alternativas, quizá la mejor es buscar la pista en el mismo libro. Algunos autores han notado que Jueces es una representación de la historia donde la ausencia del nombre de Dios en los momentos clave de los relatos podrían significar precisamente eso, la ausencia de Dios y por tanto la desaprobación divina de lo que está ocurriendo.[18] Esto, sumado al desconocimiento de Dios registrado al inicio del libro y el estribillo sobre la anarquía al final son indicadores suficientes para creer que en Jueces hay una clara denuncia de la religión violenta. Una perspectiva muy útil es la de Daniel Block, quien ha llamado al libro de Jueces la historia de la "cananeización" de Israel.[19]

CÓMO HACER TEOLOGÍA NARRATIVA CON UNA HISTORIA LAMENTABLE

El enfoque

Como ya se ha sugerido, la dificultad más grande para la lectura de Jueces radica en entender la relación entre teología, intervención divina y piedad; es decir, en el uso del nombre de Dios y en la intervención divina en medio de actos contrarios a las leyes divinas. Una solución rápida sería decir que la ley es desconocida en el período de los Jueces, lo cual implicaría que el escritor bíblico los trata injustamente. Sin embargo, el mismo libro afirma que esta generación "no conocía al Señor ni sabía lo que él había hecho por

---

17. Seibert, *Disturbing divine behavior*.
18. Klein, *The triumph of irony*.
19. Block, *Judges; Ruth*.

Israel" (Jue 2:10). Así las cosas, la historia que leemos en Jueces es entonces la de un Israel que no conoce a su Dios. Esta afirmación debe marcar la lectura de todo el libro.

Jueces presenta, entre otras cosas, una crítica directa a la violencia ejercida por los caudillos, por los dirigentes y por el pueblo de Israel en un período crítico de su historia. El libro de Jueces inicia con la violencia contra los cananeos, pasa por la violencia intrafamiliar y termina en una guerra fratricida entre los israelitas.

Si en el período de los Jueces hubo más años de paz que de guerras y si los libertadores fueron la respuesta de Dios al clamor del pueblo oprimido, ¿por qué el escritor de Jueces no quiso o no pudo hablar de lo bueno sin exhibir lo malo con tanto detalle? Tal vez porque la violencia de quienes abusan del poder es tan perversa o peor que la de los opresores externos. El libro muestra entonces que el pueblo que tolera la violencia y que resuelve todo con violencia no tiene futuro porque no conoce a Dios. Es cierto que los jueces preservaron a Israel de la desaparición a manos de los cananeos. Pero la forma como ejercieron su liderazgo contagió a todo Israel de tal manera que quedaron camino a la autoeliminación. Esa es una pregunta para nosotros los colombianos, ¿en qué dirección vamos? Por ejemplo, ¿De qué sirve un parque si no podemos sentarnos tranquilamente a leer en una banca? ¿De qué sirve la muerte de un enemigo común si quienes nos salvan de ese enemigo mataron y abusaron de otro tanto de inocentes? Es decir, el orden que se pretende establecer termina fabricando más resentidos propensos a la violencia.

La ambigüedad en la teología

Nos gustaría ver una aprobación o una condenación absoluta e inequívoca de las acciones de cada personaje en Jueces, incluido Dios. Pero no; no hay tal cosa. Lo que hace el autor es llenarnos la cabeza de incertidumbres con una serie de relatos ambiguos. Algunos casos nos confunden, especialmente cuando Dios está de por medio y se practica cierta forma de piedad o más bien impiedad. Con razón algunos autores no resisten la tentación de afirmar que todo acto de violencia en la Biblia es reflejo de la forma de pensar humana, no de Dios.

¿Qué puede hacer un estudiante de la Biblia con semejante cuadro? El escritor bíblico dejó a los personajes como estaban. No les hizo una asepsia moral. Todo lo contrario; hizo el esfuerzo por mostrar cómo Israel no se desbarató completamente a pesar de tanta maldad. De paso nos invitó a observar las consecuencias funestas de tolerar la violencia.

El peligro de denunciar

Por razones obvias, quien critica a los violentos y a sus sucesores no puede aspirar a una vida tranquila. Aunque Jotán denuncia la violencia valiéndose de una fábula con apariencia de cuento de niños, de todos modos tuvo que huir; se convirtió en un desplazado y desapareció de la historia (Jue 9:7–21).

Qué pasó después de los jueces

Es posible que la depresión causada por la lectura de Jueces se atenúe un poco con la lectura de Rut que, aunque es una historia de desplazados, exalta virtudes como la solidaridad, la generosidad y redención. Sin embargo, los problemas de Israel no se acabaron.

Israel quiso resolver los problemas de la violencia, la inseguridad y el desorden social con una mezcla de tres componentes: religión (1S caps 4–7), monarquía y ejército (1S caps 8 y 12). Como se ve en Jueces (9:6), aparentemente la novedad en Samuel no es que quieran un rey, sino que ahora lo quieren por las vías religiosas y que sea el mismo para todos, o por lo menos una parte. Decimos esto porque como muestran Samuel y Reyes, la unidad del antiguo Israel nunca fue clara. Los tres primeros reyes de la llamada "monarquía unida" nunca fueron aceptados plenamente por todas las tribus. De todas maneras, la solución que Dios les propuso fue un profeta que trajera la palabra, intercediera y pusiera orden. A fin de cuentas se cumplió la palabra de Samuel: Israel persistió en desobedecer a Dios y pereció con todo y su rey (1S 12:25).

La evaluación que hace Jotán de los gobiernos de Israel, en su fábula, no deja bien librado a ninguno. Los que son capaces no quieren asumir el mando y los que finalmente toman el poder sólo saben gobernar a punta de violencia. En síntesis, a Israel (por lo menos en el tiempo de los jueces) le faltó lo que ellos mismos dicen honradez, buena fe y justicia (Jue 9:7–20).

CONCLUSIÓN: ANALOGÍAS ENTRE JUECES Y COLOMBIA

El escritor de Jueces no se contentó con aquello de que "los buenos somos más." Prefirió decir "no conocían a Dios," "cada uno hacía lo que bien le parecía" y "nunca se había visto ni se había hecho semejante cosa." La situación de violencia y desplazamiento en Colombia no es cuestión de hacer sumas y restas. Encima, el mal se hace todavía más inaceptable cuando se mezcla con religión. Resulta en patrones de conducta dignos de ser señalados por la magnitud de los daños que causa. Por estas razones, el autor de Jueces prefirió mostrar la maldad, incluyendo la de líderes militares, políticos y religiosos,[20] y la del pueblo mismo. En síntesis, una sociedad violenta, por muy religiosa que sea, es una sociedad que no conoce Dios.[21]

Es posible que ustedes tengan muchas reservas acerca de la legitimidad de este ejercicio. Queremos sugerir que la situación del texto bíblico no tiene que coincidir exactamente con la del lector para que el mensaje antiguo tenga validez hoy. La misma edición final de Jueces es del exilio (Jue 18:31), una época muy distinta a la del período de los jueces. Aunque los responsables de la violencia hayan muerto, se ha considerado necesario contar esa historia. Sin pretender leer la mente de los autores, el ejercicio de narrar historias de una época especialmente oscura tiene un valor incalculable si reconocemos que cualquier sociedad puede ser propensa a tomar ese camino.

Todos los países tienen problemas, pero hay algunos problemas más graves, más extendidos y que afectan a un mayor número de personas por más largo tiempo. Por eso es necesario observar patrones en el tiempo. Por ejemplo, el asesinato de un taxista o un periodista no es un hecho aislado por el hecho de que no sepamos la identidad del homicida. Si de tales casos tenemos estadísticas anuales, quiere decir que es un mal conectado con algo. Si bien no es recomendable generar pánico con falsas alarmas, tampoco debemos contentarnos con eufemismos baratos y gastados.

En conclusión, aunque el escritor de Jueces observó la historia desde la distancia del exilio (18:30) y en el largo plazo, lo que a fin de cuentas nos dijo fue, mediten en estas cosas y decidan si así es como ustedes quieren vivir, si estos son los gobernantes que quieren tener y si así es como quieren adorar a Dios. Si Israel vivió así y estuvo a punto de desaparecer, ¿qué les hace pensar que a ustedes les irá mejor?

---

20. "Poderosos son los sacerdotes paganos del país, según todos sus seguidores" (Sal 16:2).

21. Sawyer, *God, gender and the Bible*, 66.

Capítulo 5

Sumisión a Dios y preocupación por el necesitado

Dos pautas en Santiago frente al desplazamiento

por Mag. Guillermo Mejía

INTRODUCCIÓN

La exigencia de la carta de Santiago a quien se presume parte del pueblo de Dios de poner la fe en acción, preocupándose y ocupándose de manera genuina por los necesitados, es reconocida amplia y merecidamente. También se reconoce que la inmensa mayoría de los más de seis millones de desplazados que el conflicto armado colombiano ha generado sufre carencias que los convierte en necesitados.[1] Ello me lleva a auscultar la preocupación

---

1. El autor de esta reflexión entiende con Albuja que el dezplazamiento en Colombia deviene del conflicto armado interno con sus consiguientes abusos de derechos humanos, y que este fenómeno ha alcanzado proporciones de catástrofe humanitaria al afectar gravemente más del diez por ciento de la población colombiana con un total de 6.372.539 personas desplazadas (UARV). (El último censo de población tuvo lugar en el año 2005 y arrojó una población colombiana de 41.468.384 habitantes. La proyección para el año 2010 es de 45.508.205; Ver DANE: http://www.dane.gov.co/files/censo2005/PERFIL_PDF_CG2005/00000T7T000.PDF. Accedido el 14 de abril de

genuina por los necesitados que nuestra fe en Jesucristo nos impone a partir de Santiago 2:1–11 y 4:13–5:6. Esta auscultación encuentra que Santiago entronca la preocupación genuina por los necesitados con una fustigación, sin ambages, contra el estilo de vida de quien pretendiendo vivir en la libertad de la ley de Dios, termina más bien favoreciendo un sistema de explotación y marginalización del necesitado.

Por otro lado, lo que con lamentable frecuencia no se reconoce o se pasa por alto en estudios de la carta de Santiago es el rechazo que hace, especialmente en el capítulo 1, de cierta predisposición, por parte de quien se presume parte del pueblo de Dios, a responder a las adversidades de la vida desde el propio fuero, sin parar mientes en los designios soberanos de Dios. La expresión "adversidades de la vida" trata de trasmitir lo que en el original se expresa como *peirasmoīs . . . poikīlois* (Stg 1:2). Veremos que Santiago rechaza dicha predisposición, al considerarla disconforme con la sabiduría revelada de Dios, y exhorta a someternos a los designios de Dios.

La expresión "la sabiduría revelada de Dios" aparece en esta reflexión casi como un estribillo. La carta de Santiago, más expresamente en el pasaje central de Stg. 3:13–18, privilegia esta sabiduría. De conformidad con Stg. 1:1 y 2:1, resulta claro que para Santiago esta sabiduría se revela en el *nomos* de Dios, el cual ha de interpretarse a la luz del prisma hermenéutico de Jesucristo. Así concebida, la sabiduría revelada de Dios constituye el parámetro rector de la vida de quienes presumimos ser pueblo de Dios. En otras palabras, la sabiduría de Dios revelada en el *nomos* es el basamento de nuestro etos para auscultar nuestra respuesta frente a la tragedia del desplazamiento en Colombia.

Así las cosas, estas dos pautas de sumisión a la sabiduría revelada de Dios y de preocupación genuina por los necesitados, a la luz de Santiago 1, 2:1–11 y 4:13–5:6, bien pueden ayudar a precisar nuestra responsabilidad, como pueblo de Dios, frente a la catástrofe humanitaria del desplazamiento en Colombia, particularmente frente a la incapacidad del Estado colombiano para solventarla en un plazo previsible.[2]

2014). Este agravamiento se ha hecho más palpable desde el fallido diálogo de paz entre el gobierno y las FARC que tuvo lugar en los años 1998 al 2002 (UARV). (http://rni.unidadvictimas.gov.co/?q=v-reportes Accedido el 14 de abril de 2014). Por otro lado, la investigación de Ibáñez y Moya demuestra que "los hogares desplazados enfrentan un deterioro generalizado en sus condiciones de vida" (p. 1) y "una situación de extrema vulnerabilidad . . . [que degenera en] una transmisión intergeneracional de la pobreza" (p. 5). Las estadísticas del IDMC confirman esta pauperización con "un 94% de los desplazados . . . bajo la línea de pobreza, y un 77 por ciento en extrema pobreza" (p. 10).

2. Esta catástrofe humanitaria requiere de la atención especial del Estado y así lo han reconocido el Ejecutivo y el Congreso de Colombia con la promulgación de las Leyes 387 de 1997 sobre Atención Integral a la Población Desplazada; 975 de 2005

JUSTIFICACIÓN DE ESTA REFLEXIÓN

La catástrofe esbozada y la coyuntura actual de incapacidad del Estado para solventarla en un plazo previsible constituyen un desafío enorme para los evangélicos en Colombia. Evidentemente la respuesta de la iglesia evangélica en Colombia frente a este desafío no se acompasa con la enormidad de dicho desafío, ni con nuestros mayores recursos y capacidades, ni con las pautas dadas por Dios; aunque con alegría observamos valiosos esfuerzos, algunos de los cuales son mencionados en otras contribuciones de este congreso. Nuestra pobre respuesta puede derivar de nuestra lamentable tendencia a incriminar al Estado como responsable de todos los males y desaciertos de nuestra sociedad, sin parar mientes en nuestra propia responsabilidad. No sugiero con ello que se exima al Estado de sus deberes; tampoco desconozco que acompañar y orientar a los desplazados en la maraña de las gestiones burocráticas para acceder a los recursos estatales sea una contribución muy necesaria. Lo que quiero destacar es que nuestra respuesta sigue siendo pobre y que ella puede derivar también de la lamentable tendencia nuestra a escindir lo espiritual de lo cotidiano y, particularmente, de los asuntos económicos.[3] De todas maneras, estas lamentables tendencias no nos liberan de nuestra responsabilidad frente a la catástrofe humanitaria del desplazamiento en Colombia. En el marco de Lausana, el compromiso de Ciudad del Cabo nos recuerda "el reconocimiento de que Dios hace responsables especialmente a quienes son designados como líderes de la política o la justicia en la sociedad, pero ordena a todo el pueblo de Dios—por la Ley y los Profetas, . . . Jesús y Pablo, Santiago [entre otros] . . .—a que refleje el amor y la justicia de Dios en amor y justicia prácticos a favor de los necesitados."[4] Es oportuno confesar que frente a la catástrofe humanitaria del desplazamiento en Colombia, la iglesia evangélica colom-

---

sobre Justicia y Paz; y 1448 de 2011 sobre Víctimas y Restitución de Tierras. La Corte Constitucional también ha reconocido la prioridad de la atención especial del Estado a los desplazados, con la Sentencia T-025 de 2004 en la que declaró "la existencia de un estado de cosas inconstitucional en la situación de la población desplazada debido a la falta de concordancia entre la gravedad de la afectación de los derechos reconocidos constitucionalmente . . . de un lado, y el volumen de recursos efectivamente destinado a asegurar el goce efectivo de tales derechos y la capacidad institucional para implementar los correspondientes mandatos constitucionales y legales, de otro lado." La Corte mantiene la presión sobre el Ejecutivo para el resarcimiento de los derechos constitucionales de los desplazados, mientras que éste reitera que "El Estado no tiene capacidad para atender a todas las víctimas al mismo tiempo" (Presidencia). Esta coyuntura prolonga la victimización de los desplazados y los expone a la profundización de su pauperización.

3. Ver Longenecker, "Introduction," 4.
4. Lausana, El compromiso de la Ciudad del Cabo, 7C.

biana está en mora de aliviar, tanto como pueda, esta adversidad de millones de nuestros compatriotas que es indigna para todos.

Esta reflexión nos convoca a las siguientes dos exhortaciones que surgen de Santiago 1, 2:1–11, y 4:13–5:6, con la esperanza y la oración de que su aplicación nos permita transitar los designios de Dios y la liberación evangélica de nuestros compatriotas desplazados.

1) Rechazar la predisposición a responder a las adversidades de la vida desde nuestro propio fuero sin parar mientes en la sabiduría revelada de Dios. Como veremos, la predisposición de la audiencia inicial de Santiago pudo tener que ver con "agarrar el toro por los cachos" y ayudar el esfuerzo bélico contra la subyugación romana. En nuestro caso y en la coyuntura actual de la iglesia evangélica colombiana, la predisposición que debemos rechazar tiene que ver con nuestra pobre respuesta frente a la catástrofe humanitaria del desplazamiento en Colombia que se cruza de brazos y le "echa el agua sucia" al Estado. La alternativa, según Santiago, es la sumisión a Dios.

2) Implementar una preocupación genuina por los millones de compatriotas que sufren la compleja tragedia del desplazamiento, teniendo en cuenta que para Santiago una preocupación genuina por los necesitados está acompasada de un estilo de vida que no le hace el juego a un sistema de exclusión, explotación y marginalización del necesitado.

Preámbulo para la reflexión

A continuación, considero oportuno dar a conocer los linderos exegéticos que asumo, relacionados con autor, fecha, contexto y audiencia de la carta de Santiago, reconociendo que la extensión de este artículo no me permite profundizar en las discusiones que sobre estos temas entretienen a los estudiosos de Santiago.

Santiago, hermano de Jesús e hijo de José y María, surge como el más plausible autor de su epónima carta.[5] Asumo, además, que la fecha más plausible de esta carta se encuentra entre los años 44 d.C. y 62 d.C. La fecha *a quo* deviene de la arremetida de Agripa contra el liderazgo del creciente movimiento cristiano que se advierte en Hechos 12, lo cual dio lugar a que Santiago asumiera el liderazgo del creciente movimiento cristiano desde

---

5. Mitton, *The Epistle of James*, 7; Johnson, "The Use of Leviticus 19 in the Letter of James," 3; McKnight, *The Letter of James*, 13–39; Osborne, "James," 3–5.

Jerusalén, , y la fecha *ad quem* deviene de la fecha de la muerte de Santiago.[6] Considero también que "las circunstancias políticas y religiosas de Judea y de Jerusalén en los años 40´s y 50´s, en las que solo una misión judía podía esperar ser tolerada, [pudieron haber causado el deseo político de Santiago] de asegurar un *modus vivendi* para la iglesia en Jerusalén."[7] Gracias a este *modus vivendi*, Santiago pudo ejercer su liderazgo en el creciente movimiento cristiano desde Jerusalén, a mediados del primer siglo, a pesar de los inmensos desafíos religiosos representados por el grueso del judaísmo que se oponía a dicho movimiento, y a pesar de la compleja realidad política en Jerusalén creada por la tensionada coexistencia entre la *pax romana* y la multiplicidad de vertientes del nacionalismo judío.

En cuanto a la audiencia, Stg 1:1 la identifica explícitamente como "las doce tribus en la diáspora." Al asumir que dicha descripción, en sí misma, designa a israelitas en la diáspora, no desconozco el debate vigente sobre la audiencia de Santiago entre quienes abogamos por la literalidad de la mencionada descripción para designar a israelitas en la diáspora y quienes optan por una descripción metafórica para designar a cristianos.[8] Si lo que asumo resulta correcto, la pretensión de Santiago de exhortar autoritativamente a la diáspora judía es enorme, dada la gran magnitud del fenómeno "diaspórico" del pueblo judío que trastrocó su identidad misma. Paul Johnson describe perspicazmente el trastrocamiento de la identidad judía derivada del fenómeno "diaspórico": "los judíos, privados de un Estado, se convirtieron en una nomocracia—sometiéndose voluntariamente a la Ley" (p. 83). La Torá, más que el territorio, llegó a ser el corazón de la férrea identidad judía, particularmente en la Diáspora.[9] Santiago no es ajeno a este trastrocamiento de la identidad nacional judía que terminó privilegiando la Torá, en desmedro del territorio. Podemos pues estar en presencia de una

---

6. Eusebio, 2.1.2, 2.23.1 y 2.23.4–15; Josefo, *Antigüedades*, 20.9.1.

7. Bockmuehl, *Jewish Law in Gentile Churches*, 75. cf.: 82; Las traducciones al español de citas en otros idiomas son del autor de esta reflexión. Martin, *James*, xxxix; Schnabel, *Paul the Missionary*, 51 y Bauckham, *James: Wisdom of James, Disciple of Jesus the Sage*, 185 también sugieren el ánimo de Santiago de encontrar un *modus vivendi* para adelantar los esfuerzos del creciente movimiento cristiano en medio de circunstancias políticas y religiosas adversas a mediados del primer siglo en Jerusalén.

8. Hort, *The Epistle of St. James*, 22; Mayor, *The Epistle of James*, 169 y 341; Adamson, *James: The Man and His Message*, 11–14; Bauckham, *James: Wisdom of James, Disciple of Jesus the Sage*, 14 encuentran que el referente de la mencionada descripción, considera en sí misma, no puede ser otro que el pueblo de Israel en la diáspora. Por otro lado, Vouga, *L'Épitre de Saint Jacques*, 37; Blomberg y Kamell, *James*, 28 y 48; y Moo, *The Letter of James*, 23–25 y 49–50, entre otros, sugieren una intención metafórica de Santiago para designar a cristianos, independiente de su proveniencia judía o gentil.

9. Ver también a Barclay, *Jews in the Mediterranean Diaspora*, 13 y 404; y Trebilco y Evans, "Diaspora Judaism," 292.

exhortación dirigida a un pueblo cuya identidad fue trastrocada por el fenómeno "diaspórico" y para el que la Torá prevalece sobre el territorio como aglutinante de identidad nacional. Santiago refleja precisamente su fuerte apego a la Torá, pero mediado por su conversión al prisma hermenéutico de Jesucristo (Stg 1:1 y 2:1).

Sin pretender poner en igualdad de condiciones el fenómeno "diaspórico" judío y la catástrofe humanitaria del desplazamiento en Colombia, llamo la atención a cierta sensibilidad que refleja la carta de Santiago y ciertas semejanzas entre la primera audiencia de la carta de Santiago y nosotros los cristianos evangélicos en Colombia hoy, relacionadas con personas en situación de desplazamiento. Los cristianos hoy, de manera similar a la primera audiencia de Santiago, debemos encontrar que la "nomocracia," el poder rector de la Ley de Dios, entendida aquí como la sabiduría revelada de Dios, constituye un fuerte criterio de identidad como pueblo de Dios, aún por encima del territorio. Esta "nomocracia" nos conmina a la sumisión a Dios y a la consecuente preocupación genuina por los desplazados en Colombia.

Predisposición inadecuada frente al desplazamiento

En esta sección ausculto cierta predisposición que algunos en la Diáspora parecen estar considerando frente a las adversidades de la vida. Santiago 1:2–20 evidencia que el autor rechaza esta predisposición, al encontrarla disconforme con la sabiduría de Dios revelada en la Torá. Es posible identificar esa predisposición toda vez que "Santiago construye una ética definida tanto por lo que opone como por lo que afirma."[10] Al explorar, a renglón seguido, algunos de los componentes más prominentes de la predisposición de la audiencia de Santiago, mi interés es tratar de identificar nuestra propia predisposición como iglesia evangélica frente a la catástrofe humanitaria del desplazamiento en Colombia.

En primer lugar, Santiago 1:2–8 señala al *diakrinōmenos*, el que duda, el que vacila entre la sabiduría revelada de Dios, que Santiago privilegia, y la predisposición de la audiencia que eventualmente conlleva a "confiar en los recursos humanos para liberarse de las adversidades."[11] La disyuntiva que plantea Santiago para enfrentar las adversidades de la vida se encuentra entre la sumisión a la sabiduría revelada de Dios, y el propio fuero, es decir, nuestro propio poder decisorio. Santiago identifica a quien se siente atraído por el propio fuero que no para mientes en la sabiduría revelada de Dios,

---

10. Johnson, "The Use of Leviticus 19 in the Letter of James," 83.
11. Martin, *James*, 21.

como *diakrinōmenos*. La duda en este caso surge porque el propio fuero se contrapone a la sabiduría revelada de Dios; y porque es en la sabiduría de Dios donde la diáspora debe encontrar las directrices para enfrentar las adversidades de la vida y no en la tentación guerrerista. Santiago entonces asimila el *diakrinōmenos*, en su inestabilidad de alma, a la ola del mar secuestrada por el vaivén del viento, que le impide beneficiarse de la generosidad del Señor: "[E]l que duda es semejante a la ola del mar, impulsada por el viento y echada de una parte a otra. No piense, pues, ese hombre, que recibirá cosa alguna del Señor." (Stg. 1:6–7). Aunque Santiago, ni en esta sección ni en ninguna otra parte de la carta explicita o especifica la o las adversidades de la vida que tiene en mente, nosotros, en esta reflexión, sí tenemos clara y expresamente identificada la catástrofe humanitaria del desplazamiento en Colombia como la adversidad de la vida a la que debemos responder. ¿Cómo responder? El llamado es a responder con sumisión a la sabiduría revelada de Dios (Stg. 1:2–5. Cf. Stg. 3:13–18).

En 1:9–11, Santiago opone el rico al humilde, el *hō tapeinōs*, e identifica expresamente a este último como "hermano," mientras que para el rico, por lo menos deja la duda en cuanto a su hermandad, al identificarlo sin más ni más, simplemente como "ὁ πλούσιος." El rico, en contraposición al humilde, parece identificar a quien no se apropia de la sabiduría revelada de Dios, y se refugia, más bien, en sí mismo y en las riquezas transitorias para hacer frente a las adversidades de la vida.[12] *A contrario sensu*, el humilde responde a las adversidades de la vida con sumisión a la mencionada sabiduría. Aunque la respuesta a la siguiente pregunta es objeto de discusión, vale la pena preguntarse si la audiencia de Santiago le apostaba a los recursos económicos de los ricos de la diáspora para sostener un eventual esfuerzo guerrerista. Lo cierto es que Santiago enfatiza la naturaleza pasajera de las riquezas materiales y privilegia más bien la humildad que opta por la sumisión a la sabiduría revelada de Dios. De cara a la adversidad de la catástrofe humanitaria del desplazamiento en Colombia pues, la exhortación de Santiago nos orienta en la dirección del humilde, es decir a la sumisión a la sabiduría revelada de Dios. Esto debe estimular a quienes carecemos de los suficientes recursos económicos para responder adecuadamente a la catástrofe humanitaria del desplazamiento en Colombia, toda vez que lo que se requiere de nosotros en primer lugar es la actitud humilde de sumisión a la mencionada sabiduría, y no lo abultado de nuestros saldos bancarios.

Como tercer componente de la predisposición que Santiago cuestiona, encontramos en Stg. 1:13 la tendencia a entender las adversidades como la prevalencia del mal, y de echarle la culpa a Dios. Santiago replica que

---

12. Ver Walter Grundmann, "Ταπεινός," 1 y 10; y Nystrom, *James*, 25.

Dios es "intentable" por el mal. "Que nadie diga cuándo es tentado: Soy tentado por Dios; porque Dios no puede ser tentado por el mal y Él mismo no tienta a nadie." (Stg. 1:13). Según Stg 1:16–18, la audiencia parece dudar de la bondad y de la fiabilidad de Dios, al tiempo que, al apelar a las "luces de lo alto" y al alegar "cambios y sombras de variación," parece creer que las adversidades son fruto de la fatalidad. Santiago revira contra estas creencias, afirmando que "toda buena dádiva viene de lo alto, del Padre de las luces, en quien no hay cambios ni sombras de variación." Es posible que la audiencia de Santiago pretendiera reversar la fatalidad y forzar a Dios a actuar, a través de la "vacaloca" guerrerista, aspirando tal vez a que cuando la enorme desventaja militar de los judíos frente a los romanos quedara en evidencia, Dios intervendría a su favor.[13]

De manera similar a la audiencia de Santiago, parece que los cristianos evangélicos recurrimos a la fatalidad para cruzarnos de brazos frente a la catástrofe humanitaria del desplazamiento en Colombia. Pero en nuestro caso, la fatalidad no se manifiesta en una actitud de "armas tomar," sino en la inercia frente a la catástrofe del desplazamiento, derivada tal vez del anonadamiento que genera la enormidad de dicha catástrofe. La fatalidad a la que recurrimos, cruzándonos de brazos frente a esta tragedia, se manifiesta casi que cotidianamente cuando tratamos de mirar para el lado contrario a aquel en el que discurren las angustias de millones de nuestros compatriotas. La enormidad de la tragedia, sin embargo, también ocupa el lado contrario de nuestra mirada y no permite lavarnos las manos en el socorrido "esto no es conmigo." No hay escape. La fatalidad entonces se transforma y se manifiesta en un falso sentimiento de lástima por los desplazados, o, peor aún, en la conclusión cínica de que los desplazados están de malas. En realidad, estas expresiones tratan de disfrazar nuestra comprensión del desplazamiento como una fatalidad, pero terminan siendo formas groseras de tratar de apaciguar nuestra conciencia frente a la tragedia del desplazamiento.

Finalmente, en 1:20, Santiago deja al descubierto la ira como último recurso que algunos en su audiencia pueden estar considerando para hacer frente a las adversidades. Al parecer, algunos en la audiencia de Santiago pretendían forzar a Dios a actuar contra las adversidades, incurriendo ellos mismos en el hecho cumplido de una guerra contra los romanos. Las pocas posibilidades de éxito de una guerra contra los romanos eran evidentes, pero tal vez esperaban una eventual intervención de Dios a favor de su pueblo cuando se encontraran en apuros.[14] Ello ha dado lugar para pensar que Santiago puede estar rechazando cierta disposición de algunos en la Diáspora

---

13. Ver Martin, *James*, 39.
14. Reicke, *The Epistles of James, Peter and Jude*, 21.

para coadyuvar a la apuesta de los revolucionarios zelotes, a mediados del primer siglo, en favor de una revuelta contra el vasallaje romano y forzar así la intervención de Dios a favor de su pueblo.[15] Otros ven en Stg 1:20, por lo menos, una referencia a la utilización de la violencia para hacer frente a las adversidades y establecer la justicia.[16] En cuanto a nosotros, la seducción de la ira no parece hallar cabida en nuestra respuesta frente a la catástrofe del desplazamiento en Colombia; pero esta ausencia en vez de constituirse en una virtud, más bien confirma nuestra inercia frente a esta tragedia.

En síntesis, para enfrentar las adversidades de la vida, por lo menos algunos en la audiencia de Santiago parecen tener cierta predisposición configurada por: a) la duda a apostarle a la sabiduría revelada de Dios, inclinándose más bien por su propio fuero, b) la dependencia de sus propios recursos, rechazando la humilde disposición a aferrarse a la sabiduría de Dios, c) la percepción de que el mal prevalece y de que las adversidades de la vida son simplemente fruto de la fatalidad, y d) la ira que se manifiesta en violencia como último recurso bajo la pretensión de forzar a Dios a actuar en favor de su pueblo si éste incurre en un hecho cumplido.

Frente al desplazamiento en Colombia, la predisposición del pueblo cristiano evangélico colombiano tiene algunos visos de la predisposición descrita arriba, tales como la duda a apostarle a la sabiduría de Dios para informar nuestra respuesta y recurrir más bien a nuestro propio fuero, o la actitud bastante colombiana del "deje así" o del "esto no es conmigo." Estas expresiones reflejan muy bien la percepción equivocada de que el mal prevalece, de que el desplazamiento es simplemente fruto de la fatalidad, de que aquellos que han sufrido el flagelo del desplazamiento son "de malas," aunque se cuenten por millones y excedan más del diez por ciento del total de la población. Por último, la ira y su consecuente violencia no parecen ser parte de nuestra predisposición para enfrentar la tragedia del desplazamiento; pero esta carencia de ira frente al desplazamiento confirma más bien nuestra tendencia a cruzarnos de brazos: Ni pretendemos forzar a Dios a actuar, ni nos pellizcamos, ni movemos un dedo. La catástrofe humanitaria del desplazamiento en Colombia nos ha importado un bledo.

Tanto la predisposición de la audiencia de Santiago para enfrentar las adversidades de la vida, como la predisposición de nosotros los cristianos evangélicos en Colombia para enfrentar la catástrofe humanitaria del desplazamiento en Colombia, con sus semejanzas y diferencias, aparecen como disconformes con la sabiduría revelada de Dios. Aunque ambas exhiben la

---

15. Martin, *James*, 31; Blomberg and Kamell, *James*, 86.

16. Vouga, *L'Épitre de Saint Jacques*, 62; McKnight, *The Letter of James*, 80 y 138; Reiher, "Violent Language," 235.

negativa a aferrarse a la sabiduría revelada de Dios; la primera se manifiesta en la pretensión de forzar a Dios a actuar a partir de hechos cumplidos, mientras que la nuestra se manifiesta en la indiferencia. La sabiduría revelada de Dios no solo desnuda nuestra predisposición paralizante sino que nos conmina a romper el anquilosamiento frente a la tragedia del desplazamiento y nos exige poner la fe por obras (Stg. 1:21–2:11), mostrándonos el camino de la ley real del amor al prójimo, pasando al ámbito más tangible de aliviar la pesada carga que llevan nuestros desplazados.

Hacia una preocupación genuina por el desplazado

Frente a las adversidades de la vida y como alternativa a recurrir a nuestro propio fuero para enfrentarlas, Santiago nos conmina en contra de la inercia, en contra del "esto no es conmigo," y hacia un compromiso hasta los tuétanos para aplicar la sabiduría revelada de Dios en favor de los necesitados, sin favoritismo por el bragado, ni por el rico. Esto es lo que Santiago parece indicar en Stg 1:25–27 y desarrollar en Stg 2:1–11, en estrecho vínculo con Stg. 4:13–5:6. Este estrecho vínculo entre estos dos últimos pasajes parece sugerir que una preocupación genuina por el necesitado se entronca necesariamente con un estilo de vida también acorde con la sabiduría revelada de Dios. Como veremos, si hemos de someternos a la sabiduría revelada de Dios y responder bien a la catástrofe humanitaria del desplazamiento en Colombia, no nos queda otra alternativa que desarrollar una preocupación genuina por el desplazado, comenzando por cuestionar nuestro estilo de vida.

Santiago 1:25 alude, epexegéticamente , a la ley perfecta de Dios como la de la libertad (*tēs eleutherīīas*). Esta es la única instancia en el Nuevo Testamento, en la que se describe la ley de Dios como la de la libertad. Es probable que Santiago al utilizar este término sugiera que la sumisión a la ley de Dios, y no una revolución violenta, conlleva a una verdadera libertad. De todas maneras, para Santiago la ley de Dios delimita las fronteras dentro de las cuales se disfruta la libertad, incluyendo una preocupación genuina por dos tipos de necesitados de su tiempo: las viudas y los huérfanos (Stg 1:25–27). La libertad que promueve Santiago "connota la renuncia al interés egoísta y la capacidad de poner por obra la voluntad de Dios a favor de los intereses del prójimo necesitado."[17] En otras palabras, la agenda de Santiago parece sugerir cuán inane puede resultar un esfuerzo revolucionario contra la subyugación romana, y formula la alternativa de la genuina preocupación socio-económica por los necesitados como el *locus* del ejercicio de

---

17. Martin, *James*, 51.

la verdadera libertad, que emana del cumplimiento de la ley de Dios. Esta sabiduría revelada de Dios, equiparada por Santiago, a la ley de la libertad, es la que nos conmina a una preocupación genuina por los necesitados, que para nuestro caso son los millones de compatriotas desplazados. La libertad que promueve Santiago connota para nosotros hoy la renuncia de nuestra predisposición; una predisposición que hace abstracción de la catástrofe humanitaria del desplazamiento y de nuestra responsabilidad en ella. Alternativamente, la libertad que promueve Santiago entraña la acogida de la agenda de Dios en favor de los desplazados.

En Santiago 2:1–11, el rechazo a una interpretación de la ley de Dios que la reduce "al dominio de la vida privada."[18] y la consiguiente preocupación genuina por los necesitados son de señalada centralidad.[19] "Si en verdad cumplís la ley real conforme a la Escritura: 'Amarás a tu prójimo como a ti mismo,' bien hacéis. Pero si mostráis favoritismo, cometéis pecado y sois hallados culpables por la ley como transgresores" (Stg. 2:8–9). Para Santiago, la ley de Dios "nos impone exigencias sociales."[20] Vivir de manera contraria a estos postulados equivale a incurrir en favoritismo por el rico, cuyo comportamiento es condenado vigorosamente en Stg 5:1–6. Este favoritismo, según Stg 2:1–11, nos hace cómplices del rico victimario en su desprecio por la dignidad del necesitado, en su contravención de la ley de Dios, y aún en su práctica asesina (2:11). Luke Timothy Jonhson es iluminador cuando muestra que Santiago 2:1–11 constituye un análisis homilético de Lv 19:12–18, incluyendo la cita textual de "amarás a tu prójimo como a tí mismo," y la resonancia de Lv 19:15 en Stg 2:1 en contra del favoritismo en el que el pobre lleva la peor parte.[21] La centralidad de la preocupación genuina por el necesitado se hace evidente en Santiago 2:1–11; preocupación que ya había quedado plenamente instituida en la Torá, confirmando la firme determinación de Dios de que su pueblo debe preocuparse y ocuparse de los necesitados. Mariam Kamell, al comentar la carta de Santiago, concluye muy bien el artículo que intitula: "economía de la humildad."

La manera como uno trata al desesperadamente pobre, los πτωχοί, es una indicación clave de la condición de uno como humilde ante el Señor. La persona verdaderamente humilde practica la economía de la humildad en el cuidado de quien no tiene ayuda, en vez de ostentar su riqueza como su propia posesión y como su propio derecho, recordando su responsabilidad de vivir de conformidad con la elección y el carácter de su Dios. Es de esta

---

18. Vouga, *L'Épitre de Saint Jacques* ,71.
19. Martin, *James*, 65.
20. Vouga, 81.
21. Johnson, "The Use of Leviticus 19," 401.

Sumisión a Dios y preocupación por el necesitado

manera como la economía de la justicia se establece al interior de la comunidad de Dios.

Es pertinente preguntarse entonces, de cara a la centralidad, a la claridad y a la persistencia de esta directriz divina de amar al prójimo, de preocupación y ocupación por el necesitado, ¿qué excusa puede valer para seguir cruzados de brazos frente a la tragedia del desplazamiento? ¿No constituye nuestra inercia un desacato descarado a la sabiduría revelada de Dios?

El pasaje de Santiago 4:13–5:6 está configurado por dos secciones, delimitadas gramaticalmente por la palabra *ague* en 4:13 y en 5:1, que funciona como interjección para denotar algo así como "presten atención." Santiago en realidad está notificando la advertencia y el veredicto a los bragados y a los ricos que se encuentran incursos en los comportamientos perversos tipificados en estas secciones; comportamientos perversos que alimentan un sistema de marginalización del necesitado, en contravención de la preocupación central por el necesitado que Santiago promueve a la luz de la ley real de Lv 19:12–18.

Santiago 4:13–5:6 tiene resonancias importantes con Stg. 2:1–11. Este último pasaje, como hemos visto, reitera, con carácter de fuerza de ley, ley divina por cierto, la centralidad de la preocupación genuina que el pueblo de Dios debe tener por los necesitados; mientras que Stg. 4:13–5:6 cuestiona duramente el estilo de vida de los bragados y de los ricos que va en contravía de una preocupación genuina por los necesitados. Dicho de otra manera: el estilo de vida de los bragados y de los ricos hace abortar cualquier intento de preocupación genuina por los necesitados. Digamos lo mismo, pero al revés y para nosotros: una preocupación genuina por los desplazados no verá la luz del sol si nuestro estilo de vida se asemeja al de los bragados y/o al de los ricos descritos en Santiago. Veamos:

Los bragados, según Stg 4:13–17, son los que hablan presuntuosamente de enriquecerse sin parar mientes en la voluntad de Dios: "Hoy o mañana iremos a tal o cual ciudad y pasaremos allá un año, haremos negocio y tendremos ganancia . . . Más bien, debierais decir: Si el Señor quiere, viviremos y haremos esto o aquello. Pero ahora os jactáis en vuestra arrogancia." Los bragados, según Santiago, son personas embelesadas por la seducción destructiva del enriquecimiento y abstraídos de la soberanía de Dios y de la justicia social. Con razón comenta Edgar que Santiago condena a los bragados por su "deseo egoísta de acumulación de los bienes limitados del mundo."[22] Con esa dinámica de embelesamiento por la seducción destructiva del enriquecimiento, de abstracción de la soberanía de Dios y de la justicia social, de indiferencia y de "acumulación egoísta de los bienes lim-

---

22. Edgar, *Has God Not Chosen the Poor?*, 199.

itados del mundo," el bragado profundiza la inequidad y la injusticia socioeconómicas. Santiago 4:17, finalmente, afirma que "a aquel, pues, que sabe hacer lo bueno y no lo hace, le es pecado," con la clara implicación de que el bragado se comporta de esa manera, no en ignorancia sino a sabiendas, con dolo. El bragado crea así un obstáculo insuperable para cumplir la ley real de amar al prójimo y ayudar al necesitado. Ello es así, porque con su conducta, el bragado ahonda la indigencia de los marginados en una economía de capitalismo salvaje que se nutre de la carencia y de la insatisfacción. Con este comportamiento desvariado de la perfecta ley de Dios, el bragado se arrima peligrosamente a los antros del rico, cuyo comportamiento Santiago fustiga, con descripción aún más ominosa, en la "perícopa" inmediatamente siguiente.

Pero antes de comentar la fustigación de Santiago contra los ricos, démonos la oportunidad de cuestionarnos cuánto de nuestro estilo de vida se parece al de los bragados y se convierte en un obstáculo para aliviar la pesada carga de nuestros desplazados. El obstáculo para cumplir la ley real de amar al prójimo necesitado, en la lógica de Santiago, no se encuentra en nuestras limitaciones económicas, sino en ceder a la seducción destructiva del materialismo. La mayoría de los seres humanos, si acaso no todos, somos objetivo de la seducción destructiva del enriquecimiento, toda vez que el punto de llegada para ser considerado rico siempre requiere unos cuantos millones más de circulante. Cuando la acumulación de los bienes materiales del mundo es nuestra motivación, la única diferencia con el rico que Santiago condena es asunto de números: ¿cuánto tienes? No exagero al decir que esta seducción destructiva ha invadido el mundo desde Adán y Eva, y que esta seducción no amaina, antes por el contrario, su voracidad parece envolver toda la rueda de la creación. Billones de personas no conocen otra alternativa! Y muchos, perversamente, confunden el evangelio de Jesucristo con la seducción destructiva de la prosperidad material. Se requiere desenmascarar la seducción destructiva del materialismo que cohabita entre nosotros, si pretendemos someternos a la sabiduría revelada de Dios y cumplir su ley real de amar al prójimo necesitado y aliviar la tragedia del desplazado.

Finalmente, Santiago 5:1–6 fustiga el comportamiento de los ricos que contravienen los designios del Señor de los ejércitos, *hō kūrios sabaōth*, quien conoce muy bien las angustias del necesitado. La única opción del rico en Santiago es la de gemir por la realidad calamitosa que le sobreviene: la futilidad y lo contraproducente de su riqueza que opera como un testigo contra él y, lo que es peor, el medio de su propia destrucción como fuego que consume su carne. Esta fustigación y realidad calamitosa se dan en razón del comportamiento doloso del rico, quien extorsiona al trabajador y acumula bienes, y quien, en palabras de Mayor, "al vivir de manera dilapidadora se convierte así mismo en desecho,"[23] en un mundo abstraído de la presencia e interés soberanos de Dios. Santiago 5:6 arremete, con varias andanadas más, en contra del rico: La angustia de los destituidos implora por justicia social, pero el sistema judicial está manipulado por el rico. Ese sistema judicial condena al pobre explotado, y todo ello se traduce en el asesinato del justo, al parecer sin oposición. Santiago desenmascara a los ricos en "su verdadera naturaleza de opresores explotadores que se oponen al orden de Dios."[24]

El estilo de vida entonces de quien pretende ser pueblo de Dios y ejercitar la libertad emanada del cumplimiento de la ley de Dios, no puede abstraerse de los designios soberanos de Dios. Con razón Santiago fustiga sin contemplaciones el embelesamiento del bragado por la seducción destructiva del enriquecimiento y el estilo de vida dilapidador del rico como claramente contrarios a la sabiduría revelada de Dios. Santiago nos exhorta a entender que la sabiduría revelada de Dios denigra de la riqueza cuando se busca o se obtiene en contravención de la ley real de amar al prójimo. Cabe preguntarnos: ¿Hemos pospuesto indefinidamente nuestra responsabilidad de aliviar la tragedia de los desplazados? ¿Sinceramente creemos que la tragedia del desplazamiento nos puede importar "un bledo"? ¿Nos hemos encariñado, más bien, con la seducción destructiva del enriquecimiento? ¿Hemos optado por la cultura del "desecho" que han impuesto los ricos?

CONCLUSIÓN

Santiago rechaza la predisposición de responder a las adversidades de la vida desde el propio fuero y no conforme a la sabiduría revelada de Dios. Santiago prosigue con la exhortación de priorizar una preocupación genuina por el necesitado que compromete, integralmente, nuestro estilo de vida. Si bien es cierto que Santiago nos exhorta a renunciar a la predisposición de "coger el toro por los cachos" que conduce a la ira desbordada en violencia para hacer frente a las adversidades de la vida, y a someternos, más bien, a la sabiduría revelada de Dios; también es cierto que ello no implica que el desplazamiento nos deba importar "un bledo." Más bien, la pobre respuesta de la iglesia evangélica colombiana a la catástrofe humanitaria del desplazamiento debe dar paso a esfuerzos prácticos en favor de los desplazados, independientemente de los tejemanejes políticos y/o gubernamentales.

La respuesta esperada de la iglesia evangélica colombiana frente a la catástrofe humanitaria del desplazamiento en nuestro país, a la luz de esta

---

23. Mayor, *The Epistle of James*, 159.
24. Edgar, *Has God Not Chosen the Poor?*, 133.

reflexión en Santiago, tampoco puede ser el resultado de esa actitud timorata de ayuda al necesitado a partir de las "migajas que caen de la mesa," con la que pretendemos satisfacer las demandas de la ley de Dios. La respuesta esperada requiere que nos liberemos de pretensiones de caridad que comulgan con estilos de vida que desconocen la justicia social. La respuesta esperada implica dejar de acariciar la seducción destructiva del enriquecimiento, renunciar al estilo de vida de "desecho," renunciar a la indiferencia con los desplazados y priorizar nuestra responsabilidad cristiana en esta tragedia.

La catástrofe del desplazamiento es una oportunidad para desarrollar una preocupación y una ocupación robustas a favor del desplazado. La creciente iglesia evangélica colombiana tiene en el fenómeno del desplazamiento una coyuntura favorable para ejercitar vigorosamente la ley real del amor al prójimo. Este fenómeno ha alcanzado proporciones de "domicidio" (con ello me refiero a la eliminación del domicilio de millones y millones de nuestros compatriotas). La respuesta de caridad enclenque es patéticamente insuficiente.

¿No será que ha llegado la hora de explorar tareas prácticas para aliviar la tragedia de los desplazados? Creo que podemos comenzar por visibilizar esta tragedia, predicar sobre nuestra responsabilidad cristiana frente a los desplazados, amistarnos con ellos. Podríamos también aprender de los esfuerzos que, felizmente, algunos ya adelantan entre desplazados y seguir su ejemplo, estudiar los recursos y mecanismos gubernamentales existentes para los desplazados, y acompañarlos en sus trámites burocráticos y judiciales para acceder a los recursos del Estado, entre otros. ¿No será que dentro de la misión de aportar a la formación integral con alta calidad académica de personas comprometidas con Dios, la iglesia y la sociedad, de nuestra Fundación Universitaria Seminario Bíblico de Colombia, cabe la consideración de posibles formas prácticas para ayudar a los desplazados?

No me cabe duda de que la catástrofe humanitaria del desplazamiento en Colombia constituye un laboratorio propicio para diagnosticar cuán robusta o enclenque es nuestra fe en el Dios de los ejércitos que conoce muy bien las angustias de los más de seis millones de desplazados. Mucho me temo que las muestras del laboratorio apunten a una fe enclenque. Sueño, sin embargo, con que las reflexiones de este encuentro constituyan un hito significativo para ayudar a la iglesia evangélica colombiana a "volvernos del error de nuestro camino" (Stg 5:20).

Capítulo 6

Una propuesta pastoral al sufrimiento
del desplazado cristiano en Colombia a la luz de 1 Pedro

por Teol. Sandro Gutiérrez

INTRODUCCIÓN

El presente escrito es una propuesta pastoral al sufrimiento del desplazado cristiano[1] en Colombia a la luz de 1 Pedro. Su propósito principal es dar algunos lineamientos a las comunidades cristianas para un acompañamiento pastoral al desplazado cristiano con base en el mensaje de 1 Pedro. La propuesta a partir de 1 Pedro se justifica debido a que los destinatarios de la carta tienen algunos aspectos en común con los desplazados cristianos de Colombia. Por ejemplo, los primeros lectores de la carta están viviendo

---

1. Un enfoque de la presente propuesta en la población cristiana se justifica teniendo en cuenta que la investigación de Nelson Mafla (2012) sobre la función de la religión en la vida de las víctimas del desplazamiento forzado en Colombia mostró que el 94% de dicha población se considera cristiana (católicos o no católicos) después de la situación de desplazamiento. Estos datos aunque son el resultado de una investigación con un grupo específico evidencian la realidad de que un alto porcentaje de los desplazados se considera cristiano en su situación de desplazamiento.

fuera de su lugar de origen y allí, enfrentan situaciones de sufrimiento, el cual tiene su origen en otras personas que les han causado algún tipo de daño.

Esta situación es similar a la de los desplazados cristianos en Colombia que han tenido que abandonar sus poblaciones y vivir en nuevo lugar en un contexto de sufrimiento, el cual ha sido originado por otras personas, en este caso, los agentes del conflicto armado en Colombia. Cabe destacar que el sufrimiento del desplazado es un proceso que comienza, en muchos casos, aún desde el momento previo a la situación que ocasionó el traslado a otro lugar y en muchos casos se incrementa en este nuevo sitio.

El desplazamiento es un largo proceso que se inicia con la exposición a formas de violencia como la amenaza, la intimidación, los enfrentamientos armados, las masacres y otras modalidades. La salida está precedida de períodos de tensión, angustia, padecimientos y miedo intenso, que en algunos casos son los que llevan a tomar la decisión de huir. A la salida le siguen procesos que son descritos como experiencias caracterizadas por la penuria económica, el hacinamiento, la estigmatización, el rechazo y el maltrato. Es decir, sumado al dolor y sufrimiento producido por los hechos previos al desplazamiento se suman las experiencias propias del arribo a entornos desconocidos, muchas veces hostiles y en precarias condiciones económicas, que en muchos casos no muestran una adecuada respuesta del Estado.[2]

Es necesario destacar que uno de los propósitos de 1 Pedro es comunicar un mensaje a un grupo de creyentes del primer siglo acerca de cómo enfrentar su sufrimiento desde su realidad de ser cristianos. Este mismo propósito se puede llegar a dar con los desplazados cristianos en Colombia. Por lo tanto, el eje principal de esta propuesta pastoral al desplazado cristiano en Colombia busca estar en concordancia con el propósito mencionado de 1 Pedro. Cabe destacar, que una propuesta pastoral a los desplazados de Colombia se puede dar desde diferentes temas que se desarrollan en 1 Pedro. El presente escrito, se enfoca en tres aspectos relacionados con su experiencia de sufrimiento: la identidad como pueblo de Dios, el manejo del temor y el acompañamiento en el sufrimiento.

La realidad del desplazamiento de creyentes en Cristo se ha presentado en Colombia a nivel individual y comunitario. Un ejemplo a nivel colectivo, se dio en el año 2012, donde 160 personas de comunidades cristianas de dos corregimientos de Vigía del Fuerte (Antioquia) tuvieron que desplazarse debido que dichos lugares fueron bombardeados presuntamente por las FARC-EP.[3] Existen varios testimonios a nivel personal tanto de líderes como

---

2. Centro Nacional de Memoria Histórica, "¡Basta Ya!" *Colombia*, 298.
3. JUSTAPAZ y CEDECOL 2013, 25.

de miembros de comunidades cristianas. Ángel y María Cortés miembros de congregación en el Barrio Santa Cruz, en Buenaventura tuvieron que desplazarse debido a amenazas del grupo neo-paramilitar Aguilas Negras. No se saben las razones de la situación pero se piensa que fue porque este grupo armado los acusaba de ser colaboradores del Ejército Nacional.[4] El pastor Jeremías Casarna tuvo que desplazarse en el 2012 con su esposa desde Tierra Alta por orden de las FARC-EP.[5]

Otro ejemplo, es el del pastor Marcial, su esposa y la comunidad que dirigen. Ellos se han caracterizado por realizar una labor social y educativa en su región, que incluye a personas en situación de desplazamiento y a jóvenes con problemas de drogadicción y en peligro de ser reclutados por grupos al margen de la ley. Estos pastores y la comunidad fueron extorsionados y hostigados por presuntos paramilitares. La familia pastoral tuvo que huir a otra población en junio de 2010.[6] Un caso similar se presentó con un líder de una congregación en el Chocó, quien tuvo que desplazarse en varias ocasiones por amenazas de un grupo armado debido a su labor social.[7] También se registra un caso como la de un líder congregacional, quien tuvo que huir por amenazas de un grupo al margen de la ley, que nunca se identificó. Se piensa que la razón para ser amenazado de muerte se debió a la labor que realizaba con personas desplazadas.[8] Otro líder también tuvo que huir ya que fue amenazado de muerte por un comandante de un grupo armado quien desafiaba con reclutar a sus dos hijos.[9]

1 PEDRO: ESTRUCTURA Y DESTINATARIOS

La carta de 1 Pedro está estructurada en cuatro grandes divisiones. La primera sección presenta un saludo a los destinatarios y una acción de gracias por su salvación (1 P 1:1-12). La segunda sección se relaciona con la identidad de los lectores originales como el pueblo de Dios (1 P 1:13-2:10). La tercera es una exhortación en cuanto a la conducta cristiana en el sufrimiento en medio de una sociedad pagana (1 P 2:11-5:11). La cuarta división contiene los saludos finales (1 Pedro 5:12-14).

1 Pedro está dirigida a los extranjeros dispersos por el Ponto, Galacia, Capadocia, Asia y Bitinia. Los destinatarios de esta carta están pasando por

4. JUSTAPAZ y CEDECOL 2012, 26.
5. Ibid.
6. Ibid., 55.
7. Ibid.
8. Ibid.
9. Ibid., 58.

situaciones de sufrimiento. Esta realidad se expresa en varios aportesde la carta. 1 Pedro 1:6 afirma: "Esto es para ustedes motivo de gran alegría, a pesar de que hasta ahora han tenido que sufrir diversas pruebas por un tiempo." 1 Pedro 2:22-25 es una exhortación en torno a sobrellevar el sufrimiento teniendo a Cristo como ejemplo. En 1 Pedro 3:14, los destinatarios son descritos como dichosos si tienen que sufrir a causa de la justicia. Además, se les declara que es preferible sufrir por hacer el bien que por hacer el mal (1 P 3:17). En 1 Pedro 4:12, los lectores originales son exhortados a no extrañarse por el sufrimiento que están viviendo sino a alegrarse en tener parte en los padecimientos de Cristo. En cuanto a las causas del sufrimiento, Elliot afirma que es más probable que tuvieran su origen en hechos locales y sociales y no en una confrontación con el Imperio Romano.[10]

LA IDENTIDAD DE LOS DESTINATARIOS COMO EL PUEBLO DE DIOS.

En contraste con este contexto de sufrimiento y de estar lejos de su lugar de origen, los lectores originales son descritos como el pueblo de Dios (1 P 1:1). La carta de 1 Pedro tiene un fuerte énfasis en la identidad de los destinatarios como el pueblo de Dios. Esta realidad se desarrolla principalmente en la segunda sección (1 P 1:13-2:10). Allí, el autor muestra que la principal evidencia de la identidad de los destinatarios como pueblo de Dios es el amor de unos a otros. Esta exhortación al amor mutuo como la principal evidencia para todas las personas de que son discípulos del Señor tiene su origen en Jesús mismo, según Juan 13:34-35: "Este mandamiento nuevo les doy: que se amen los unos a los otros. Así como yo los he amado, también ustedes deben amarse los unos a los otros. De este modo todos sabrán que son mis discípulos, si se aman los unos a los otros." Este énfasis en el amor al prójimo como parte fundamental de su identidad como pueblo de Dios también se refleja en la exhortación en 1 Pedro 2:1, 2. En este texto el autor exhorta a los destinatarios a abandonar toda maldad, todo engaño, hipocresías, envidias y toda calumnia. Estos pecados, además de afectar las sanas relaciones que debían tener, tampoco evidencian la principal marca que tienen como pueblo de Dios: el amor de unos a otros.

Para cerrar esta sección, los lectores originales son descritos como elegidos por Dios, linaje escogido, real sacerdocio, nación santa, pueblo que le pertenece a Dios, quienes tienen el propósito de proclamar las obras

---

10. Elliot, *Un hogar para los que no tienen patria ni hogar*, 108; Paralelo a esas afirmaciones y exhortaciones en cuanto al sufrimiento también se afirma la esperanza que tienen los destinatarios con base en la resurrección de Cristo (1 P 1:3).

maravillosas de Dios (1 P 2:9, 10). En medio de las situaciones de aflicción que viven los destinatarios, 1 Pedro les recuerda que ellos son el pueblo de Dios. Sumado a esto, las alusiones a Éxodo 19:4, 5 e Isaías 43:20, 21 recuerdan a los lectores la situación de desplazamiento que ha formado parte de la historia del pueblo de Dios. La primera recuerda que la formación de Israel se llevó a cabo a partir de un desplazamiento desde Egipto. La segunda les recuerda el tiempo que estuvo el pueblo de Dios en el exilio en Babilonia. Las expresiones tienen un uso práctico para los lectores originales, pues al estar expatriados, sienten que pertenecen al antes pueblo exiliado de Dios. Por su parte, Davids afirma que la vida comunitaria es importante en 1 Pedro. Esta preocupación se desarrolla en varias partes de la carta y por medio de varias imágenes. Por ejemplo, los cristianos son un rebaño que necesita ser pastoreado, por eso alienta a los ancianos en 1 Pedro 5:1-4. Los cristianos evitan las divisiones (5:5) y son generosos y se perdonan unos a otros (4:8-11).[11]

Este mensaje en torno a la identidad como pueblo de Dios es fundamental para la persona cristiana en situación de desplazamiento en Colombia, en cuanto al desarraigo y toda la pérdida de identidad que experimenta. Según Bello, estas personas no solo pierden propiedades o pertenencias sino relaciones y afectos familiares y con sus vecinos y que eran expresados en la manera de vivir y sentir su región de origen.[12] Según Berger y Luckman "provoca la ruptura de lo dado por supuesto: creencias, valores, prácticas y estilo de vida."[13] Esta es una consecuencia devastadora del desplazamiento puesto que en palabras de Naranjo:

> La identidad es una necesidad humana, que se ve gravemente afectada con el desplazamiento forzado pues éste implica un quiebre en la forma de ser y estar en el mundo. Reconstruir la identidad en los procesos de reasentamiento involuntario es un reto en la medida que la población desplazada permanece en "situación de desplazamiento" por periodos extendidos de tiempo, durante años incluso, sin que la política pública pueda generar condiciones para un "restablecimiento planeado" mediante planes integrales únicos.[14]

La identidad cristiana fundamentada en ser pueblo de Dios tiene mucho que aportar a toda esta crisis que genera el desplazamiento en la identidad de la persona quien enfrenta el desarraigo de su tierra, de su comunidad

---

11. Davids, *La primera epístola de Pedro*, 57.
12. Bello, "Identidad y desplazamiento forzado," 1.
13. Citado en: Bello, "Identidad y desplazamiento forzado," 79.
14. Naranjo, "Desplazamiento Forzado y Reasentamiento Involuntario," 83.

de origen, de sus amigos, de sus costumbres, de su estilo de vida y en muchos casos de su familia. Su realidad de ser pueblo elegido, pueblo que le pertenece a Dios le ayudará a sobrellevar esta situación dolorosa. La comunidad cristiana, de alguna manera, puede llegar a suplir la comunidad de origen que perdió. La realidad de ser pueblo elegido, de ser posesión de Dios será fundamental para enfrentar la crisis de identidad que esta persona puede atravesar.

Respecto al papel de las comunidades cristianas, Coronado afirma que es una labor fundamental, puesto que uno de los efectos más fuertes en el desplazado se relaciona con una crisis, si se puede llamar así, de identidad. En la construcción de dicha identidad, como lo muestra 1 Pedro, lo fundamental es el amor de unos a otros. Entonces, una evidencia de auténtico cristianismo en las comunidades es el amor de unos a otros, el cual también se brinda al desplazado. Estas relaciones sanas al interior de los miembros de la iglesia y en relación con los desplazados permite que se genere en ellos la confianza necesaria que permita el acompañamiento en este proceso de construcción de identidad.[15]

Cabe destacar que esta confianza en las iglesias también se genera porque ellas, lejos de inmiscuirse con los agentes armados que dañan el tejido social de las comunidades que luego serán desplazadas, han contribuido favorablemente en el proceso de sufrimiento y de desplazamiento que vive la persona.[16] A diferencia de la iglesia, los desplazados sí exponen su desconfianza con el Gobierno, como lo mencionan varios de las entrevistados en el documental "Que los perdone Dios,"[17] puesto que en algunos casos, autoridades o funcionarios de este estamento permitieron o participaron en los hechos relacionados con su desplazamiento. Por lo tanto, muchos de ellos expresan que no quieren recibir ayuda del gobierno, en ninguna de las áreas, puesto que aún no les genera la suficiente confianza para dejarse ayudar por ellos. En lugar de esto, varios de ellos expresan que su confianza está puesta en Dios. Esta realidad le permite a la iglesia generar la confianza necesaria para establecer relaciones de amor cristiano con el desplazado que le permitan acompañamiento en su proceso de formación de identidad.

El manejo del temor

Como se ha mencionado, otra de las secuelas que deja todo el proceso de sufrimiento del desplazado tiene que ver con el temor. El temor se origina

---

15. Coronado, 2014.
16. Coronado, 2014.
17. Verdad Abierta, "Que los perdone Dios."

principalmente en el daño que puedan causar las agentes del conflicto armado individualmente o a sus seres queridos, aún después del desplazamiento o por lo que ellos puedan hacer si se denuncian hechos como violaciones u otros delitos en contra de ellos mismos o de sus familiares.[18] De esta realidad de una vida con temor y miedo da testimonio Catalina Díaz, pastora de una congregación cristiana. Ella ha tenido que desplazarse y vivir en diferentes casas debido a que ha sido amenazada y perseguida por un jefe paramilitar, quien fue la persona que dio la orden de asesinar a sus dos hijos.[19] También es el caso de Yina, miembro de una comunidad cristiana, quien debido al temor que le causaron las amenazas de un presunto paramilitar en contra de ella y de su familia decidió desplazarse con sus dos hijos en octubre de 2010.[20] La posibilidad de que un evento violento de igual o mayor magnitud se pueda presentar nuevamente genera que el desplazado viva en continuo temor.

Esta realidad del temor en la persona desplazada requiere de un acompañamiento de parte de las comunidades cristianas. 1 Pedro da una propuesta para ello. El tema del temor es recurrente en la carta y se usa en sentido positivo y negativo. En algunos casos se refiere a un temor a practicar, en un sentido positivo, entendiéndose como respeto. Por ejemplo, 1 Pedro 2:18 exhorta a los esclavos a someterse a sus amos con todo respeto. Primera de Pedro 3:1-6, es una exhortación en cuanto al comportamiento de las esposas creyentes con sus esposos no creyentes. La carta también menciona un temor a evitar, en sentido negativo. Primera de Pedro 3:14, 15 expresa ambos sentidos. Primera de Pedro 3:14, 15 forma parte de una subdivisión (1 P 3:10-22) que trata el tema del sufrimiento a causa de la justicia, es decir, aquel que se origina por vivir conforme al ejemplo de Cristo. En el contexto inmediato, el texto ha exhortado a los destinatarios a apartarse del mal, a hacer el bien, a buscar y seguir la paz (1 P 3: 11). La razón de estas exhortaciones: el Señor escucha las oraciones de los que obran de esta manera, pero esconde su rostro de los que no lo hacen (1 P 3:12). Luego, levanta la pregunta: "¿quién les va a hacer daño si se esfuerzan por hacer el bien?" (1 P 3:13) Pero el verso 14 sorprende por su respuesta: "Dichosos si sufren por causa de la justicia." El texto responde a la pregunta con una afirmación que no solo implica que podrían sufrir a causa de hacer lo bueno, sino que les anima a considerarse dichosos por ello. Después de esta afirmación les exhorta: "No teman lo que ellos temen, ni se dejen asustar." Esta exhortación a

---

18. Verdad abierta, "Que los perdone Dios"; Los testimonios referenciados de esta fuente corresponden a víctimas del paramilitarismo.

19. JUSTAPAZ Y CEDECOL 2012, 51.

20. Ibid., 56, 57.

no temer lo que las otras personas temen es contrastada con la exhortación: "honren en su corazón, a Cristo como Señor" (1 P 3:15 a). Para el desarrollo de estas exhortaciones el autor cita de Isaías 8:12, 13.

Isaías 8:12, 13 se encuentra en el contexto de una instrucción del Señor al profeta Isaías y sus discípulos a colocar su confianza en Dios y no asumir el camino que el pueblo de Israel está llevando debido a la amenaza del rey de Siria y de Samaria (*cf.* Is 8:11). El Señor les exhorta a que no llamen conspiración a todo lo que el pueblo llama conspiración ni a que teman lo que ellos temen (*cf.* Is 8:12). En lugar de eso, el objeto de su temor es el Señor, es a él a quien han de temer por ser su Dios. Santificar a Yahvé significa honrarlo, respetarlo. Por lo tanto, en medio de las amenazas y de la actitud de temor que el pueblo ha asumido frente a las mismas, se exhorta al profeta y a sus discípulos a tomar una actitud diferente: honrar a Dios, y santificarlo. A pesar del ambiente de terror que representa la amenaza de Siria y Samaria, Isaías y sus discípulos, en medio de esas circunstancias de aflicción y sufrimiento, es necesario tener cuidado de dejarse contagiar por el temor que los israelitas a su alrededor están asumiendo.

1 Pedro 3:14, 15 cita de Isaías 8:12, 13 para exhortar al respeto exclusivo que los creyentes han de tener a Cristo. Asumir el temor de las personas a su alrededor es quitarle el puesto de honra que sólo le corresponde a Cristo. En medio de las circunstancias de sufrimiento y amenaza que están viviendo los destinarios de la carta, el autor les exhorta a no asumir el temor de las personas alrededor sino a temer (santificar) sólo a Cristo. Según Carson, la estabilidad de los creyentes en su situación de sufrimiento depende en parte de las cosas que los destinatarios decidan temer: "no teman lo que ellos temen ni se dejen asustar."[21] El foco del temor de los destinatarios no es el temor circundante debido a las situaciones de sufrimiento sino el Señor mismo. Carson afirma que se reconoce la diferencia entre Isaías 8 y 1 Pedro 3 en cuanto a la naturaleza del temor; pero lo común entre Isaías y 1 Pedro es el contraste entre el temor a los seres humanos y lo que ellos puedan traer con la reverencia a Dios.[22] Esta idea va en concordancia con 1 Pedro 1:15–17 que exhorta a los destinatarios a vivir en un temor reverente en el contexto de un llamado a la santidad. En dicho texto, ser santo implica vivir en el temor de Dios.

De la misma manera que 1 Pedro lo hace con sus destinatarios sufriendo en su situación de desplazamiento, igual lo han de hacer las comunidades cristianas en su trabajo pastoral con las personas desplazadas en cuanto a una decisión respecto al foco del temor. El acompañamiento al

---

21. Carson, "1 Peter," 1038.
22. Ibid.

desplazado cristiano, en este sentido, se enfoca en que él pueda asumir un estilo de vida que no esté dominado por el temor sino que esté construido sobre la base de una reverencia al Señor. Su vida ha de fundamentarse en una confianza en el Señor y no en el miedo. Cabe destacar que el origen y las circunstancias que generan el temor en cada desplazado son particulares, y en muchos casos son ocasionadas por situaciones que colocan en peligro su integridad física y la de su familia. Además, en muchos casos el temor personal es nutrido por el miedo colectivo. Esta realidad se evidencia en testimonios de víctimas, que expresa que su temor es alimentado por el temor generalizado de todas las personas, debido al daño que pueden recibir por parte de los agentes violentos, lo cual los frena a tomar decisiones como denunciar.[23] La labor principal de la iglesia, a partir de 1 Pedro, no se enfoca en que una superación del temor tenga como resultado que la persona denuncie los delitos cometidos contra sí mismo o contra sus familiares. La decisión de denunciar es prerrogativa sólo de la persona misma. La pastoral de la iglesia ha de enfocarse en que el desplazado pueda construir un estilo de vida que no esté dominado por el temor, con todas las afectaciones físicas y psicológicas que esto conlleva, sino en una relación con Dios, que se evidencia en una reverencia exclusiva al Señor.

El acompañamiento en el sufrimiento

Otra de las afectaciones relacionadas con el sufrimiento del desplazado es el profundo dolor y duelo causado por el daño a nivel personal o por la pérdida de seres queridos de mano de los agentes del conflicto armado. Las consecuencias de este profundo dolor y duelo son afectaciones que van desde la depresión, enfermedades, involucramiento en drogas o alcohol, hasta el mismo suicidio.[24] La afirmación común de los desplazados entrevistados en este documental es la expresión: "Que los perdone Dios," ya que su dolor es tan grande, que son incapaces de perdonar.[25] Toda esta realidad de dolor, duelo y dificultad para perdonar requiere una labor pastoral de parte de las comunidades cristianas.

El sufrimiento es un tema relevante en 1 Pedro. Cervantes afirma que el sufrimiento y la Pasión de Cristo en relación con la vida cristiana constituyen los temas fundamentales de 1 Pedro. De la misma manera, la Pasión de Cristo parece constituir el tema más importante de toda la carta.[26] A

23. Verdad abierta, "Que los perdone Dios."
24. Ibid.
25. Ibid.
26. Cervantes, *La pasión de Jesucristo en la Primera Carta de Pedro*, 111.

nivel general, la propuesta de la carta a esta realidad de los destinatarios se enfoca en enfrentar las situaciones de sufrimiento teniendo como ejemplo la actitud de Cristo en los eventos relacionados con su pasión y muerte, principalmente a que él no reaccionó con la misma violencia con la que fue tratado.

En varias ocasiones, 1 Pedro enfatiza que el sufrimiento de los destinatarios es a causa de hacer el bien, y apunta a que la actitud de los destinatarios creyentes no sea responder con la violencia, ultrajes o calumnias con las que son tratados. La propuesta en cuanto al sufrimiento que enfrenta la persona en situación de desplazamiento se basa, a nivel general, en el contenido de la carta, pero específicamente en 1 Pedro 2:18–25 y 4:12–19. El primer pasaje forma parte de la tercera división (1 P 2:11–4:11) que inicia con una exhortación a los lectores originales a tener una vida ejemplar en medio de los incrédulos. 1 Pedro 2:18–25 usa en su argumentación a Isaías 53, y se dirige a los esclavos. Coincide con Cervantes que afirma que "a pesar de estar dirigida a los esclavos se hace extensiva a toda la comunidad."[27]

El versículo 18 inicia con una exhortación a los esclavos para que se sometan respetuosamente a sus amos. La exhortación a someterse a los amos no está condicionada a si ellos son buenos y comprensivos o insoportables. En los siguientes tres versículos se argumentan tres razones para la exhortación del versículo 18. La primera razón de la exhortación (1 P 2:19) es: el soportar las penalidades aún si son tratados injustamente les hace dignos de elogio delante de Dios. La segunda razón se construye a partir de una pregunta retórica por medio de la cual el texto argumenta que no hay mérito alguno ante Dios si ellos por hacer el mal tienen que soportar el sufrimiento. Contrario a eso, lo que realmente sí produce elogio delante de Dios es sufrir a causa de hacer el bien (1 P 2:20). La tercera razón argumenta que sufrir por hacer lo bueno forma parte del propósito de Dios, puesto que a esto fueron llamados. La razón de ese llamado es que Cristo también sufrió por ellos. Por lo tanto, ellos son animados a seguir el ejemplo de Cristo, en medio de su sufrimiento.

En los siguientes versículos, 1 Pedro 2:22–25 usa Isaías 53 a manera de actualización, es decir, no solo identifica a Jesús como el Siervo de Isaías 53 sino que les anima a seguir su ejemplo en el sufrimiento que están viviendo. 1 Pedro inicia el uso de Isaías 53, citando la parte final de Isaías 53:9. Por medio de Isaías 53:9, 1 Pedro identifica a Cristo con el siervo sufriente de Isaías. Con esta cita, 1 Pedro les recuerda el sufrimiento y aflicción que vivió Jesús. El juicio injusto que recibió, siendo inocente, lo llevó hasta la muerte. La muerte de Cristo culmina todo un proceso de sufrimiento y trato injusto.

---

27. Cervantes, "Primera Carta de Pedro," 2005, 1647.

Con la cita, el texto argumenta que el propósito del llamamiento de los destinatarios también incluye soportar el sufrimiento aún si es injusto dado que esto alcanza gracia delante de Dios. Seguir a Cristo implica seguirlo en la manera como enfrentó su sufrimiento. Según Carson, los esclavos han de hacer lo bueno aun si sufren por Cristo, tal como les dijo Pedro: "Cristo sufrió por ustedes, dejándoles un ejemplo, entonces ustedes han de seguir sus pasos" (1 P 2:21).[28]

Por medio de la alusión a Isaías 53:7, el texto enfatiza no sólo la actitud silenciosa de Cristo en el momento en que fue ultrajado sino el hecho de que no respondía con la misma violencia con que fue tratado. Se describe la actitud del Siervo, quien se sometió voluntariamente a su padecimiento. En lugar de responder con violencia, él se encomendó al Padre en medio de su sufrimiento, pues tenía claro que no era prerrogativa suya hacer justicia por su propia cuenta. Este comportamiento de Cristo en los momentos de su pasión debía servir de ejemplo para los destinatarios en la situación de sufrimiento. Ellos no han de responder con violencia o maltrato cuando sufren. Ellos no han de hacer justicia por su propia cuenta reaccionando al daño recibido con la misma violencia. Ellos han de encomendar esta situación a Dios. Encomendar esta realidad a Dios no significa que el desplazado no denuncie o no busque la restitución del daño causado. La idea más bien es que él hace todo lo que está a su disposición desde el marco legal colombiano. Lo que no puede hacer, se puede inferir, es que tome la justicia por su propia cuenta. Por ejemplo, Yina, quien fue uno de los casos citados de una realidad de temor, decidió denunciar su situación en la fiscalía de Soledad, Atlántico.[29] Primera de Pedro 2:24 utiliza la alusión a Isaías 53:5 para enfatizar el hecho de que el Siervo, siendo inocente, llevó los pecados de la humanidad, incluidos los de los destinatarios. Cristo logró en la cruz lo que el Siervo logró en su padecer.[30] Con su muerte expiatoria logró la muerte al pecado para vivir a la justicia. Se está de acuerdo con Carson que el texto es usado para inferir la gratitud de los destinatarios por la sanidad y el perdón obrados por medio de Cristo, el siervo de Isaías. Una forma que ellos tienen de mostrar esa gratitud por la salvación es rechazar el tomar represalias o responder con severidad cuando son atacados.[31] Esta es una forma de expresar que viven para la justicia.

Al aludir a Isaías 53:6 en 1 Pedro 2:25, el texto afirma que Cristo es el Siervo sufriente a quien el Padre entregó por los pecados. Por medio de

---

28. Carson, "1 Peter," 1034.
29. JUSTAPAZ y CEDECOL, 2012, 56.
30. Carson, "1 Peter," 1135.
31. Carson 2007, 1035.

Cristo ellos han vuelto a Dios. Por lo tanto, ahora ellos no andan en su propio camino de obstinación sino en el camino de Dios. Según Carson, Cristo sufrió no sólo para dar ejemplo, sino para marcar un paradigma: rescatar a aquellos que, como ovejas perdidas, necesitaban ser encontrados.[32]

Por su parte, 1 Pedro 4:12–19 desarrolla el tema de sobrellevar el sufrimiento como cristianos. En el verso 12 se exhorta a los destinatarios a no sorprenderse por la prueba que están viviendo. En el verso 13, se les anima a regocijarse por compartir los padecimientos de Cristo con el propósito de que en su revelación también se regocijen. El verso 14 inicia con una oración condicional: "si sois vituperados por el nombre de Cristo dichosos sois." Con este tipo de oración condicional el texto afirma que ellos están siendo vituperados por el nombre de Cristo, es decir, por seguir a Cristo y les anima a considerarse dichosos. La razón para esta afirmación es: "el Espíritu de gloria y de Dios reposa sobre vosotros," haciendo referencia al Espíritu Santo, quien se menciona en varios pasajes de la carta (1 P 1:2, 12) y en un caso en relación al sufrimiento. 1 Pedro 1:11 afirma que el Espíritu de Cristo estaba en los profetas quienes predijeron los sufrimientos de Cristo y las glorias que le seguirían.

En 1 Pedro 4:14, el texto hace una alusión a Isaías 11:2 que dice: "El Espíritu del Señor reposará sobre él: espíritu de sabiduría y de entendimiento, espíritu de consejo y de poder, espíritu de conocimiento y de temor del Señor." Esta afirmación se hace en referencia al Mesías. En 1 Pedro 4:14, Jesús es identificado como el Cristo, el Mesías. Con la alusión el texto está afirmando que el Espíritu que reposó sobre Cristo, también reposa sobre los destinatarios. Esta es la razón por la cual ellos son dichosos cuando son vituperados por el nombre de Cristo. El hecho que el texto afirme que sobre los destinatarios también reposa el Espíritu de Dios implica una identificación con Cristo. Es decir, lo que aplica para Cristo, también aplica para sus seguidores.

Cervantes afirma que lo específico sobre el sufrimiento en la sección de 1 Pedro 4:12–19 es el llamado a la alegría cuando existe la solidaridad con Cristo en su pasión.[33] También afirma que "el que acompañó a Cristo en medio de los acontecimientos relacionados con su pasión y muerte también reposa sobre los destinatarios en los momentos de sufrimiento que atraviesan."[34] "La adhesión a Cristo es lo que capacita a los creyentes a vivir como él y según él."[35] El Espíritu del Señor, quien es derramado sobre el

---

32. Carson 2007, 1035.
33. Cervantes, "Primera Carta de Pedro," 2005, 1650.
34. Ibid.
35. Cervantes, "Primera Carta de Pedro," 2003, 1135.

Mesías en Isaías, en 1 Pedro ese Espíritu estará sobre el pueblo de aquel Mesías cuando lleguen a sufrir en su nombre.[36]

Esta exhortación a los destinatarios de 1 Pedro a sobrellevar su situación de sufrimiento teniendo como referente la actitud de Cristo en los eventos de su pasión (1 Pedro 2:12-25) es fundamental en el acompañamiento pastoral de parte de las comunidades cristianas en el sufrimiento del desplazado. El acompañamiento pastoral ha de enfocarse a que la persona desplazada tenga como referente, en el manejo de su sufrimiento, la actitud de Cristo, quien siendo inocente y no habiendo cometido pecado alguno, no reaccionó con la misma violencia con la que fue tratado. El trabajo pastoral invitará al desplazado a no tomar justicia por su propia cuenta. Más bien, debe mostrarle que él tiene la posibilidad, si así lo desea, de buscar la restitución y reparación desde el marco legal colombiano y en ese proceso encomendar esa situación a Dios. A su vez, el mensaje de 1 Pedro 4:12-19 le ayudará al desplazado a reconocer el acompañamiento del Espíritu Santo en sus situaciones de sufrimiento. El acompañamiento pastoral ha de mostrar que es necesaria la intervención del Espíritu Santo para sobrellevar la situación de sufrimiento con la misma actitud de Cristo en los momentos de su pasión.

Toda la propuesta de 1 Pedro basada en la actitud de Cristo se puede interpretar como una apuesta a la paz y a la respuesta no violenta en medio de las situaciones dolorosas que enfrenta el desplazado. Esto se constituye en un eje fundamental en el acompañamiento. Esta labor pastoral reconoce el profundo sufrimiento que vive la persona y cuya superación es un proceso que puede durar años. Pero siempre la propuesta de parte de la iglesia de Cristo se enfoca en ayudar en el proceso de restauración de la persona en su dolor, duelo y perdón, etc. Según Coronado, ésta es una labor que solo puede realizar la iglesia por medio de una relación del desplazado con Dios, con el acompañamiento del Espíritu Santo. Los esfuerzos, por parte de diferentes estamentos gubernamentales, quienes han provisto psicólogos, psiquiatras y otros profesionales para acompañar al desplazado en estos procesos, son importantes pero en muchos casos, una verdadera sanidad sólo se logra con la intervención de Dios.[37] Los testimonios de muchos de los desplazados en cuanto a su profundo dolor y a la dificultad para perdonar evidencia que esto solo se puede lograr por medio de la intervención de Dios. En este proceso, el ejemplo de Cristo, el Siervo sufriente de Isaías, es fundamental para este trabajo pastoral. La iglesia ha de modelar, aconsejar y guiar a los desplazados en el ejemplo que Cristo, como Siervo Sufriente.

---

36. Carson, "1 Peter," 1040.
37. Coronado, 2014.

CONCLUSIÓN

En conclusión, la carta de 1 Pedro provee varios elementos en cuanto a una propuesta pastoral para la construcción de identidad, de una vida sin temor y para el acompañamiento en el sufrimiento del desplazado cristiano de Colombia. 1 Pedro brinda un mensaje significativo y particular para el cristiano que sufre, en este caso por su situación de desplazamiento. A pesar de que otros libros del Nuevo Testamento como Santiago y Apocalipsis contienen un mensaje relacionado con el sufrimiento, 1 Pedro hace una contribución particular. En primer lugar, se enfatiza de manera explícita la identidad de los destinatarios como el pueblo de Dios. Esta realidad de pertenencia al pueblo de Dios y una pastoral enfocada en sanas relaciones de amor de unos a otros, dentro de la comunidad cristiana en el trato con el desplazado, son factores que le ayudarán en la construcción en Dios de su identidad. En segundo lugar, contribuye a la evidente exhortación a no asumir el temor circundante sino a honrar sólo a Cristo. Una elección por reverenciar a Dios le ayudará al desplazado en su proceso de desarrollar un estilo de vida que no sea dominado por el temor. De esta manera, su vida se regirá por la confianza en Dios y no por el temor. En tercer lugar, la propuesta pastoral de seguir el ejemplo de Cristo, quien, a pesar de su inocencia, sufrió y no respondió con violencia, es uno de los lineamientos que se han de tener en cuenta para el acompañamiento del desplazado en sus situaciones de profundo sufrimiento. La directa invitación a los destinatarios sufrientes a seguir el ejemplo de Cristo en los momentos de su pasión y muerte es muy pertinente para el cristiano colombiano que sufre desplazamiento.

La implementación de los lineamientos de esta propuesta, teniendo como referente la actitud de Cristo, le da la oportunidad a la iglesia, de acompañar en el sufrimiento a las víctimas cristianas del conflicto que sufren desplazamiento. Cabe destacar, que estos lineamientos forman parte del mensaje que la iglesia cristiana puede ofrecer en un acompañamiento pastoral a cualquier persona desplazada, sin importar su creencia religiosa. Esta relación pastoral con el desplazado no sólo le ayudará en su restauración personal sino que representa una apuesta a la paz y a la respuesta no violenta por parte de las víctimas cristianas del conflicto en Colombia. Esto servirá de testimonio de la obra de Dios tanto en la vida del desplazado como en la de los miembros de las comunidades cristianas. Al fin y al cabo, el estilo de vida del seguidor de Cristo también está encaminado en buscar y seguir la paz (1 P 3:11).

Parte III

PERSPECTIVA CRÍTICA DESDE LA FILOSOFÍA Y TEOLOGÍA

(7) **Desplazamiento y la función profética de la iglesia,** *Fernando A. Mosquera Brand*

(8) **Hermenéutica colonialista,** *G. Tommy Givens*

(9) **Teología y distopía: En busca de una iglesia des-victimizante en las Américas,** *Oscar García-Johnson*

Capítulo 7

Función profética de la iglesia de Cristo frente al desplazamiento forzado

POR FERNANDO ABILIO MOSQUERA BRAND, PHD.

INTRODUCCIÓN

La iglesia de Jesucristo ubicada en Colombia se ve enfrentada a uno de los flagelos más deshumanizantes y alienantes que ha engendrado la historia: el desplazamiento forzado, merced al cual el sujeto se transforma en paria[1]* desheredado de todo: de su tierra natal, de sus posesiones, de sus raíces, etc. Como quiera que dicho desplazamiento se presente prioritariamente dentro del territorio nacional, al ciudadano se le niega el derecho a disfrutar de los beneficios que le otorga su "patria chica."

El individuo despojado de su *modus vivendi* y *operandi*, alejado de sus amigos, humillado y reducido en su ser por efecto del *bellum delictum*, ultrajado por "leguleyadas" y galimatías de abogados, y por la prevaricación de jueces, es expuesto a la humillación, al vejamen, a la caridad pública y a todo tipo de suspicacias. Aquel ciudadano que otrora fuera abastecedor de pueblos y ciudades, ahora, en muchas ocasiones, es reducido a la mendicidad.

---

1. *El Diccionario de la Lengua Española- Real Academia Española 22a ed. define *paria* como, "persona excluida de las ventajas de que gozan las demás, e incluso de su trato, por ser considerada inferior."

El desplazamiento se presenta con toda su brutalidad, al arrancar violenta e inhumanamente al individuo de su tierra ancestral, de su subcultura, de su parentela, de sus amigos y de sus propiedades para formar parte de la periferia, o lo que es peor, para convertirlo en habitante de la calle, quien sin patria chica y sin hogar, pierde identidad colectiva, para conformar una nueva clasificación sociológica: desposeído, sin nombre, sin identidad y sin futuro.

Así, entonces, la iglesia de Jesucristo se ve enfrentada a una quíntuple realidad, a la cual tiene que hacer frente desde su misión eclesial y profética:

a) La realidad alienante y desesperanzadora que padece el desplazado

b) La incapacidad del Estado Colombiano para detener el flagelo del desplazamiento

c) La indiferencia e indolencia de la sociedad

d) La acción depredadora de agentes violentos que siembran a su paso odio, muerte y pobreza.

e) La incapacidad de ella misma para ministrar eficientemente a una sociedad que vive los rigores del desplazamiento.

Para atender adecuada y eficientemente el trasunto indicado en el título, abordaremos los siguientes subtemas:

COMPRENSIÓN ADECUADA DE LA VIOLENCIA

Considero este ítem condición fundamental para la acción eclesial en entornos de desplazamiento forzado. Si la iglesia de Jesucristo quiere ejercer su función profética en entornos violentos, se hace imprescindible tener una comprensión adecuada del fenómeno al cual se enfrenta la sociedad. Por esta razón inicio esta exposición con el ítem ya referido.

Acercamiento conceptual al fenómeno de la violencia

La violencia se da en una relación de poder, fuerza y debilidad. Se presenta en una relación de poder/dominio, debido a que el sujeto que ejerce violencia sobre otro o está convencido de que tiene dominio sobre su prójimo, o porque el sujeto sobre quien ejerce la violencia o no tiene los medios para impedirlo o no tiene la voluntad necesaria para oponer resistencia al agresor. En cualquiera de los dos casos, la violencia ejercida es directamente proporcional a la fortaleza del agresor y a la debilidad del agredido.

Toda violencia es un despliegue inadmisible de poder extremo sobre el otro. Es una relación de fuerza, toda vez que la violencia es "un acto intencionado y contundente que provoca una lesión física indeseada a otro ser humano."[2] Sólo la fuerza puede doblegar la voluntad del individuo. Aquella puede ser el poder de la persuasión o el uso de la brutalidad.

En todas las sociedades y épocas, el hombre ha demostrado su predisposición hacia la guerra. Los diferentes imperios que han pasado por la historia así lo han demostrado, lo mismo se encuentra atestiguado en la siguiente cita: "El conflicto violento parece ser un rasgo endémico de la historia humana. De acuerdo con una estadística ha habido 14.500 guerras durante los últimos 5.600 años de la historia de la humanidad. Otro estudio argumenta que sólo ha habido 286 años de paz durante los últimos 3.400 años de la historia. De acuerdo con los analistas, desde 1945 ha habido más de 165 guerras. Sólo en 1994, se libraron 31 guerras en 27 lugares. Si se tuviesen en cuenta los conflictos armados más pequeños, el total sería mucho mayor."[3]

Esta constante histórica ha llevado a Hannah Arendt a hacer las siguientes afirmaciones:

> Que la violencia es la comadrona de la historia, quiere decir que las fuerzas ocultas del desarrollo de la productividad humana, en tanto dependen de la acción humana libre y consciente, no ven la luz sino a través de la violencia de las guerras y las revoluciones. Sólo en esos períodos violentos la historia muestra su verdadero rostro y disipa la niebla de la simple charla ideológica, hipócrita. Una vez más queda claro el desafío a la tradición. La violencia es, tradicionalmente, la última ratio en las relaciones entre los países y la más desdichada de las acciones internas de un país, y siempre se la consideró como la característica primordial de la tiranía.[4]

La misma Arendt diferencia las tendencias del ser humano: por un lado es un ser racional, gobernado por los dictados de la razón. Por otro lado, es un ser pasional, quien pretende imponerse por la fuerza bruta, la cual es la negación de todo discurso. Los pensadores griegos reconocieron la razón, "privilegiadora" del diálogo, como elemento primordial en la toma de decisiones de la *polis*. Arendt manifiesta el predominio de la razón en la *polis*:

---

2. D.W.G., *Violencia en Ética Cristiana y Teología Pastoral*, 1170.
3. Doucet, *Buscando la Paz del Mundo*, 20.
4. Arendt, *Entre el Pasado y el Futuro*, 28.

> La doble definición aristotélica del hombre como *dzoón politikón* y como *dzoón racional*, una criatura que alcanza su mayor posibilidad con la facultad del habla y por vivir en la polis, se pensó para diferenciar a los griegos de los bárbaros y al hombre libre del esclavo. La diferencia estribaba en que los griegos, que vivían juntos en una polis, trataban sus asuntos por medio del lenguaje, mediante la persuasión ... y no por la violencia, mediante la coerción sin palabras. Por tanto, cuando los hombres libres obedecían a su gobierno o a las leyes de la polis, su obediencia recibió el nombre de *peitharjía* (obediencia), una palabra que indica con claridad que la obediencia se obtenía por la persuasión y no por la fuerza. Los bárbaros tenían gobiernos violentos y eran esclavos obligados a trabajar y, ya que la acción violenta y el trabajo pesado se semejan porque ninguno de los dos necesita del habla para concretarse, los bárbaros y los esclavos se definían como seres *áneu lógou*, es decir que no vivían unos con otros primariamente gracias a la palabra.[5]

De acuerdo con Arendt, la violencia surge cuando falta el discurso. La violencia es ausencia de razón, de discurso, de palabras. El mejor medio para combatir la violencia es el diálogo.

La violencia, factor conducente a la guerra

Si la No-violencia es un paradigma cristiano, la guerra, que es generada por la violencia, se constituye en un anti-paradigma, el cual se contrapone a posturas cristianas orientadas hacia la cultura de la paz.

En la novela *Médico de Cuerpos y Almas*, el médico Keptah, hace una serie de reflexiones al joven Lucano, entre las cuales se encuentra la siguiente: "las naciones guerreras han de morir, Caldea murió, porque la guerra es, por encima de todas las cosas, la más necia y abominable de todas ante la mirada de Dios, la más impía, porque destruye lo que el Santo ha creado con amor, y porque degrada al hombre al nivel de una hormiga irracional que obedece sin saber por qué lucha. Porque en la guerra, ciertamente, el hombre lucha por nada."[6] Creo que la escritora Taylor Cadwell, en dicha novela, dibuja con mucho acierto el efecto de la guerra, la cual produce dolor, ruina, muerte y degradación.

No obstante, la guerra ha tenido sus defensores: Peter Henrici, alude a la forma como Hegel contempla la utilidad de la guerra: "La guerra tiene la

---

5. Ibid., 28, 29.
6. Cadwell, *Médico de Cuerpos y Almas*, 72.

importancia más alta por su agencia, como lo he comentado en otra parte, la salud ética de las personas es preservada en su indiferencia a la estabilización de instituciones finitas; así como el soplo de vientos preserva el mar de la fetidez que sería el resultado de una calma prolongada, así también la corrupción en las naciones sería el producto de la paz prolongada."[7]

De acuerdo con Kant, "si la guerra se realiza para defender los derechos de los ciudadanos, tiene algo sublime, y llena de valor y de fuerza a los ciudadanos; en cambio, la paz prolongada degenera en una tendencia mercantilista, en cobardía, envilecimiento y conduce a cierta tendencia afeminada de los soldados. Así las cosas, la guerra es necesaria para evitar la vagancia, la corrupción y la cobardía. La guerra se perfila como una cualidad que imprime valor, fortaleza, depuración y fortalece el nacionalismo en los soldados."[8]

A cada generación le corresponde lidiar con el fenómeno de la guerra: Es su responsabilidad hacer esfuerzos extraordinarios para evitarla y para encontrar salidas pacifistas a los conflictos que la generan. Pero en los casos extremos, donde ya no es posible otra salida diferente a la guerra, tendrá que definir pautas que justifiquen la declaratoria de guerra. Aun así, debe minimizarse los efectos y el alcance de la misma. Este asunto ocupó a algunos pensadores, tales como:

Francisco de Victoria presenta las siguientes orientaciones sobre la guerra:

a) "A nadie se puede privar de un derecho a no ser que haya causado una injuria grave y suficiente."[9]

b) "Rechaza como títulos que pudieran justificar la guerra de los españoles contra los Estados americanos: la autoridad universal del Emperador, la autoridad del Papa y su pretendido señorío sobre el orbe, el derecho de descubrimiento o de invención, el derecho de compulsión contra los indios que se resisten a recibir la fe cristiana, los pecados contra naturaleza, la elección voluntaria de la soberanía española."[10]

c) "si no hay injuria, no hay causa justa de guerra."[11]

---

7. Henrici, "Two Types of Philosophical Approach to the Problem of War and Peace," 149.

8. Mosquera B., *Relación de Continuidad y de Discontinuidad entre la Antropología y la Física Política Hobbesianas*, 86.

9. Beltrán Peña, *Filosofía Medieval y del Renacimiento*, 322.

10. Ibid.

11. Ibid.

De acuerdo con Vitoria, la única causa justa de la guerra es la injuria al príncipe por parte de otro Estado.

Según Francisco Suarez "la guerra no es intrínsecamente mala: puede haber una guerra justa. La guerra defensiva está permitida, y, a veces, es incluso materia de obligación."[12] Según él, para que una guerra sea justa, debe cumplir con ciertas condiciones, tales como:[13]

a) ser declarada y ejecutada por un poder legítimo. Y este poder legítimo es el soberano.

b) La causa de la guerra debe ser justa. Ej: haber padecido una grave injusticia que no puede ser reparada o vengada de otro modo.

c) Estar debidamente llevada y observar la debida proporción en su desarrollo y en la victoria. Antes de comenzar una guerra el príncipe está obligado a llamar la atención del soberano del otro Estado sobre la existencia de una justa causa de guerra, y a pedir satisfacción inmediata. Si el otro ofrece satisfacción adecuada por la injuria hecha, el príncipe está obligado a aceptarla; si, a pesar de ello, ataca, la guerra sería injusta.

Sobre los efectos de la guerra en la población civil, Suárez plantea la siguiente doctrina:

> En cuanto a los "inocentes," "está implícito en la ley natural que incluyen a los niños, las mujeres, y todos los incapaces de llevar armas," mientras que, según el *ius gentium*, incluyen a los embajadores, y, entre los cristianos, por ley positiva, a los religiosos y sacerdotes. Todas las demás personas son consideradas culpables: porque el juicio humano considera a los capaces de tomar las armas como si realmente lo hubieran hecho. Nunca debe matarse a las personas inocentes como tales, pues matarlas es intrínsecamente malo: pero si la victoria no puede lograrse sin matar "incidentalmente" a inocentes, es legítimo matarles. Suárez quiere decir que es legítimo, por ejemplo, volar un puente o tomar por asalto una ciudad, si tales actos son necesarios para la victoria, aun cuando el atacante tenga razón para pensar que supondrán la muerte "incidental" de algunas personas inocentes. No sería, en cambio, legítimo hacer tales actos con el propósito de matar a personas inocentes.[14]

---

12. Copleston, *Historia de la Filosofía: de Ockham a Suárez*, 384.
13. Ibid.
14. Ibid., 385.

La doctrina de Suárez nos ayuda a entender por qué algunas acciones bélicas atentan contra la población civil, lo cual, parecería no importar a quienes tales actos perpetran.

Según Tomás de Aquino,[15] para que una guerra sea justa debe defender el bien común y cumplir con las siguientes condiciones:

a) Ser autorizada por el gobernante legítimo

b) Haber una causa justa

c) Haber una intención recta

Efectos colaterales de la guerra

La guerra genera "daños colaterales," conducentes a lo que se ha denominado "muertes incidentales." Los "daños colaterales" de la guerra son consecuencias de una determinada acción militar emprendida contra "el enemigo," pero afecta directamente a los no combatientes. Parece ser que los primeros en acuñar esta expresión fueron los americanos en la guerra del Vietnam.[16]

Los daños colaterales de la guerra pueden ser vistos desde dos perspectivas:

a) Efectos en la población no combatiente de una acción militar. Estos efectos no son planeados, pero resultan en tragedia para un grupo poblacional. En este sentido se entiende como *"daño no intencional o daño accidental que afecta construcciones, equipos o personal, y que ocurre como resultado de acciones militares dirigidas contra blancos enemigos... Este tipo de daño puede afectar a fuerzas amigas, neutrales o aún enemigas."*[17] Desde esta perspectiva, los daños colaterales pueden afectar a las mismas fuerzas aliadas o a segmentos del mismo ejército atacante a través del "fuego amigo cruzado." El daño colateral, mirado desde esta perspectiva, siempre será un error táctico, no calculado.

b) Acción premeditada, deliberada, calculada y planeada con fines terroristas perpetrada por los combatientes. Su intención es atemorizar y evitar el apoyo al "enemigo," para buscar el apoyo de los no combatientes, para provocar la obediencia de la población civil.

---

15. Citado por Gonzalo Soto Posada, "Santo Tomás de Aquino y el Problema del Poder," 79.

16. "Daño colateral," http://es.wikipedia.org/wiki/Da%C3%B1o_colateral.

17. Ibid.

Los combatientes consideran que "si la destrucción de un objetivo militar supone una ventaja táctica y si en el proceso de destrucción de ese objetivo deben ser asesinados civiles indefensos e inocentes, ese asesinato se convierte en *daño colateral* por suceder en el proceso de alcanzar un fin superior."[18] Y de esta manera se legitima la barbarie bélica.

Respecto a los efectos colaterales de la guerra mirada desde la intencionalidad, Guillaume de Rouville hace pertinentes observaciones:

> Ahora bien, al analizar más de cerca los eventos, se percibe que la mayoría de esos actos de guerra que segaron la vida de millares de civiles en Afganistán, Irak y Libia en los últimos años, no provienen de errores, de verdaderos daños colaterales, de una acción militar emprendida contra tropas uniformadas del bando enemigo, sino que fueron actos deliberadamente destinados a matar mujeres, niños y hombres indefensos. Podríamos preguntarnos con qué objeto se cometieron tales horrores. La doctrina militar responde: para imponer el terror fuente de toda obediencia.[19]

Estos efectos colaterales son verdaderas barbaries cometidas por los combatientes en contra de la población civil, por lo que daños colaterales, efectos colaterales, efectos secundarios o daños secundarios sólo son eufemismos para ocultar la barbarie que se esconde en las acciones e incursiones militares.

En Colombia tanto las fuerzas del orden como los grupos ilegales utilizan el sofisma de los efectos colaterales para enmascarar los actos barbáricos que cometen en nombre de la guerra. Sólo basta mencionar algunos actos para ilustrar la barbarie de la guerra en Colombia: el uso de "minas quiebrapatas," masacres, "bicicleta bomba," "collar bomba," "burro bomba"; la incineración de civiles desarmados refugiados en un templo católico en Bojayá, Chocó; voladura de oleoductos, destrucción de torres de energía, voladura de puentes, bombardeos que realiza la fuerza pública, aspersión con glifosato para destruir plantaciones de cocaína, etc. Todos estos actos tienen efectos desastrosos sobre la población civil.

Estos marcos conceptuales deben ser conocidos por la iglesia de Jesucristo, ya que su conocimiento y el del desplazamiento forzado causado por el conflicto armado, ayudan a la iglesia a discernir la mejor manera de realizar su ministerio tanto eclesial como pastoral en los diferentes segmentos poblacionales: víctimas y victimarios, sabiendo que los victimarios de hoy,

18. Ibid.
19. Rouville, *Daños Colaterales, la cara oculta de un terrorismo de Estado*.

en su tiempo fueron victimizados, y las víctimas de hoy, si el conflicto no se detiene, llegarán a ser los victimarios del mañana.

Así, entonces, la iglesia de Jesucristo debe comprender la violencia como precursora tanto de la guerra como del desplazamiento forzado.

LA IGLESIA DE JESUCRISTO DE CARA A LA EPIMÉLEIA

El hombre contemporáneo se debate en la antinomia *individualismo radical posesivo vs masificación y cosificación colectivas*. La primera tendencia constituye un refugio del sujeto en sí mismo, frente a la depredación social que se cierne sobre el sujeto y que éste ve venir sobre él como un factor exógeno. Tal depredación social, acompañada de soledad y abandono, provoca en el sujeto una actitud auto-proteccionista que lo lleva a refugiarse en sí mismo.

La segunda tendencia amenaza el predominio de la individualidad del sujeto. Esta tendencia "asimiladora" absorbe al individuo en la colectividad de tal manera que lo vuelve parte de un todo indistinguible y aniquilador. Así, entonces, la colectividad le ofrece al individuo un lugar en su totalidad radical a despecho de su individualidad, por lo que el sujeto se convierte en parte indisoluble de la masa, produciéndose de esta manera la masificación y la cosificación. Esta tendencia es supra-ideológica y supra política, toda vez que sectores de ultraizquierda y de ultraderecha acuden a ella para cumplir sus propósitos.

Frente a esta tensión, se yergue hierática la *epiméleia*[20]* con sus tres grandes componentes: cuidado de sí mismo, conocimiento de sí mismo y sanidad de sí mismo. Los anteriores componentes son una especie de propedéutica para poderse ocupar de los demás. Este ocuparse del otro incluye tanto al individuo como al Estado. La *epimelia*, se aplicará al sujeto, a la alteridad y al mundo.

La *epiméleia* pone fin a esa proclividad. Puesto que el sujeto se encuentra atrapado en ambas tendencias, se hace necesaria una agencia que sirva de elemento aglutinante que medie (mesi,thj) entre ambas posturas, y es entonces cuando surge la iglesia de Jesucristo para ejercer su función *epimélica*. Desde esta perspectiva Pablo escribe a Timoteo: "Ten cuidado de ti mismo y de la doctrina; persiste en ello, pues haciendo esto, te salvarás a ti mismo y a los que te oyeren" (1 Ti 4:16). El imperativo paulino *ten cuidado de ti mismo y de la doctrina* es dramático y teleológico: el cuidado de sí mismo y de la doctrina redime al sujeto y a los que están bajo su influencia.

En la doctrina socrática, la *epiméleia* se convierte en un paradigma de responsabilidad, cuidado y atención de sí mismo, del otro y de lo otro.

---

20. *cuidado, solicitud, dirección, administración, gobierno.

Como cuidado del otro, abarca lo antropológico y sociológicamente posible, y como cuidado de lo otro, está referido a lo políticamente factible, incluyendo, por supuesto, lo ecológico. Así la *epiméleia* se configura como un paradigma de responsabilidades.

Michel Foucault, historiador, psicólogo, y filósofo afirma que la *epiméleia* "se ha convertido en términos generales en el principio básico de cualquier conducta racional, de cualquier forma de vida activa que aspire a estar regida por el principio de la racionalidad moral."[21]

El paradigma aparece en la pregunta formulada por Sócrates al joven Alcibiades: "¿Crees que será un mal para ti el tener cuidado de ti mismo?"[22], a la cual Alcibiades responde "Por lo contrario, estoy persuadido de que sería un gran bien."[23] La pregunta presupone, de suyo, la existencia de un primer estadio de responsabilidad y de cuidado: el propio sujeto. El individuo que pretende llevar una vida moderada, ordenada y recta debe comenzar por cuidarse a sí mismo, ya que el cuidado de sí mismo promueve la virtud (*excelencia moral*), pues, la *epiméleia* es un elemento desvelador y a la vez impulsor de la virtud del sujeto (cf. 1Ped 1:5-7).

Sócrates hace distinción entre tener cuidado de sí mismo y tener cuidado de las cosas de sí mismo: ". . .todo hombre que tiene cuidado de su cuerpo, tiene cuidado de lo que le pertenece, pero no de sí mismo."[24] Sócrates hace distinción entre el cuerpo como parte de la persona y la persona misma. De acuerdo con su doctrina el cuidado del hombre debe estar orientado hacia su alma: "Estamos convenidos, además, en que es el alma la que es preciso cuidar, debiendo ser este el único fin que nos propongamos."[25] Sócrates le pregunta a Alcibiades "¿no debe mirarse en el alma, y en esta parte del alma donde reside toda su virtud, que es la sabiduría, . . . ?"[26] Así, entonces, el hombre cuida su alma mediante la virtud.

Este cuidado que debemos tener de nosotros mismos debe estar precedido por el conocimiento que debemos tener de nosotros mismos. Cuidado de sí mismo y conocerse a sí mismo son correlacionales: "Incluso puede considerarse el conócete a ti mismo subordinado al cuídate de ti mismo, es decir el conocimiento de uno mismo es una forma del cuidarse de sí."[27]

21. Foucault, *Hermenéutica del Sujeto*, 34.

22. *Obras Completas de Platón puestas en lengua castellana por primera vez*, 159.

23. Ibid.

24. Ibid., 186.

25. Ibid., 189.

26. Ibid., 191.

27. Cañal Fuentes, *El valor en psicoterapia del término grecolatino "Epimeleia Heautou,"* 56.

Este conócete a ti mismo es un aforismo que se encuentra en el pronaos del templo de Apolos en Delfos y que Sócrates recoge en el Primer Alcibiades. Conocerse a sí mismo exige un viaje hacia el alma, al sitio mismo donde "residen la esencia y la sabiduría."[28] "En esta parte del alma, verdaderamente divina, es donde es preciso mirarse, y contemplar allí todo lo divino, es decir, Dios y la sabiduría, para conocerse a sí mismo perfectamente."[29] Así, según Sócrates la sabiduría es el conocimiento de sí mismo.

De acuerdo con las disquisiciones de Foucault, la *epiméleia* señala cuatro tipos de comportamientos[30]:

1. Es un afrontamiento del sujeto, a través del cual se aproxima al mundo. Los tres tipos de afrontamientos que hace el sujeto tienen relación con los tres tipos de relaciones que tiene toda subjetividad: hacia sí mismo, hacia el otro y hacia lo otro (mundo).

2. La *epiméleia* como afrontamiento, comporta en sí misma una preocupación, un ocuparse. Esta preocupación por el otro y por lo otro se revierte sobre el sujeto mismo, de tal manera que se transfigura en preocupación por uno mismo, por lo que el sujeto ejerce inspección y vigilancia sobre sí mismo.

3. La *epiméleia* como ocupación de sí mismo, implica hacerse cargo de uno mismo, purificarse a sí mismo. Así, entonces, de ella devienen la meditación, la memorización del pasado y el autoexamen de la conciencia.

4. Finalmente, la *epiméleia* coadyuva en la definición del modo de ser del sujeto, por tanto, se relaciona con los comportamientos de los individuos.

Asociada a la *epiméleia* se encuentran la verdad y la comunicación franca y responsable de la misma, es decir, la verdad como *logos* debe ser comunicada responsablemente como parte del cuidado de sí mismo, del otro y de lo otro.

Emparentados con estos términos [*epiméleia*] se encuentra el concepto de *parresia* (παρρησία), que etimológicamente significa decirlo todo, pero que está ligado a la libertad de un sujeto para decir lo que quiere decir, cuando y de la forma que considera necesaria. Igualmente se refiere la parresia a la elección o al ámbito de decisión de un sujeto que habla y que dice la verdad. La parresia también confiere al sujeto la transmisión de la verdad

---

28. *Obras Completas de Platón*, 191.
29. Ibid.
30. Foucault, *Hermenéutica del Sujeto*, 34-36.

al discípulo o al otro, verdad de lo que se dice conforme a unas normas de conducta que se corresponden a la vida real del sujeto y no a un discurso únicamente teórico. . . . la parresia se asocia al concepto de *epimeleia heautou*, puesto que no hay conocimiento o cuidado de sí sin parresia, sin discurso verdadero y sin acción verdadera. La acción, correcta o equivocada, surge de la deliberación, . . . el hombre debe obrar conforme a lo que debe ser, no en el sentido del imperativo categórico kantiano, sino en el camino del sumo bien mediado por la virtud y ejecutado por un sujeto que modifica su ser en el conocimiento de sí mismo y en el cuidado de sí.[31]

También se asocia la *epiméleia* la felicidad (*eudaimonía*), entendida "como ese estado en el que se vive bien y se obra bien."[32] La *eudaimonía* según el pensamiento griego caracterizaba la buena vida, el buen vivir, y la realización plena del individuo, "se presentaba . . . no sólo como una meta legítima sino también como un estado en el que se consumaba la plenitud humana. El hombre feliz o eudaimón es quien precisamente ha logrado el cumplimiento de todas sus metas."[33]

El tercer elemento de la *epiméleia* es la *therapeia*, la cual aludía a la salud física y mental, para lo cual la gimnasia era fundamental. Cuidar la salud era clave dentro de la comprensión del cuidado de sí mismo. Sólo aquel que se conoce a sí mismo, que tiene cuidado de sí mismo y cuida su salud está en óptimas condiciones para tener cuidado del otro y de lo otro.

La propuesta socrática interpela al sujeto colombiano. ¿Nos conocemos a nosotros mismos, al otro y lo otro? ¿Nos cuidamos nosotros mismos, a nuestro prójimo y al mundo? El apóstol Pablo fue muy consciente de la función de la *epiméleia*[34]* en el entorno eclesial: la iglesia deberá desarrollar su ministerio de *diaconía* entre los necesitados, y así, se cierra el círculo *epimélico* paulino: cuidado de sí, cuidado del otro y cuidado del mundo. El verbo del cual se desprende el sustantivo *epiméleia*, se encuentra así en el NT:

* dos veces en la parábola del Buen Samaritano. La *epiméleia* se presenta cuando el hombre herido es atendido cuidadosamente por el samaritano, quien no sólo cuidó de él sino que pagó para que otros lo atendieran convenientemente (Lc 10:34,35). Esta parábola describe parte de

---

31. Cañal Fuentes, *El valor en psicoterapia del término grecolatino "Epimeleia Heautou,"* 58.

32. Samamé, "La Interpretación Foucaultiana de las Éticas Antiguas a partir de la noción de Epiméleia Heautou," 2.

33. Ibid., 3.

34. *Este sustantivo aparece una sola vez en el NT y se le encuentra en Hch 27:3.

la responsabilidad de la iglesia por el sufriente y necesitado, movida por su misericordia.

De acuerdo con Pablo (1 Ti 3:5), una responsabilidad de todo varón, específicamente de los obispos es cuidar su propia casa. El cuidado responsable de la casa es una especie de preparación para el cuidado de la *ekklesía*. Si el sujeto no es capaz de cuidar su propia casa, ¿cómo cuidará la iglesia de Cristo? Esta pregunta señala un imposible lógico y ministerial.

Así se puede colegir que la pregunta socrática se adentra en la misma misión de la iglesia, en su relación con la sociedad circundante, pues esa pregunta sigue siendo interpelante, inquietante, desestabilizadora del *confort* y del *status quo* y profundamente incómoda para aquellos que se adaptan a su comodidad.

Ahora bien, la iglesia, dotada por el Espíritu Santo, entrena a sus miembros para que tengan cuidado de sí mismos, cuiden la doctrina como ortodoxia preciada para poder cuidar de los demás, y todo esto, con fines soteriológicos. Así, se puede intuir que la *epiméleia* paulina es extremadamente *teleológica*, cuya finalidad es salvífica, por tanto es el punto de llegada de la misión de la iglesia de Jesucristo.

Lo hasta aquí expresado tiene serias implicaciones para el ministerio de la iglesia en entornos de desplazamientos. Ocuparse de sí mismo, conocerse a sí mismo y atenderse a sí mismo, pueden direccionar la agenda del ministerio de la iglesia hacia los desplazados: ocuparse de ellos, conocerlos y propender por su salud. De esta manera, la iglesia de Jesucristo se ocupa de los desplazados, se interesa por lo que piensan, expresan, y sienten, incluyendo sus esperanzas, desesperanzas, temores, angustias y frustraciones; y se preocupa por ofrecerles bienestar en las áreas física, emocional, psicológica, moral, intelectual y espiritual.

Respecto a las tareas de la iglesia frente al fenómeno del desplazamiento, podemos identificar las siguientes:

1. Conocer la situación de los desplazados y estar capacitada para emprender los tipos de acción que se requieran, además de escuchar y atender sus inquietantes preguntas, para las cuales sólo debe elaborar respuestas provisionales, no definitivas.[35]

2. Una de las más grandes responsabilidades de la iglesia frente a los desplazados debe ubicarse en la teleología suprema de la encarnación, la cual según Jn 17: 3 es "que te conozcan a ti, el único Dios verdadero, y a Jesucristo, a quien has enviado." Y Qohelet la sintetiza así: "Teme a Dios, y guarda sus mandamientos; porque esto es el todo del hombre."

---

35. Cf. Küng, *¿Existe Dios? Respuesta al Problema de Dios en nuestro tiempo*, 21.

(Ecl 12: 13) La iglesia debe trabajar incesantemente para que esta finalidad suprema se convierta en realidad salvífica en las comunidades desplazadas.

3. La Asociación de Teólogos de España[36], ubica unas tareas a la teología, las cuales son perfectamente aplicables al ministerio de la iglesia entre las comunidades desplazadas:

a) Historiar el Evangelio haciéndolo oír en medio de la iniquidad que divide al mundo en ricos y pobres, operando como rayo restallante en el mundo opresor y tomando partido por los empobrecidos y oprimidos.

b) Poner en el centro la dignidad de la persona. La persona, lo primero y lo último, y todo lo demás subordinado a ella.

4. Acomodando las palabras de Hans Küng[37] a la realidad del desplazamiento en Colombia y a la responsabilidad que a la iglesia le compete, podríamos hacer tres afirmaciones:

a) Emprender una búsqueda investigativa sincera y seria para entender adecuadamente el fenómeno del desplazamiento para responder óptimamente a los sujetos que padecen ese fenómeno.

b) Coadyuvar en la búsqueda de la libertad de estos seres oprimidos y vejados por el infortunio del desplazamiento forzoso, liberarlos de sus temores, de sus sentimientos de ineptitud, de sus odios y amarguras, evitarles caer en la dependencia de la caridad pública, orientarlos hacia el trabajo en las ciudades y los pueblos. Ayudarles a rescatar la alegría de vivir, el disfrute de la vida, y la valoración de su propia vida.

c) Promover entre ellos la *parresía* franca y sincera, basada siempre en la verdad y en la libertad, animarlos a hacer uso de la libertad de expresión, de locomoción, de vida y de trabajo

5. Desarrollar una verdadera labor profética de acción, acompañamiento, consolación, proclamación, enseñanza-instrucción, desarrollo, valoración, dignificación y re-significación de la persona como ser individual y como ser comunitario. Esto incluye atención a sus necesidades de alimentación, de vivienda, educación, de sus estados emocionales y psicológicos.

---

36. Extraído de Benjamín Forcano, *La Inútil y Peligrosa Teología*, En Redes Cristianas, Septiembre 9 de 2007. http://lacomunidad.elpais.com/bardon/2007/9/14/utilidad-la-teología-universitaria-hoy. ps 2ss.

37. Cf. Küng, *¿Existe Dios?*, 21ss.

6. Defender su causa en instituciones tanto nacionales como internacionales, en esta acción están incluidas las denuncias frente a violaciones de sus derechos fundamentales.

7. Acercarse pastoral, eclesial y proféticamente a los victimarios para:

   a) generar en ellos un estado de conciencia del mal que propician a su prójimo

   b) redimirlos de su capacidad destructiva

   c) tender puentes de reconciliación entre victimarios y víctimas

   d) coordinar con ellos y con el Estado la reparación a las víctimas

8. Trabajar incansablemente con las diferentes fuerzas vivas de la sociedad para minimizar la violencia y los efectos que ella produce en los sectores vulnerables (campesinos, niños, mujeres, discapacitados, habitantes de la calle).

FUNCIÓN PROFÉTICA DE LA IGLESIA: DENUNCIAS Y ACCIONES

Diferentes grupos evangélicos se han comprometido a trabajar a favor de los sectores vulnerables. Entre esas instituciones se pueden identificar Justapaz y la Comisión de Paz de CEDECOL. Este ítem abordará exclusivamente el comprometido trabajo que estas dos organizaciones han realizado.

El Programa de Investigación e Incidencia Política de Justapaz y la Comisión de Paz de CEDECOL produjo una serie de investigaciones, las cuales han sido consignadas en cartillas denominadas *Un Llamado Profético*. El propósito de estas cartillas es documentar, recopilar, sistematizar, analizar y denunciar actos violatorios de los derechos humanos, cometidos por los actores armados del conflicto colombiano. El No. 8 está destinado a presentar las violaciones a los derechos humanos cometidas durante el año 2012. Veamos:

> En el periodo de investigación, comprendido entre el 1 de enero y el 31 de diciembre de 2012, registramos 42 casos de violaciones a los derechos humanos e infracciones al Derecho Internacional Humanitario (DIH) en contra de pastores, pastoras, líderes, lideresas y personas pertenecientes a las iglesias cristianas evangélicas. En estos casos se identificaron 83 violaciones contra víctimas individuales y aproximadamente 11 violaciones colectivas.

La publicación, por tanto, es un canal a través del cual se hace un llamado al cese al fuego y al fortalecimiento de las negociaciones entre las FARC-EP y el estado colombiano, y al inicio de diálogos con los otros actores del conflicto, así como al respeto a la población civil en medio de la guerra. De igual forma, se subraya el importante rol que cumplen las iglesias en la construcción de la paz y la necesidad ineludible de la elaboración de políticas direccionadas hacia el fin de las confrontaciones armadas.[38]

El proyecto de investigación se encarga de crear equipos a nivel regional, con el propósito de adiestrar a voluntarios, a quienes entrenan en el campo de la documentación de la violación de derechos humanos. Una vez capacitados, "Los equipos regionales de documentación se entrevistan directamente con las víctimas, sus familiares, pastores, pastoras, líderes y lideresas eclesiales y registran hechos de violencia. Este contacto directo con las víctimas se constituye en la fuente primaria de información para este informe. Los datos recopilados por los equipos regionales son entregados y sistematizados en la base de datos de JUSTAPAZ, en donde son verificados y catalogados según los tipos de violación."[39]

El informe de la Comisión de Paz y de JUSTAPAZ, ofrece datos actualizados sobre el desplazamiento: "según CODHES 5.701.996 personas han sido obligadas a desplazarse de manera forzada desde el año 1997, de las cuales 256.590 corresponden al año 2012. En el 2012 los constantes enfrentamientos entre grupos armados generaron temor en personas, familias y comunidades, las cuales tuvieron que desplazarse para proteger su integridad física."[40] La iglesia de Jesucristo en Colombia tendrá que ministrar pastoral y eclesialmente a estos casi seis millones de desplazados.

Estas organizaciones se documentan para poder sustentar las denuncias que hacen, a través de informes oficiales tanto nacionales como internacionales, además de informes de entidades no gubernamentales y de investigaciones independientes:

> Aunque las cifras existentes sobre reclutamiento de niños y niñas por parte de los grupos armados son un sub-registro, preocupa el aumento de las cifras, tal y como lo expresa el informe Como Corderos entre Lobos de Natalia Springer. El informe reporta que actualmente se recluta 17 veces más que hace cuatro años y se estima que al menos 18.000 menores de edad hacen parte de los grupos armados ilegales, siendo un importante porcentaje del pie de fuerza de los grupos armados ilegales. El promedio de

---

38. "Las iglesias colombianas documentan su sufrimiento y su esperanza," 7.
39. Ibid.
40. Ibid., 15.

edad en la que niños y niñas son reclutados es de 12,1 años y el 57% son hombres... Tanto Springer, como Naciones Unidas y el CICR durante el 2012 expresaron su preocupación por los casos de reclutamiento y enfatizaron el uso y vinculación de niños y niñas por parte de los grupos neo-paramilitares en actividades relacionadas con la economía ilegal, el narcotráfico, labores de inteligencia, transporte, logística y comunicaciones. Según Springer al menos 10.000 niños y niñas están vinculados a este tipo de acciones.[41]

En el capítulo dos, titulado *Situaciones de violencia política*, la cartilla documenta 79 casos de violación de los derechos humanos y de las infracciones al Derecho Internacional Humanitario. La estructura que se utiliza en la presentación de estos casos es la siguiente:

*Identificación del caso

*Nombre de la víctima

*Fecha del suceso

*Lugar donde ocurrió el hecho

*Presuntos responsables

Ej:

*Identificación del caso: Homicidio tortura

*Nombre de la víctima: Jesús Gutiérrez, de la Iglesia Alianza Cristiana y Misionera

*Fecha del suceso: 3 de enero de 2012

*Lugar donde ocurrió el hecho: La Plata, Huila

*Presuntos responsables: Neo-paramilitares

Con base en esta estructura *Un Llamado Profético No. 8* hace 79 denuncias de homicidios, torturas, desplazamiento, violencia sexual, desaparición forzada, amenaza, detención arbitraria, reclutamiento forzado, extorsión, pillaje, confinamiento. Esta cartilla en su totalidad se dedicó a denunciar los atropellos cometidos contra cristianos evangélicos y contra iglesias y entidades evangélicas en diferentes partes del país.

El Capítulo cuatro de la Cartilla, titulado *Semillas de Esperanza Acciones de construcción de paz de las iglesias cristianas evangélicas* está dedicado a resaltar "ocho iniciativas de iglesias a favor de la paz. Son 'semillas de esperanza' que dan frutos de paz y reconciliación. Son semillas que con esfuerzo,

---

41. Ibid., 16.

compromiso y dedicación plantean una sociedad alternativa basada en el respeto y la solidaridad como expresiones del evangelio."[42] De estas iniciativas aquí sólo se registrarán algunas:

a. Declaración pastoral pública de la Iglesia Presbiteriana de Colombia. La LXVI Asamblea General del Sínodo de la Iglesia Presbiteriana de Colombia (IPC) se reunió los días 15 al 17 de febrero de 2012 en la ciudad de Apartadó con el lema: Fieles a Jesús y sirviendo con amor. Entre los puntos a destacar en esa Asamblea se mencionan los siguientes:

*La tierra es don de Dios. De Él la hemos recibido, toda la humanidad, como nuestra herencia para que la cuidemos, la compartamos y la administremos en servicio de unos y otros.

*La tierra es nuestra casa, en ella tenemos derecho a vivir en paz, con bienestar, para hacerla parte de nuestra vida como Dios quiere.

*En la Biblia cuando la tierra ha sido arrebatada por los violentos, Dios actúa para que ésta sea restituida para quienes la han trabajado.

*En la Palabra de Dios encontramos formas de organizar el uso de la tierra y de protección legítima para quienes la han hecho producir.

*La tierra es para el pueblo de Dios esperanza. El lugar de convivencia en justicia y con la paz que viene de Dios.

*La tierra genera identidad, sentido de dignidad y cuando es arrebatada necesita ser recuperada.

*Hay que mirar con detenimiento las diferentes visiones en la Biblia sobre el retorno del pueblo de Israel a su tierra después del exilio. Hoy en día es necesario el retorno de los campesinos a su tierra después de haber sido forzados a desplazarse a espacios que naturalmente no eran los que ellos habían decidido para desarrollar su vida."[43]

b. Declaración de las iglesias sobre los diálogos de paz en Colombia. Un grupo de líderes evangélicos se reunió el 28 de agosto en Bogotá para hacer reflexiones y fijar posiciones frente a los diálogos de paz entre el Gobierno Colombiano y las FARCs. De ese encuentro salió la siguiente declaración:

---

42. Ibid., 63.
43. Ibid., 64, 65.

Los y las representantes de las iglesias y organizaciones ecuménicas que hacemos parte de las iglesias y organizaciones miembros del Consejo Latinoamericano de Iglesias (CLAI), la Comisión de Paz del Consejo Evangélico (CEDECOL) y de la Red Ecuménica en Colombia, celebramos y damos gracias a Dios por la noticia conocida el lunes 27 de agosto de 2012, donde se informó que el gobierno del presidente Santos y las FARC están trabajando una propuesta para iniciar diálogos por la paz, a la que se podría unir el ELN.

Este anuncio nos produce esperanza, que es posible detener la confrontación armada que hemos vivido en Colombia por cerca de cincuenta años, y lo vemos como una respuesta de Dios a nuestras oraciones, donde por muchos años hemos pedido que su Espíritu de paz permita construir espacios de diálogos para resolver los conflictos por medios no violentos y hacer posible la paz como fruto de la justicia y del respeto a la dignidad humana, como lo anuncia el evangelio. Lo cual implica abordar las raíces del conflicto armado para transformar las mentalidades y prácticas violentas y excluyentes.

Reconocemos que hacer posible la paz por medio del diálogo y la negociación política, no será un camino fácil, por lo que animamos a todos los miembros de nuestras iglesias, a los ciudadanos y ciudadanas para que sigamos orando y trabajando para que los intereses de la guerra y los violentos no se impongan sobre los deseos y esperanzas de paz que viene creciendo entre la mayoría de los colombianos y colombianas. Esta esperanza de paz necesita que trabajemos con paciencia y cautela para que puedan cicatrizar las heridas que han dejado tantos años de guerra.[44]

La declaración es firmada por veinte líderes evangélicos procedentes de varias denominaciones y organizaciones evangélicas de todo el país.

c. V Cumbre de los Pueblos. Esta actividad se realizó los días 12 al 14 de abril de 2012. En esta cumbre, después de haber hecho los respectivos análisis de la guerra, sus métodos, la inclusión del elemento sicológico como estrategia para apoderarse del ser de la persona y así comprometerlo en la guerra, se hizo una declaración, en la cual se adquirieron los siguientes desafíos y propuestas.[45]

* Ampliar el trabajo de la objeción de conciencia al servicio militar a la objeción de conciencia al neoliberalismo y a toda forma de

---

44. Ibid., 66, 67.
45. Ibid., 70, 71.

militarización de la sociedad. En esta perspectiva necesitamos des-neo-liberalizar nuestras conciencias o dicho de manera bíblica no podemos seguir pensando y actuando con los criterios de este mundo neoliberal que se nos impone con su lógica de muerte y destrucción humana y de la naturaleza. De acuerdo con esto seguiremos trabajando para que se cierren la Escuela de las Américas, todas las bases militares de los Estados Unidos en los países de la región y se cesen los tratados de libre comercio que se han firmado con la lógica neoliberal.

* Fortalecer la participación y articulación como sector ecuménico en los movimientos sociales y populares en lo local, en cada país y en la región. De acuerdo con esto agradecer a las organizaciones ecuménicas que participaron en esta iniciativa y pedirles que incrementen su apoyo y acompañamiento a los sectores cristianos presentes en esta cumbre y otros con interés en participar en foros sociales similares a este.

* Es urgente que como iglesias y sectores ecuménicos implementemos un programa regional con estrategias de incidencia para la defensa de los derechos humanos, el cuidado de la creación y la inclusión social. Este necesita partir de la formación y de la realidad concreta de las comunidades e iglesias que acompañan a los grupos vulnerables y a las víctimas del sistema económico que pretende dominar el mundo.

* Las expresiones de sectores de la sociedad civil y de la conferencia episcopal en Colombia pidiendo resolver el conflicto por medio de la negociación política, así como el diálogo epistolar de Colombianos y Colombianas con el ELN y las FARC donde estos grupos manifiestan voluntad en resolver el conflicto por medios políticos y el interés mostrado por el presidente Santos para dialogar con ambos grupos, alimentan nuestras esperanzas que es posible la paz en nuestro país. Por esta razón nos comprometemos... para trabajar por la solución negociada del conflicto armado en Colombia, por la reparación y la restitución de las tierras a los desplazados y víctimas que permita la paz como fruto de la justicia.

d. Foro de Objetores y Objetoras por la Paz. Las siguientes entidades se coligaron para organizar el foro en mención: Justapaz, la Iglesia Menonita de Teusaquillo en Bogotá, la Fundación Mencoldes, y el Comité

Intereclesial de Justicia y Paz, el cual se realizó el 22 de noviembre de 2012.[46]

Los profesionales Mireya Rojas de Justapaz y Pablo Moreno, Rector de la Fundación Universitaria Bautista de Cali, ofrecen la siguiente información.[47]

El foro surge ante la necesidad de visibilizar la situación problemática de los jóvenes objetores de conciencia al servicio militar obligatorio y como una acción de incidencia para exigirle al Congreso la expedición de una Ley Estatutaria que regule lo concerniente al derecho fundamental a la objeción de conciencia al servicio militar obligatorio.

Actualmente los jóvenes objetores de conciencia al servicio militar obligatorio, pertenezcan o no a una iglesia, no cuentan con garantías para ejercer este derecho. Se esperaba que a raíz del fallo de la Corte Constitucional, consagrado en la Sentencia C-728 de 2009 donde se reconoce como derecho fundamental el derecho a la objeción de conciencia al servicio militar obligatorio, los jóvenes objetores no tuvieran inconvenientes para definir su situación militar, sin embargo ha sucedido lo contrario.

Los objetivos que se plantearon para el espacio fueron:

1. Indagar acerca de la viabilidad política, jurídica, legislativa y práctica de la objeción de conciencia a propósito del exhorto de la Corte Constitucional en la Sentencia C-728 de 2009.

2. Explorar qué lugar ocupa esta opción en el contexto actual de negociaciones de paz, pero también en un marco más amplio de construcción de paz a largo plazo.

3. Recopilar insumos que sirvan de apoyo a procesos sociales y de incidencia política que involucren a diferentes actores que le apuestan a la necesidad de que este derecho sea regulado, reconocido y garantizado.

Se vuelve muy esperanzador y consolador el hecho que sectores del "evangelicalismo" colombiano hayan asumido responsable, seria y profesionalmente la defensa profética de los sectores sociales vulnerables, y hayan acudido a entidades internacionales como socias en este ministerio profético. De esta manera la iglesia en sus diversas expresiones y organizaciones está asumiendo la responsabilidad que le compete, sin embargo, reconocemos que necesitamos crecer más y asumir de manera global las responsabilidades proféticas, pastorales y eclesiales frente a las diversas necesidades que aquejan la sociedad colombiana.

---

46. Ibid., 74.
47. Ibid., 75.

Capítulo 8

Hermenéutica colonialista
por Tommy Givens, ThD.

INTRODUCCIÓN

Entre cristianos piadosos es común escuchar interpretaciones de la Escritura que identifican a los que se portan bien en la Biblia con la comunidad de los lectores como el verdadero pueblo de Dios. A los que se portan bien en la Biblia se les puede etiquetar "Israel victorioso," "el remanente fiel de Israel" o "la iglesia primitiva de los Hechos" u otro nombre admirable con el cual la comunidad lectora actual se identifica. Su creencia fue supuestamente ortodoxa, aun si incompleta, y su praxis se considera fiel, a pesar de sus faltas constatadas en la Biblia.

A través de esta identificación, la comunidad lectora se contrasta, bien sea de manera explícita o implícita, con un pueblo de Dios falso, el cual sufre un defecto mortal de doctrina o carece de un rigor moral adecuado. Históricamente el pueblo falso por excelencia ha sido el de los judíos. Para muchos cristianos evangélicos de nuestra época, este pueblo falso será la Iglesia Católica o las masas de cristianos cuyo compromiso con la fe nos parece tenue. Para otros cristianos el pueblo falso será otro grupo de seudocristianos, y para casi toda clase de cristiano hoy día hay que marcar una diferencia abismal entre los cristianos y los musulmanes o entre los cristianos y los incrédulos o entre los cristianos y los demás en general. Así solemos leer la Biblia. En el fondo, la comunidad lectora tiende a entendernos como el pueblo verdadero, el remanente fiel o la continuación de la iglesia primitiva, y a otros como falsos hermanos o idólatras o simplemente los que no son, los que no pertenecen a nuestra comunidad de fe genuina. Son los que se han desviado de la pureza original de la fe o la han rechazado. Nosotros somos diferentes de ellos. ¿Cómo llegamos a interpretar la Biblia así?

Quisiera situar esta forma popular de leer la Biblia y de ubicarnos a nosotros y a los demás en la Biblia dentro de la historia del colonialismo euro-americano cristiano. Planteo que este tipo de interpretación de la Biblia mantiene una deuda importante con la mentalidad de los europeos cristianos que colonizaron los continentes americanos y de los norteamericanos que han ampliado su legado, el cual ha generado tanto desplazamiento y violencia. En breve, este patrón de interpretación bíblica se nutre de una hermenéutica colonialista.

Pero antes de lanzarme al argumento de este capítulo, quiero proponer también que esta hermenéutica colonialista de buenos y malos no se encuentra solo en la interpretación popular. La canaliza también la investigación académica o formal de la Biblia, aunque de modo más sutil. Al imaginarnos una pureza original y una pérdida del mensaje bíblico, hemos elaborado modos de estudio formal que pretenden recuperar la revelación incontaminada, supuestamente corrompida después por pueblos indoctos, tradiciones degeneradas e ignorancia popular. A través de unos métodos científicos y por tanto fiables, métodos desarrollados por europeos que se llaman "historia," "reconstrucción del contexto cultural," etc., creemos poder desposeer el significado de la Biblia de sus habitantes corruptos e ignorantes y establecer el mensaje bíblico verdadero. Pensamos que se puede desalojar el significado de los que no lo han interpretado bien, de los que no entienden la revelación con suficiente ciencia. Estos tendrán que ceñirse al conocimiento de nuestros métodos rigurosos y ser como nosotros si quieren participar plenamente de los beneficios de la revelación verdadera. Por lo tanto, propongo que una hermenéutica colonialista no es solo cuestión de cierta tendencia en la interpretación popular de la Biblia sino también un régimen de conocimiento bíblico que puede perpetuarse a través de la investigación formal de la Biblia en los centros académicos de la modernidad occidental.

LA EVOLUCIÓN DE UNA HERMENÉUTICA BÍBLICA COLONIALISTA

El colonialismo europeo y norteamericano de Latinoamérica es un hecho reconocido y debidamente reprochado a grandes rasgos. Pero la índole cristiana de esta realidad histórica, y todavía presente, recibe insuficiente atención, sobre todo entre instituciones cristianas. Es más, el rendimiento bíblico del poder colonialista, es decir, la hermenéutica bíblica concreta de su dominio, no se ha investigado en profundidad o expresado con lucidez.

Nos gustaría pensar que el cristianismo de los euro-americanos ha sido superficial, que no ha sido una fe profunda sino poco más que una tapadera de un proyecto de conquista y saqueo, que es fácil separar el colonialismo de un cristianismo verdadero y así renunciar al colonialismo. Pero esto sería un análisis poco serio. La verdad es que el colonialismo euro-americano nació de toda una cultura cristiana y que su proyecto de conquista y colonización ha estado saturado del lenguaje e instituciones de la fe con poco cinismo o doblez consciente. Al fin y al cabo, ha sido un proyecto misionero y piadoso, y sigue siéndolo hasta el día de hoy. Su ímpetu y su desarrollo no son inteligibles aparte de la fe, y la Biblia ha constituido una fuente primordial del lenguaje, formación y vida de esa fe.

Al ser un cristianismo tan adaptado y potente, está claro que la fe colonialista no dejó de transmitirse de golpe al caer en cierto desprestigio. Ha tenido una ramificación compleja y muchos cambios de nombre a lo largo de los 500 años desde la invasión euro-cristiana inicial y el establecimiento del cristianismo en los continentes americanos. Por lo tanto, una renuncia formal del colonialismo o de un cristianismo colonialista tiene muy poco peso y puede ser hasta contraproducente en ciertos contextos. Pues, se puede renunciar al cristianismo colonialista y seguir siendo cristianos muy colonialistas. Por lo tanto, tenemos que preguntarnos en qué ha consistido el cristianismo colonialista—sus estructuras concretas y sus patrones de pensamiento y discurso—para poder discernir en qué consistiría una renuncia adecuada. Podemos estar continuando el legado del cristianismo colonialista en nuestra forma de vida e imaginación cristianas actuales sin darnos cuenta y hasta por medio de nuestra renuncia formal a ese pasado pecaminoso, por lo cual es importante estudiar con paciencia la lógica y estructura del colonialismo euroamericano como un fenómeno cristiano.

Un estudio de esas características tendría que abordar el concepto violento de pueblo del cristianismo colonialista así como su mentalidad soteriológica de ganancia. Tendría que trazar la influencia de éstos en la imaginación y formación de las estructuras predominantes de política y economía en los continentes americanos: lo que es el estado-nación y la institucionalización del mercado, por ejemplo. Pero como he dicho al principio, pretendo concentrarme en la hermenéutica bíblica del colonialismo cristiano, con vista a diagnosticar y reformar nuestra forma de interpretar la Biblia como cristianos. Quiero identificar algunos de los elementos claves de la hermenéutica colonialista y señalar los patrones correspondientes de su presencia en la erudición creyente así como la interpretación bíblica popular actual pese a la piedad de ambas. Creo que esta señalización es crucial para una hermenéutica reformadora, la cual perfilaré desde mi perspectiva en la última parte del capítulo presente.

DOS ELEMENTOS DE LA HERMENÉUTICA COLONIALISTA

Parto, pues, de la siguiente pregunta: ¿Cómo leían los euro-cristianos colonialistas la Biblia de tal manera que la Biblia dio forma a su conquista y saqueo de lo que llamaron América y que alimentó un cristianismo colonizador que sigue en vigor hasta el día de hoy en diferentes formas?

Está claro que los indígenas víctimas de la misión cristiana euroamericana percibieron el poder de la Biblia en su desposesión, esclavización y destrucción, porque varias veces han hecho el esfuerzo de devolver ritualmente la Biblia a los cristianos. Uno de los primeros que lo hizo fue Atahualpa, el Inca de la región que vino a ser el Perú, quien "echó en tierra el libro donde estaban las palabras de Dios" según un cronista español, por lo que Atahualpa fue ejecutado.[1] Más recientemente otros indígenas aprovecharon la visita del papa para devolver la Biblia. Su carta dice así:

> Nosotros, indios de los Andes y de América, decidimos aprovechar la visita de Juan Pablo II para devolverle su Biblia, porque en cinco siglos no nos ha dado ni amor, ni paz, ni justicia. Por favor, tome de nuevo su Biblia y devuélvala a nuestros opresores, porque ellos necesitan sus preceptos morales más que nosotros. Porque desde la llegada de Cristóbal Colón se impuso a la América, con la fuerza, una cultura, una lengua, una religión y unos valores propios de Europa. La Biblia llegó a nosotros como parte del cambio colonial impuesto. Ella fue el arma ideológica de ese asalto colonialista. La espada española, que de día atacaba y asesinaba el cuerpo de los indios, de noche se convertía en la cruz que atacaba el alma india.[2]

Quiero destacar dos elementos clave de la hermenéutica bíblica en el cristianismo europeo colonialista, elementos que permitieron que la Biblia fuese el arma ideológica del asalto colonialista, la cual habilitó el asesinato del cuerpo indio de día y el ataque a su alma de noche. Son 1) la expropiación separatista y depuradora de la narración del pueblo israelita y 2)

---

1. Citado por Tamez, *Bajo un cielo sin estrellas: lecturas y meditaciones bíblicas*, 176.
2. Citado por Richard, "Hermenéutica Bíblica India. Revelación de Dios en las religiones indígenas y en la Biblia (Después de 500 años de dominación)," 45–46.

un marco de referencia supuestamente total, reglamentado por el pueblo conquistador.

Antes de la invasión cristiana de los continentes americanos, la cristiandad establecida ya había desheredado al remanente de Israel que no entró oficialmente en el movimiento cristiano, es decir, a los judíos y samaritanos que quedaron del pueblo israelita de antaño y no se bautizaron como cristianos. Con el tiempo la tradición cristiana dejó de entender a éstos como parte del pueblo de Dios y llegó a describir a la comunidad cristiana como "el nuevo Israel" que había sustituido al anterior por elección de Dios. Al ser el nuevo Israel, supuestamente no sufría la vulnerabilidad moral del Israel desechado, por lo cual constituyó en sí mismo no solo un pueblo independiente y discreto sino también puro y completo. Cualquier defecto se conceptualizó como desviación de una identidad inmaculada, la cual nunca dejó de ser la esencia del pueblo cristiano.

Al invadir los continentes americanos como el nuevo Israel y pueblo escogido, los euro-cristianos inscribieron a los indígenas en el guión bíblico de su misión como los cananeos idólatras de días postreros. Siendo el nuevo Israel, podían suprimir los aspectos menos favorables de la conquista bajo Moisés y Josué en la Biblia: los muchos capítulos de la narración israelita en que Israel se recuerda como un fracaso moral, y sobre todo la culminación de la narración bíblica en que Israel llega a ser un pueblo conquistado y exiliado igual que los pueblos gentiles que Israel había conquistado y exiliado siglos antes. El cristianismo colonialista no se considera Israel en ninguno de estos sentidos. Solo es Israel conquistador, y todos los demás tendrán que conformarse al dominio del pueblo escogido. El nuevo Israel no tiene nada que aprender de los indígenas sobre el Dios creador o la revelación de Cristo. Ya posee el conocimiento pleno, el cual justifica la subyugación de la población indígena al orden cristiano.

El segundo elemento que quiero destacar de la hermenéutica colonialista es un marco de referencia supuestamente total, reglamentado por el pueblo conquistador. Maneja este marco la élite, pero se entiende y presenta como inherente en la cultura del pueblo conquistador. Este elemento tiene antecedentes en la fase inicial de la colonización, pero quiero enfatizar la forma que toma a partir del siglo 18 en Europa y entre los colonos cristianos en las Américas. En esa época, las autoridades eclesiásticas habían perdido mucho prestigio, y la autoridad de la interpretación bíblica estaba trasladándose de estructuras eclesiásticas a la institución cristiana de la universidad euro-americana. Apartado del lenguaje cotidiano de comunidades cristianas y sin autoridades eclesiásticas fiables, el estudio de la Biblia buscaba nuevas bases sobre las que podía estabilizar y transmitir el significado de la palabra de Dios. La evidente incoherencia de muchas partes de la tradición cristiana indujo una forma de análisis supuestamente no cautivo a esa tradición, una forma de análisis que generó dos campos de investigación exegética: filología e historia. Se creía que estos campos conducían al origen puro del significado del testimonio bíblico. Con el tiempo, la antropología colonialista generaría también la categoría de "la cultura" para hacer puente al origen puro del significado del mensaje de la Biblia y traducirlo al presente, si no encerrarlo en el pasado.

Pero lo que es pertinente de estos nuevos campos de investigación exegética es que se introducen como modos universales de análisis. La filología, la historia y la cultura supuestamente representan realidades características de todo idioma, de todo pasado, de toda existencia humana, y los eruditos europeos que analizan casos concretos de ellas según las ciencias correspondientes creen verlas como Dios las ve. Experimentan el marco de referencia de su estudio como total, exhaustivo, completo. No son conscientes de que los términos del análisis filológico, de lo que pasa por historia, de lo que es cultura, son términos de análisis determinados por el contexto europeo. Solo ven lo que el europeo puede ver, lo que es imaginable o útil según la mentalidad que ha definido los parámetros de la investigación "científica." Por lo tanto ese marco de referencia de lo que pueden significar las palabras de la Biblia según su investigación en realidad no es total. En algunos aspectos habría que reconocer que es bastante rico y revelador. Pero en otros es pobre y oscurantista. No lo ve todo igual de bien. No lo ve *todo* de ninguna manera. Sin embargo, sus aspectos ricos y reveladores y su asociación al poder sociopolítico y económico lo han convertido en el marco de referencia supuestamente de todos, la medida de verdad y autoridad en todo contexto. Los que van a aprender lo que enseña la Biblia y discutir su significado tienen que asumir y dominar este marco de referencia cuya fuente encarnada ha sido la cultura de los pueblos europeos y colonos.

RELACIÓN A LA MIGRACIÓN, EXILIO, DESPLAZAMIENTO Y VIOLENCIA

Como el tema del libro presente es la migración, exilio, desplazamiento y violencia en las Américas y sobre todo en Colombia, quiero indicar de manera explícita algunas líneas de relación entre la hermenéutica colonialista que estoy intentando describir y estas dificultades actuales antes de perfilar una hermenéutica reformadora. Como no conozco bien la situación en Colombia, me concentraré en la índole de estas dificultades que se manifiesta desde EEUU, sobre todo en el suroeste del país, donde llegan las olas principales de inmigración de Centroamérica y otras partes de Latinoamérica.

La cuestión de argumento a estas alturas no es en primera instancia, cómo hemos de hacer frente al desplazamiento y la violencia según la Biblia, sino cómo hemos colaborado, a través de nuestro uso de la Biblia, en la propia producción de este fenómeno que es a la vez atroz y revelador.

Evidentemente estamos hablando de una influencia bíblica muy compleja que no quiero simplificar demasiado. Me limito a unos dos factores importantes. El primero es la nacionalización racista de la población. El segundo es el hambre de conocimiento universal. Con respecto a la nacionalización racista de la población, nuestra hermenéutica colonialista de la Biblia nos ha permitido definir una parte poderosa de la población como los elegidos de Dios, los nacionales de referencia—estos son los habitantes de trasfondo visual y culturalmente europeo o blanco—y a los demás como extranjeros o ciudadanos no naturales. Los demás son los habitantes de trasfondo más indígena o africano, los habitantes de color. Esta diferencia ha producido una vulnerabilidad sistémica para los ciudadanos de color, la cual es peor aún para los inmigrantes indocumentados de Centroamérica y Sudamérica. Tales cuerpos son más "matables," más explotables, menos dignos de inversión y cuidado, menos representativos del poder.

Es más, la mentalidad colonialista de ser los elegidos de Dios en EEUU, los buenos de la película, ha permitido que los nacionales de referencia hagamos caso omiso a nuestra responsabilidad por el desalojamiento de estos inmigrantes de sus tierras y su llegada a EEUU. Hacemos la vista gorda a la historia estadounidense de entrometerse con los órdenes políticos y económicos de Latinoamérica para instituir gobiernos favorables a empresas norteamericanas, a otros intereses geopolíticos de Estados Unidos (dictaduras en la mayoría de los casos) y a la resultante precariedad política y económica de sus poblaciones. Solo nos responsabilizamos por nuestras supuestas buenas intenciones y la mejoría del mundo que creemos representar, porque nos creemos el pueblo escogido y entendemos que el pueblo escogido es así—prestigioso e irreprochable. Aunque una gran parte de EEUU ya no confiesa la fe cristiana, la herencia de la hermenéutica colonialista sigue en vigor en los patrones predominantes del discurso público. Puede que el estado-nación de EEUU haya dejado de ser el pueblo misionero del evangelio, pero sigue siendo el misionero de la democracia, la civilización, la libertad que es una economía de mercado, etc. Lo que no se puede recoger en esta narración nacional "misiológica," triunfalista y fantástica, no se puede recordar. No existe. Resulta una mentira que se puede mantener solo a base de violencia.

El segundo factor que quiero destacar, otra forma en que una hermenéutica bíblica colonialista ha fomentado el desplazamiento y la violencia, es la búsqueda de conocimiento universal. Como he dicho anteriormente, el monopolio de las autoridades eclesiásticas corruptibles de la cristiandad y el correspondiente monopolio tradicional del testimonio de la Biblia indujeron la búsqueda de autoridades más fiables, más auténticas, más universales. La frustrante fragmentación de la cristiandad y del testimonio bíblico es la otra cara de esta misma moneda, y ha intensificado esta búsqueda. El hambre moderna de la universalidad o la totalidad, bien sea de la revelación bíblica de Dios o del orden político económico, nos ha llevado a ignorar que nuestro marco de referencia tiene límites. Tanta hambre tenemos de abarcarlo todo que no nos podemos imaginar que hay algo más allá de ese marco o que nuestro marco puede distorsionar lo que hay bajo nuestras narices. Todo lo que hay se tiene que conformar a los términos de nuestro marco de referencia, o no existe. El resultado es la invisibilidad de mucha gente, de mucha vida, y la ignorancia de mucha historia y de mucha tragedia. Lo intentamos traducir todo a nuestra moneda, como quien dice, por lo cual muchas comunidades humanas y tierras y animales y plantas no son misterios a respetar y conocer y tratar con cuidado sino posibles recursos para nuestros proyectos. O peor aún, no son nada y son desechables.

Así es como una hermenéutica colonialista que codicia la universalidad o totalidad fomenta toda una cultura capaz de una violencia que es tan horrorosa como es inconsciente. A través de sus sistemas políticos y económicos provoca desplazamientos a escala masiva y solo puede interpretar a los inmigrantes desalojados como una molestia o amenaza, si es que los ve de alguna manera. Su marco de referencia no llega a más. Pero como su marco de referencia no conoce límites, como cree que la revelación bíblica del Dios único es su herencia y posesión, cree verlo todo y por tanto ve poco. La Biblia tendría que inspirar más humildad, más apertura. ¿Cómo podría hacerlo?

PERFIL DE UNA HERMENÉUTICA REFORMADORA

Ante el legado de una hermenéutica colonialista, una reforma tendrá que evitar ciertos patrones de interpretación. Tendrá que subvertirlos y promover otros que han aprendido de sus errores. Respecto al primer elemento de la expropiación separatista y depuradora de la narración del pueblo israelita, habrá que abrazar toda la historia bíblica del pueblo de Dios en su ambigüedad moral, no solo una parte triunfalista. No somos los buenos de la película sino parte de un pueblo (moralmente) mestizo y diverso, lleno de tragedia y esperanza y nutrido del aprendizaje de este drama en lugar de un ideal puro de nosotros mismos. Ser pueblo elegido significa ser pueblo siervo, pueblo que comparte el dolor de los demás pueblos y no pretende encarnar la solución aparte de esa vida compartida, de esa convivencia de aprendizaje mutuo. Esta visión de pueblo no puede consentir una nacionalización que condene a personas de cierto trasfondo o ciertas características desfavorecidas a los márgenes de la sociedad. Insiste en la solidaridad con los desprestigiados en favor de una comunión justa y sana para todos los habitantes del planeta. No niega la diferencia entre la justicia y la injusticia, pero reconoce que esa diferencia pasa por en medio de Jesucristo, él que fue justo por medio de solidarizarse con los injustos. Por tanto, una hermenéutica bíblica reformadora no busca apartarse de los menospreciados por la sociedad para pasar por bueno y mejorar su propia posición. Busca la unión cristológica con los menospreciados para asumir su parte entre los malos y mejorar la posición de todos.

En cuanto a la investigación académica de la Biblia, es hora de renunciar a la universalidad de nuestro marco de referencia. Nuestro estudio de la historia no capta todo el pasado. Tiene que permitir que el pasado transforme lo que pasa por historia. Nuestro estudio de gramática o los campos semánticos de palabras en griego o hebreo o arameo no penetra al grano de toda frase de la Biblia. Las frases y el uso de las palabras y las muchas otras fuentes de nuestro crecimiento como comunidades y personas a veces tienen que poder transformar lo que pasan por normas de gramática y semántica. Nuestro estudio de la cultura no lo puede ver todo de toda cultura constatada y transmitida en la Biblia o de otras culturas. El encuentro con lo que entendemos por diferencia cultural puede transformar lo que pasa por cultura entre los que la estudiamos para entender la Biblia mejor. En fin, si nuestro marco de referencia no es total sino parcial, si no siempre crece sino también disminuye, nuestro estudio tiene que poder conducirnos a sorpresas, a encuentros imprevistos, a la transformación de nuestras categorías de análisis y de nosotros mismos. Nosotros no somos siempre los iluminados que estudian a los bárbaros del pasado. Los antepasados que estudiamos pueden descubrir nuestra barbarie.

Como nuestro marco de referencia académico no es total, nuestro estudio formal de la Biblia precisa a compañeros, no solo compañeros de nuestro campo de investigación o de nuestro lugar y época sino también compañeros de otras partes y de otros momentos y también de otras comunidades muy diferentes a la nuestra. Esenciales compañeros son los que viven según las palabras que estudiamos y no solo las estudian como piezas de un museo, compañeros de la comunidad de la iglesia. Compañeros de estas características y otras pueden revelar la parcialidad de nuestro marco de referencia y ayudarnos a leer la Biblia con más humildad, más percepción, más hospitalidad. Y si leemos la Biblia así, quizá podemos fomentar un mundo de menos marginación y violencia y de más comunicación y paz.

Capítulo 9

Teología y distopía
En busca de una iglesia des-victimizante en las Américas

por Oscar García-Johnson, PhD.

CUANDO LA TEÓLOGA CUBANA americana Ada María Isasi-Díaz reflexionaba sobre su tierra natal, La Habana, se refería a una ciudad "que la habitaba a ella" a pesar del hecho que ella vivía en tierra norteamericana.[1] Esta paradoja existencial, más allá de parecer un síntoma de inadaptación cultural, representa para el sujeto desplazado de la diáspora un espacio de reflexión geográfico, histórico y aun teológico. En dicho espacio el teólogo/a que vive como diáspora vive también como ciudadano/a de las Américas, de su tierra natal que lo/la habita, de su continente que lo hace pensar, sentir, orar, actuar y escribir a pesar de no vivir literalmente ahí. En un sentido muy puntual, el teólogo/a de la diáspora latina vive el desplazamiento a muchos niveles. Vive como un desplazado en exilio externo (en relación a su tierra natal) e interno (en relación a la tierra donde mora que no lo acoge como nativo)."[2] A través de su propia biografía migratoria Isasi-Díaz

---

1. Ada María Isasi-Díaz, "La Habana: The City that Inhabits Me" in *Spirit in the Cities: Searching for Soul in the Urban Landscape*. Ed. Kathyrn Tanner (Minneapolis, MN: Fortress Press, 2004).

2. Esta descripción del sujeto migrante la analiza atinadamente Saldívar bajo la

lo describe bien: "Uso el término 'desplazado' no como una categoría sino como un 'descriptivo de la realidad de donde parto' (heuristic device) para describir cómo las hispanas/latinas son desplazadas de sus culturas/países de origen y a su vez de lo que es normativo en los Estados Unidos."[3] En esta condición de desplazados, asegura Ada María Isasi-Díaz, los teólogos vivimos llenos de memorias peligrosas (dangerous memories) que nos ayudan a no olvidar nuestras raíces y no repetir los crímenes del pasado.[4] Comparto este guión biográfico de desplazamiento y múltiples exilios con millones. Yo, a diferencia de Isasi-Díaz, parto de la república banana. Pero al igual que ella confieso que tal realidad me habita al hacer teología y ministerio. A continuación usaré la metáfora 'república banana' para elaborar una narrativa "desvictimizante" e imaginar una iglesia en el sur global americano cuya función profética y pastoral asuma la "desvictimización" en su pensamiento y misión.

LA TIERRA DEL BANANO

Soy de la tierra del banano. Vientre húmedo, fértil y verde en la cintura de las Américas. Cuna de "Palmas y Reyes," como la retrata el novelista norteamericano O. Henry a fines del siglo XIX.[5] Este retrato vestiría de fama, fortuna y tragedia el destino de la naciente república hondureña que yacía disimulada en las planicies del antiguo Anáhuac. Honduras puede ser considerada la quintaesencia del concepto *república banana*. Tierra bella pero ensimismada en sus agraciadas costas, que nunca osó en alzar sus atlánticos ojos por encima del horizonte impostor que cautivó su voluntad, como lo relataría el puño de su insolente cronista,

> Tomada y retomada por ladrones de la mar, por las potencias adversas y por la revuelta brusca de las facciones rebeldes, las históricas 300 millas de costa de aventuras apenas ha conocido por cientos de años a quien con razón llama su amo. Pizarro,

---

lente de "migratory locations," véase José David Saldívar, *Trans-Americanity: Subaltern Modernities, Global Coloniality, and the Cultures of Greater Mexico*, New Americanists (Durham: Duke University Press, 2012), 31–56.

3. Isasi-Díaz, "La Habana: The City that Inhabits Me," 103.
4. Ibid., 105, 106
5. Título de la novela que acuñaría el nombre "banana republic" a Honduras. Luego dicho nombre sería usado como etiqueta distintiva en referencia a los países latinoamericanos productores de banana. Véase O. Henry, Cabbages and Kings, (Digireads.com, 2011).

Balboa, Sir Francis Drake y Bolívar hicieron lo que pudieron para hacerla una parte de la cristiandad. . . .[6]

Con pulso profético, esta corta novela de O. Henry anticipa las décadas venideras de dependencia económica que hasta el día de hoy impera en la nación hondureña. Sin embargo este escenario de ninguna manera se agota en Honduras. La historia de dependencia cultural, económica y política que ella manifestó se extiende a lo largo y ancho de las Américas.[7]

NUEVAS UTOPÍAS EN NUESTRA AMÉRICA

La franja latinoamericana a fines del siglo XIX acarreaba tiempos complejos. El horizonte económico era utópico, por lo tanto, abrirse a propuestas nuevas de desarrollo económico para mitigar el peso histórico de trescientos años de yugo colonial español, era en parte un intento justificable por parte de las élites latinoamericanas en el poder de las naciones recién independizadas.

6. Ibid. Loc. 173.

7. Uso el término "las Américas" para referirme a un *latinoamericanismo* "territorializado" que busca un arraigo en desarraigo. *Las Américas* en su sentido cultural subsume tanto una memoria histórica como los procesos continuos de negociación de identidad territorial en múltiples espacios (como el lenguaje, costumbre y prácticas, narrativas nacionales y transnacionales) dentro y "más allá" de las delimitaciones geopolíticas tradicionales conocidas como "América Latina." En nuestro documento usaré libremente este término para significar: América Latina geopolíticamente entendida, los espacios ocupados (diásporas) por latinos/as estadounidenses, canadienses, europeos, africanos, asiáticos y medo-orientales. Cuando me refiera a "Latinoamérica" estaré aludiendo exclusivamente a la América Latina geopolítica. Cuando use el término "latino/a" me estaré refiriendo particularmente a los latinos/as estadounidenses pero no de forma desvinculada de sus raíces latinoamericanas. Se entiende que cualquier término que usemos para representar a "las Américas" conlleva una ideología y un proyecto histórico. Recordemos que los primeros nombres dados a nuestro continente por los conquistadores aludían a las *Indias Occidentales*. El "nuevo mundo" vino luego. De acuerdo a Mignolo, "Latin America could have only been conceived in the second phase of modernity, when the concept of 'latinidad' became necessary to assert a southern, Catholic, and Latin identity in contra-distinction to a northern, Protestant, and Anglo-Saxon one." Véase el comentario de Mignolo en José de Acosta, *Natural and Moral History of the Indies*, trans. Frances López-Morillas (Durham, NC: Duke University Press, 2002), 451. Teológica y culturalmente hablando, hace sentido hablar de "las Américas" pensando en una realidad poli-céntrica, "pluriforme," multicultural, mestiza, polivalente, y trans-nacional que no niega las expresiones indígenas en ningún momento. Aníbal Quijano nos recuerda que en la lógica autóctona de nuestro continente "La identidad latinoamericana, que no puede ser definida en términos ontológicos, es una compleja historia de producción de nuevos sentidos históricos, que parten de legítimas y múltiples herencias de racionalidad. Es, pues, una Utopía de asociación nueva entre razón y liberación." Véase Quijano, *Modernidad, Identidad Y Utopía En América Latina* (Lima, Perú: Sociedad y Política, 1988), 61.

Varios de nuestros antecesores prácticamente regalaron nuestros recursos naturales y laborales por medio de las concesiones nacionales cedidas a los monopolios nacientes de América [británica] del Norte. Esto no ocurrió sin las protestas de algunos intelectuales precoces de nuestro continente. Uno de ellos fue el poeta, escritor y apóstol de la revolución cubana, José Martí, quien nos dejó el legado de "Nuestra América."

El ensayo "Nuestra América" fue compuesto por Martí en Nueva York en el año 1891. Se considera "la piedra angular del pensamiento adulto" martiniano porque "integra su posición teórica de las relaciones hemisféricas" del continente con los "debates culturales" de su tiempo.[8] Martí nos interesa en esta narrativa, *tierra del banano*, porque él se encuentra viviendo en un tiempo de coyuntura histórica cuando se está dando una superposición de poderes imperiales en Latinoamérica, del imperialismo ibérico al británico y francés.[9] En esta coyuntura histórica se le hizo difícil a la gran mayoría de pensadores latinoamericanos discernir las motivaciones del "gigante de siete leguas," como le llamaba Martí a Los Estados Unidos. La dificultad de reaccionar ante la astucia de los nuevos poderes imperiales reside en lo siguiente: (1) la presencia de monopolios británico-estadounidenses aparece con "signos de mejoramiento material que deslumbran a legiones de ingenuos e indocumentados" — cita que nos ofrece el comentarista martiniano Juan Marinello en referencia a las élites criollas en poder de nuestros gobiernos latinoamericanos de aquella época.[10] (2) No hay aún un canon crítico y una visión económica sólida que anticipe y coteje las problemáticas que engendrarán los monopolios extranjeros en las Américas. (3) Dada la larga historia de lucha entablada entre las bases independentistas del caudillismo local con la abrumadora hegemonía colonial sobre Latinoamérica, el pensamiento crítico en las Américas se encuentra en esos momentos interrumpido por un retraso ideológico que le impide reaccionar política e ideológicamente a las ofertas de progreso económico y cultural ofrecidas por la visión expansiva de Norteamérica. (4) La doctrina étnico-cultural imperante en el continente continuaba presa de la supremacía racial blanca, perpetuándose así lo que mantuvo subestimada a las castas populares, indígenas y negras en las Américas. (5) Hay que reconocer que había una élite ilustrada dominante de latinoamericanos (neo-patricios, europeizantes, "yankizados") en control de las estructuras de poder político, económico y educativo cuya mentalidad favorecía a la exaltación de "los ciudadanos

---

8. Jeffrey Grant Belnap and Raul A. Fernandez, eds., *Jose Marti's "Our America": From National to Hemispheric Cultural Studies*, 1–23.

9. Walter D. Mignolo, "Postcolonialismo: El Argumento Desde América Latina," http://ensayo.rom.uga.edu/critica/teoria/castro/.

10. José Martí et al., *Nuestra América*, xii.

de piel blanca . . . portadores de los tesoros de la civilización y la cultura."[11]
(6) Por último, la incursión del Protestantismo en Latinoamérica añadirá tejido occidental en un sentido ideológico y cultural. Este hecho acabará por perpetuar las ideologías y sentimientos de dependencia imperial que acarreaban las Américas desde su nacimiento como un proyecto colonial europeo. Además, el protestantismo vitalizará el proceso de desprendimiento político-religioso del imperio ibérico, lamentablemente, facilitando la superposición de un nuevo imperio, el estadounidense. Este escenario tomará formas concretas en casos muy particulares como el de Honduras y otras *repúblicas bananas*, con claras incidencias en los procesos migratorios, de desplazamiento y exilio.

REPÚBLICA BANANA

La *República Banana* es una narrativa que ilustra los seis factores antes mencionados y apunta al proceso de reconquista y recolonización de Honduras en particular y de Latinoamérica en general, en épocas de la posindependencia. Tierra, pueblo y gobierno caerán cautivos de una nueva prisión cultural, política y económica. El novelista hondureño Ramón Amaya Amador describirá esta prisión a través de una provocativa novela titulada *Prisión Verde*. En sus páginas, Amaya Amador, describirá el violento proceso de explotación laboral y apropiación territorial de la industria bananera norteamericana en la tierra catracha. A continuación apreciamos una pequeña muestra:

> Y entre esa miscelánea de braceros y bananos, de sol y plaga, de sudor y máquinas, de criques y malaria, se percibía el grito altanero de los capataces, el silbido de los guipes y el supremo poder de la jerigonza gringa, con ensoberbecida altivez . . . Así, todo el día, el agotador laboreo de los campeños (braseros) era suspendido hasta el anochecer, cuando, con las piernas temblorosas de cansancio, salían de la prisión verde de los bananales para incrustarse en la prisión magra de los barracones sin alma.[12]

Yo crecí en esta *tierra del banano*, aparentemente, fuera de esta prisión verde, de Amaya Amador. Mi padre trabajaba para La United Fruit Company, más tarde conocida como La Chiquita Banana. Por ser un empleado de confianza recibió una serie de privilegios: buena vivienda, la opción de servidumbre y el buen estatus. Todos estos privilegios marcaban un contraste a la pobreza

11. Ibid.
12. Ramón Amaya Amador, *Prisión Verde*, 66.

hondureña. Vivíamos a las orillas de esa periferia de pobreza, maltrato y mal vivir descrita por Amaya Amador con la metáfora "prisión verde." Las hectáreas de poder y privilegio que conformaban la colonia de los funcionarios de "La Compañía" (cómo le solíamos llamar) tenía un nombre muy singular y distintivo: "La Zona Americana." Por "americana" se entendía "norteamericana." Su nombre estaba bien colocado por los locales. Aquellas hectáreas de status y privilegio distribuidas en las regiones principales donde La Compañía operaba, se distinguían por sus grandiosas viviendas que asemejaban la Costa Este estadounidense de clase media-alta. El estilo de vida en general dentro de esta zona exhibía las holguras posibles en los Estados Unidos de América.

La Compañía era una de las dos transnacionales que controlaron la economía nacional por varias décadas. Para el año 1920, La United Fruit Company era dueña de más de 650,000 acres del territorio más fértil de la costa atlántica del país. En la primera mitad del siglo pasado, La Compañía junto con otra compañía transnacional controlaba el 80% de la exportación nacional y controlaba vías férreas, puertos y personalidades políticas claves. No era de extrañarse entonces que La Zona Americana emitiera una areola de progreso en medio de las penumbras de pobreza nacional —proyectando la idea de lo sagrado y lo paradisíaco en la imaginación popular. Me parece que había hasta un sentido mítico en relación a La Compañía en Honduras. Su autoconcepción como un ícono nacional que ejemplificaba la buena vida y el progreso económico del ciudadano moderno quedó muy plasmada en la psiquis hondureña. La Zona Americana y su cultura anglófona siempre inspiraron ilusión y envidia en sus observadores. Unos deseaban trabajar para La Compañía y llegar a vivir un día en La Zona Americana. Otros simplemente deseaban su desaparición. Esto no es de sorprenderse porque, como lo describe Amaya Amador, la vida en las plantaciones bananeras contrastaba drásticamente con la vida de comodidad, aristocracia y privilegio que acontecía en La Zona Americana. En las plantaciones de banano, hectáreas donde, según Amaya Amador, el sol sí calaba, y "la plaga, el sudor, las máquinas, los criques, la malaria y la vida en los barracones sin alma" cobraban vidas, constituían las penumbras y el lado más oscuro de la Zona Americana.

Aquí se ilustra cómo el gran peso de la memoria colonial europea incide nuevamente sobre la psiquis latinoamericana. En otras palabras, la reconquista cultural, económica, política y religiosa de Latinoamérica se da a partir de la luz del progreso que emana en el horizonte latinoamericano por medio de los monopolios extranjeros que se establecen en varios países, como Honduras. Para que estos monopolios progresen, sin embargo, es necesaria la gestación de periferias de pobreza que viven en las penumbras

Teología y distopía

del progreso y la historia.[13] Amaya Amador le llama a estas penumbras, prisión verde. Pero no será el único pensador latinoamericano que registra una protesta nacional en contra de las trasnacionales bananeras. En la franja bananera de las Américas varios pensadores latinoamericanos alzarán su voz, junto con Amaya Amador, para describir y protestar en contra de sus propias prisiones verdes. Comenzando por Colombia, el ilustrísimo y recién finado novelista colombiano Gabriel García Márquez compone su obra *Hojarasca* con tonos semejantes a Amaya Amador:

> De pronto, como si un remolino hubiera echado raíces en el centro del pueblo, llegó la compañía bananera perseguida por la hojarasca. Era una hojarasca revuelta, alborotada, formada por los desperdicios humanos y materiales de los otros pueblos; rastrojos de una guerra civil que cada vez parecía más remota e inverosímil. La hojarasca era implacable. Todo lo contaminaba de su revuelto olor multitudinario, olor de secreción a flor de piel y de recóndita muerte.[14]

Otro ejemplo, más jocoso e irónico, nos lo ofrece el poeta chileno Pablo Neruda, quien compone un infame poema en alusión a la citada United Fruit Company:

> Cuando sonó la trompeta, estuvo
> todo preparado en la tierra,
> y Jehová repartió el mundo
> a Coca-Cola Inc., Anaconda,
> Ford Motors, y otras entidades:
> la Compañía Frutera Inc.
> se reservó lo más jugoso,
> la costa central de mi tierra,
> la dulce cintura de América.
>
> Bautizó de nuevo sus tierras
> como "Repúblicas Bananas,"
> y sobre los muertos dormidos,
> sobre los héroes inquietos
> que conquistaron la grandeza,
> la libertad y las banderas,
> estableció la ópera bufa:

---

13. Esta misma lógica de luz-penumbra ha sido estudiada y explicada como centro-periferia, primero en la teoría de dependencia latinoamericana y luego en la teoría sistema-mundo. Véase, Enrique D. Dussel, "World-System and "Trans-Modernity," " *Nepantla: Views from the South* 3, no. 2 (2002).

14. Véase García Márquez, *Hojarascas*, prólogo.

> enajenó los albedríos
> regaló coronas de César,
> desenvainó la envidia, atrajo
> la dictadora de las moscas,
> moscas Trujillos, moscas Tachos,
> moscas Carías, moscas Martínez,
> moscas Ubico, moscas húmedas
> de sangre humilde y mermelada,
> moscas borrachas que zumban
> sobre las tumbas populares,
> moscas de circo, sabias moscas
> entendidas en tiranía.
>
> Mientras tanto, por los abismos
> azucarados de los puertos,
> caían indios sepultados
> en el vapor de la mañana:
> un cuerpo rueda, una cosa
> sin nombre, un número caído,
> un racimo de fruta muerta
> derramada en *el pudridero*.[15]

Me tocó vivir también cerca del "pudridero." Mi abuela materna vivió en las vecindades de las plantaciones bananeras, justo ahí donde mejor se contemplaba el suspirar de la prisión verde. Por razones de las varias ocupaciones de mis padres yo era enviado a estar con ella por períodos de dos a tres meses por año. Detestaba tal lugar. Añoraba la Zona Americana. Por prestar letras de Neruda yo viví: entre "lo más jugoso" de mi tierra (la zona americana) y "el pudridero" (la prisión verde).

"DISTOPÍA": MUERTE O EXILIO

Cuando emigré a EEUU fue algo natural para mí porque venía siguiendo un mito dentro del que había vivido sumido un tercio de mi vida. El mito se basaba en la creencia que la cultura angloamericana/europea representaba "lo más jugoso," la tierra prometida. Emigrar para mí significaba buscar nuevamente "la Zona Americana." Ese paraíso cultural y económico en Honduras —representado por la Zona Americana y la Chiquita Banana —se había ido y retornado a EEUU. Entre los años 1970s y 1990s, el paso de diversos huracanes afectó significativamente la producción bananera en Honduras,

---

15. Pablo Neruda and Ben Belitt, *Pablo Neruda: Five Decades, a Selection (Poems, 1925–1970)*, 78–80.

dañando las plantaciones y esparciendo el hongo Sigatoka Negra. Por consiguiente, la mayor parte de las operaciones transnacionales de La Chiquita Banana empezaron a salir del país, dejando miles de hectáreas de tierra y miles de familias costeñas en ruinas, desempleadas y más pobres que nunca.

La Compañía abandonó Honduras para regresar a su casa, pero aquellos que se quedaron en casa permanecieron presos en las memorias de la prisión verde bananera. Como consecuencia, la vida de miles de familias hondureñas oriundas del litoral atlántico se tornó intolerable, con "olor a secreción de flor de piel y de recóndita muerte," por citar a García Márquez. Así, una gran población hondureña se enfrentó a la cruda realidad de tener que escoger entre el exilio o la muerte. Muchos prefirieron el exilio que la muerte, como era de esperarse. Éstos decidieron seguir el *rastro del patrón ido* y embarcarse en el peligroso viaje hacia el Norte.

Este caso ejemplifica muy bien el argumento de Juan González en su libro *Harvest of Empire: A History of Latinos in America*, el cual muestra cómo las grandes olas de inmigrantes que se dieron en décadas recientes pueden ser concebidas como una cosecha del imperio.[16] Esta cosecha representa el vástago de las maniobras imperiales de compañías norteamericanas, tales como The United Fruit Company, para manipular la economía, geografía y política de un grupo selecto de naciones latinoamericanas para el beneficio de sus propias operaciones transnacionales y multinacionales. Muchos inmigrantes —la cosecha del imperio— vienen a los Estados Unidos, sugiere González, por las mismas vías construidas por la maquinaria político-económica anglo-americana. Mis padres formaron parte de esta cosecha.

TEÓLOGO DE LA REPÚBLICA BANANA

Soy un teólogo de la república banana. Tierra, pueblo e identidad entrelazan en mí utopías y "distopías." Utopía es un futuro imaginado, deseado, ordenado, emancipado. "Distopía" es ese proyecto colapsado por fuerzas y circunstancias indomables. En mi historia, y la de muchos latinoamericanos, abundan la utopía y "distopía." Tal descubrimiento se hace más evidente cuando uno emigra y se da cuenta de la importancia de la tierra, el pueblo, la historia y la identidad. Por ello, la identificación *teólogo de la república banana* se exterioriza a partir de mi condición de exilio cultural. En tal condición una pregunta generativa se ha hecho ineludible. A la cual debe dársele respuesta porque ya no se puede pensar, ni vivir, ni ministrar de la misma manera que lo haría alguien que no tiene conciencia

---

16. Juan González, *Harvest of Empire : A History of Latinos in America*.

de la circunstancia neocolonial en la que se vive como latinoamericano/latino. ¿De dónde he de partir en mi reflexión teológica y práctica pastoral? ¿Sobre qué base u horizonte han de situarse mis presupuestos ideológicos, económicos, sociales, culturales y ministeriales al hacer teología y ministerio cristiano? ¿Debo partir del *locus de* privilegio conservador representado por la "Zona Americana," o del *locus* de marginalidad e insurrección representado por la "prisión verde"?

Ambos horizontes se encuentran arraigados y entretejidos en la historia de las Américas. Por un lado tenemos las utopías de conquista y dominación occidental de corte conservador y bélico sobre nuestro continente. Por el otro, tenemos las utopías de resistencia continental que han tejido sus valores en el imaginario paraíso socialista y equitativo.[17] Para un teólogo de la república banana como yo, estas dos visiones son inaceptables, no solo porque arrastran violencia, desplazamientos y exilios, sino porque cierran el horizonte. Un horizonte cerrado es un horizonte construido por una cultura de desesperanza gestada en América Latina por poderes enajenantes.[18] Marcelo Colussi, en su artículo "Centroamérica después de la Guerra Fría," lo expresa concretamente: "La guerra nuclear de los misiles soviéticos y estadounidenses que nunca llegaron a dispararse se libró, entre otras formas, a través de las guerras de guerrillas y las tácticas contrainsurgentes en las montañas de Centroamérica. Los muertos, claro está, [no fueron ni estadounidenses ni soviéticos] fueron centroamericanos."[19] Consciente de tal realidad se me hace difícil aceptar ambos horizontes (uno de derecha y otro de izquierda) como las únicas opciones viables para el supuesto desarrollo de nuestros pueblos y como las vías por las cuales ha de expresarse el evangelio del reino de Dios. Pero más allá de mi propia conciencia histórica, está un asunto aún más crítico. Este asunto es que ambas visiones de salvación histórica requieren el préstamo ideológico europeo para fundamentar la explotación o la liberación, la emancipación de los pocos o la supuesta liberación de los muchos. Estas dos vías han sido siempre coloreadas con pinceles extranjeros en el cuadro de las utopías y "distopías" latinoamericanas.

Todo lo anterior ha redundado en un déficit latinoamericano de: un desarrollo del conocimiento propio, una geopolítica verdaderamente autónoma, unos recursos naturales disponibles al país y la región, una economía sostenible y de mercado auténticamente libre y la libertad de producir experimentos propios no-occidentalizantes que hagan posible la re-invención de las narrativas nacionales y continentales de las Américas. Estas

---

17. Michael D. Gordin, Helen Tilley, and Gyan Prakash, *Utopia and Dystopia*.
18. Elsa Tamez, *Cuando Los Horizontes Se Cierran*.
19. Marcelo Colussi, "Centroamérica Después De La Guerra Fría," 1201.

distopías han redundado en un déficit para las Américas, sus culturas y su tejido religioso. La prosa americanista de José Martí en Nuestra América nos hace hoy más eco que nunca:

> el buen gobernante en América no es el que sabe cómo se gobierna el alemán o el francés, sino el que sabe con qué elementos está hecho su país, y cómo puede ir guiándolos en junto, para llegar, por métodos e instituciones nacidas del país mismo, a aquel estado apetecible donde cada hombre se conoce y ejerce, y disfrutan todos de la abundancia que la Naturaleza puso para todos en el pueblo que fecundan con su trabajo y defienden con sus vidas.[20]

En resumen, la violencia generada por los mitos colonialistas y utópicos ha generado un desencanto en la imaginación teo-política de las Américas que sabe a "distopía." "'Distopía' no es meramente lo contrario a la utopía."[21] Repetimos, la "distopía" es la utopía fracasada y colapsada. A través de la "distopía" vemos crudamente y amplificados los fracasos de nuestros supuestos esfuerzos liberadores (si nos consideramos progresistas) o el argumento que justifica los modelos de dominación totalitaria que requieren de desigualdades económicas, clases, y marginalidad para el supuesto desarrollo (si nos consideramos conservadores). La "distopía" constituye la proyección de la realidad como pesadía y apocalipsis; realidad compuesta de violencia, desplazamiento, migración, exilio, desforestación, deshumanización. La "distopía" es una fotografía de las periferias de pobreza y del desplazamiento en nuestras urbes globalizadas latinoamericanas; de los callejones traseros de las urbes estadounidenses y europeas donde los inmigrantes no-autorizados y las minorías de color forjan sus vidas acostumbradas al maltrato y la discriminación. La utopía es un futuro imaginado, deseado, ordenado, emancipado. La "distopía" es ese proyecto colapsado por fuerzas y circunstancias indomables.

EL QUEHACER TEOLÓGICO MÁS ALLÁ DE LA UTOPÍA Y "DISTOPÍA"

Un teólogo de la república banana bregará con dos fuerzas que confluyen entre sí y le dan su nombre e identidad: la utopía conservadora, generadora de "lo más jugoso" a costa del "pudridero," y la utopía liberadora y

---

20. Martí et al., *Nuestra América*, 33.

21. Véase Gordin, Tilley, and Prakash, *Utopia and Dystopia: Conditions of Historical Possibility.*, 1.

subversiva que resiste ambas realidades pero las necesita para que su discurso sea válido. He aquí el gran problema de la lógica colonial y la retórica de la modernidad.[22] Ambas, opresión y lucha, deben coexistir dialécticamente mientras sus víctimas fallecen. El teólogo cuyo oficio es creer críticamente debe buscar siempre ir más allá de la aparente salvación. Por ello debe buscar ir más allá del "más allá" fundamentalista y del "sin más allá" liberal. Debe buscar ir más allá de lo *ya dicho y hecho* en Europa y Norteamérica, como si lo ortodoxo y canónico fuese un producto prefabricado de la historia europea que no admite contribuciones. El teólogo, bajo las condiciones que hemos mencionado, debe siempre ir más allá pero debe hacerlo desde la fe revelada en su propio contexto. Fe encarnatoria y fe creadora de historias. Debe hacerlo caminando con el pueblo. Debe hacerlo imaginando su mundo y su historia hecha de nuevo. Y debe hacerlo en conjunto por medio de ideas, prácticas y experimentos misionales, arraigándose en su contexto y abierto a diálogos y cotejamientos por parte de otros contextos similares. Esto es su vocación y su responsabilidad. Es la gracia dada a todas aquellas personas que buscan discernir y vivir el aquí-y-ahora del reino de Dios en medio de las Américas (Lc 17.20).

22. La lógica de la colonialidad se aprecia bien en la articulación del pensamiento de Aníbal Quijano por Walter Mignolo. Se plantea una crítica al poder colonial que basado en una matriz multidimensional busca el control de la economía, recursos naturales , autoridad, género y sexualidad, conocimiento y subjetividad. Véase, Walter D. Mignolo, *Desobediencia Epistémica: Retórica De La Modernidad, Lógica De La Colonialidad Y Gramática De La Descolonización* (Argentina: Ediciones del Signo, 2010). 9–17. La retórica de la modernidad se refiere al mito concebido por pensadores influyentes del Occidente que entendieron la modernidad como fenómeno occidental independiente y autónomo del resto del mundo, el cual debido a su singularidad en la historia humana posicionaba a Europa (y luego EEUU) muy por encima del resto del mundo. Enrique Dussel , sobre todo, pero también Quijano y Mignolo han examinado la genealogía de la modernidad misma y llegan a la conclusión antes descrita. Sin embargo, debería ser obvio, advierte Dussel, que si Europa fue considerada el centro, las colonias de América entonces debían ser tomadas como las periferias, pues no existe centro sin una periferia. La periferia es una parte constitutiva del centro. Y, sin embargo las colonias nunca han sido vistas como parte de la modernidad; se les ha mantenido como factores invisibles y anónimos en la auto-comprensión y auto-constitución de Europa. América Latina es, por lo tanto, una parte determinante en la realización de la modernidad temprana de Europa. Mignolo llama a la narrativa colonial que in-visibiliza a las Américas en los procesos de desarrollo europeo "el lado más oscuro del Renacimiento." Dussel por su parte critica la lógica cartesiana (cogito ergo sum = pienso luego existo) suscribiéndola a una lógica colonial: "ego conquiro, ego cogito" (conquisto luego pienso). En conclusión, sin la conquista de las Américas y la lógica del colonialismo, no existiría la Ilustración, la modernidad y Europa tal como las conocemos. Esto se desarrolla finamente en Walter D. Mignolo, "Desvinculación: La retórica de la modernidad, la lógica de la colonialidad y la Gramática de De- colonialidad," Estudios Culturales 21 , no. 2 (2007), http://waltermignolo.com/wp-content/uploads/2013/03/WMignolo_Delinking.pdf .

Los oficios que hemos planteado llevarán al teólogo, al pastor, al discípulo de fe crítica a una visión de reinado de Dios encarnada en una historia y en un mundo particular y concreto: su propio mundo entrelazado a otros mundos, y su propia historia entrelazada a otras historias. Pero siempre siendo suyas. Ya no cabe más la concepción de dos historias y dos mundos, so pena de seguir predeterminados por una historia universal proyectada desde Europa y Norteamérica.[23] La visión del reino de Dios encarnado en la única historia que conocemos —nuestra América global— implica una visión "teotópica," no utópica en el sentido occidental.[24]

La "teotopía" es la visión de un horizonte abierto por Dios a aquellos/as que viven en un horizonte cerrado—cerrado por la negación de su historia, conocimiento e identidad y por toda capacidad propia de valerse de sus recursos naturales y humanos. En el caso de nuestra América, el filósofo y político mexicano José Vasconcelos evoca algunos de estos puntos:

> Nosotros nos hemos educado bajo la influencia humillante de una filosofía ideada por nuestros enemigos, si se quiere de una manera sincera, pero con el propósito de exaltar sus propios fines y anular los nuestros. De esta suerte nosotros mismos hemos llegado a creer en la inferioridad del mestizo, en la irredención

---

23. Aquí aludimos a la atinada crítica de los teólogos latinoamericanos de la liberación a las hermenéuticas históricas europeas tradicionales que abogaban por dos historias y dos mundos, y por lo tanto, por dos lugares de salvación. Véase Samuel Silva Gotay, *El Pensamiento Cristiano Revolucionario En América Latina Y El Caribe: Implicaciones De La Teología De La Liberación Para La Sociología De La Religión*, Tercera ed. (VA: Ediciones Huracán, 1989), basado en su tésis doctoral en la UNAM., 97–136.

24. Para llegar a tal visión "teotópica" el teólogo se alimenta bíblicamente, por ejemplo, de la imagen de un Abraham cuya vida de migrante y peregrino le llevó a la búsqueda de una tierra prometida donde todas las familias de la tierra debieran ser bendecidas (Gen 12.1). En Abraham no se subsume la historia de todos los pueblos ni se justifica la exclusividad étnica, el privilegio racial o bíblico. Abraham en la visión "teotópica" representa un peregrino, un inmigrante, un desplazado, un exiliado en busca de la tierra de justicia y el Shalom que Dios le prometió. Es capaz de cruzar fronteras prohibidas y aún falsificar identidades porque su historia última, la de la supervivencia de su pueblo en el horizonte abierto de un mañana de Dios, es algo que él cree de todo corazón. La visión "teotópica" se alimenta de un Moisés que día a día laboraba entre las bases de los oprimidos mientras abogaba en el palacio del faraón por la justicia en solidaridad con los débiles. En la visión "teotópica," Moisés no representa el sello de una religión cerrada y exclusivista. Moisés representa la salida de la esclavitud política y geográfica en que se encontraba el pueblo hebreo en un período de opresión imperial. Pero también representa el "Éxodo," la liberación ideológica, social y espiritual de un pueblo dominado y debilitado por el poder abrumador del imperio. El "Éxodo" señala a la liberación subsumida en el nuevo nombre YHWH (El Dios que se manifestó, se manifiesta y se manifestará) que recibe Moisés (Ex 3). En dicho nombre se fundará todo un proceso histórico de salvación que luego tomará la forma del proyecto mesiánico de Jesucristo y su reino.

> [sic] del indio, en la condenación del negro, en la decadencia irreparable del oriental. La rebelión de las armas no fue seguida de la rebelión de las conciencias. Nos rebelamos contra el poder político de España, y no advertimos que, junto con España, caímos en la dominación económica y moral de la raza que ha sido señora del mundo desde que terminó la grandeza de España. Sacudimos un yugo para caer bajo otro nuevo. El movimiento de desplazamiento de que fuimos víctimas no se hubiera podido evitar aunque lo hubiésemos comprendido a tiempo. Hay cierta fatalidad en el destino de los pueblos lo mismo que en el destino de los individuos; pero ahora que se inicia una nueva fase de la Historia, se hace necesario reconstituir nuestra ideología y organizar conforme a una nueva doctrina étnica toda nuestra vida continental. Comencemos entonces haciendo vida propia y ciencia propia. Si no se liberta primero el espíritu, jamás lograremos redimir la materia.[25]

Es justamente este tipo de sueño de redención latinoamericana lo que precisamos encontrar. Pero a diferencia de Vasconcelos y Martí, el nuevo sueño deberá ser articulado desde otro horizonte, expresado en códigos y paradigmas del reino de Dios por medio de una gramática de redención teológica, cultural e histórica. Vasconcelos le llama "nueva doctrina étnica" a lo suyo, y hoy sabemos lo polémica y contraproducente que tal doctrina fue para los pueblos indígenas.[26]

Nosotros le llamaremos a nuestro posicionamiento hermenéutico, opción *trans-occidental*. Y con ello buscamos un nuevo horizonte teológico-cultural, un horizonte más allá de los ya propuestos, desde donde la iglesia y otros agentes del reino puedan atravesar los imaginarios utópicos maximalistas tornados en "distopías" a causa de las polaridades violentas del conservadurismo y liberalismo latinoamericano y extranjero.[27] Más

---

25. Vasconcelos, *La Raza Cósmica*, 29–30.

26. Véase proyecto de tesis de maestría de Gabriela Viesca, *Culture, Politics, and Religion: Re-thinking José Vasconcelos' National Reform as a Theological Project*, http://gradworks.umi.com/15/25/1525251.html.

27. Leonardo Boff, teólogo brasileño y "eco-eticista" enumera sucintamente estas utopías maximalistas: "La utopía iluminista que universalizaría el imperio de la razón contra todos los tradicionalismos y autoritarismos. La utopía industrialista de transformar las sociedades con productos sacados de la naturaleza y de las invenciones técnicas. La utopía capitalista de llevar progreso y riqueza a todo el mundo. La utopía socialista de generar sociedades igualitarias y sin clases. Las utopías nacionalistas bajo la forma de nazi-fascismo que, a partir de una nación poderosa, con "raza pura," rediseñaría la humanidad, imponiéndose a todo el mundo. Actualmente la utopía de la salud total, gestando las condiciones higiénicas y medicinales, que busca la inmortalidad biológica o la prolongación de la vida hasta la edad de las células (cerca de 130 años). La utopía de

allá de estas utopías maximalistas, nosotros buscamos, en última instancia, una visión cristiana que esté arraigada en lo propiamente latinoamericano, y que ofrezca paradigmas vivenciales más integrales y "descoloniales" que nos orienten hacia una vida continental en un contexto global con "utopías mínimas" pero nuestras y realizables: un poco más de fe, un poco más de justicia, un poco más de dignidad, un poco más de esperanza y un poco más de vida.

Nuestro argumento insiste en que los proyectos coloniales y neocoloniales que forjaron las Américas no pudieron haber sucedido, al menos de la forma en que sucedieron, sin antes haberse creado una capa epistemológica que permeara la vida cultural, religiosa, económica y política de Latinoamérica. De esta manera, los proyectos históricos como lo fueron el Panamericanismo, las misiones civilizatorias protestantes y la doctrina del desarrollo económico fueron parte de la capa epistémica que marcaron el proceso de occidentalización del continente, perpetuando una lógica de dependencia en forma de Neocolonialismo.[28] En corto, las utopías occidentales que han impactado a las Américas han sido en gran parte escoltadas por una teología occidentalizada que acentuaba la modernidad europea como principio civilizatorio pero que escondía una lógica interna de subyugación continental que se conoce como la lógica de la colonialidad.[29]

A lo largo de la historia del "teologar" en las Américas se pueden discernir dos movimientos pendulares, ambos dependientes del Occidente. Tal dependencia —una que la promueve y otra que la resiste— resulta en un déficit de autonomía del pensamiento y práctica cristiana en las Américas.

---

un único mundo globalizado bajo la égida de la economía de mercado y de la democracia liberal. La utopía de los ambientalistas radicales que sueñan con una Tierra virgen y con el ser humano totalmente integrado en ella, y otras." Véase Leonardo Boff, "El Tiempo De Las Utopías Mínimas," *Servicios Koinonía De La Agenda Latinoamericana* (2014), http://www.servicioskoinonia.org/boff/articulo.php?num=638.

28. Véase José Míguez Bonino, *Faces of Latin American Protestantism : 1993 Carnahan Lectures*, 1–25; Mignolo, "Postcolonialismo: El Argumento Desde América Latina." 20.

29. Damos por sentado que la teología cristiana en su buen desarrollo busca ser instrumental en su función de educar al individuo y la comunidad para una vida buena y digna que honre a Dios; una vida que se viva siempre en una tierra que puede llegar a ser justa y bondadosa gracias a la buena vivencia del evangelio transformador de Jesucristo ("teotopía"). El contexto de las Américas, sin embargo, el concepto de una tierra justa y bondadosa, bastión del buen vivir, ha sido negado consistentemente por una serie de proyectos coloniales occidentales que a su vez han producido efectos autóctonos de resistencia a tales proyectos. Así vemos una trayectoria compleja donde el quehacer teológico y la acción eclesial en las Américas han sido cautivos de la dependencia ideológica y cultural occidental, y por ende surge una carencia de arraigamiento, integralidad e ímpetu transformado necesarios para convertir ese espacio de vida que llamamos "tierra" en un lugar de justicia, respecto, dignidad y buen vivir.

Llamo a estos dos movimientos pendulares pro-occidentalismo y contra-occidentalismo.[30] Brevísimamente, por un lado, la tendencia *pro-occidental en la teología y las misiones*, expresada a través del catolicismo colonial y el "evangelicalismo" Euro-Anglo-centrado, promovió una mimesis occidental en el ejercicio de la reflexión teológica y ministerial dejando a una gran cantidad de latinoamericanos a la espera de una evangelización a fondo, una doctrina bíblica integral y una ética social pertinente. Por el otro lado, la tendencia *contra-occidental en la teología y las misiones*, expresada por medio de la Misión Integral y la teología de la liberación, surgió como receta contestataria al colonialismo y neocolonialismo imperante en las estructuras de vida del continente. Ahora, para contrarrestar la lógica de "colonialidad" prooccidental, los contra-occidentales se vieron implicados en préstamos ideológicos europeos/norteamericanos progresistas, reproduciendo y proliferando así en las Américas las luchas antagónicas vividas en el Occidente europeo y norteamericano.

Es menester, entonces, lanzarnos a la búsqueda de horizontes más abiertos y sendas más autóctonas; horizontes y sendas nacidas y cultivadas en nuestra América. Proponemos, entonces, una disrupción de dichos movimientos pro-occidentales y contra-occidentales a favor de un horizonte alternativo y transfronterizo desde el cual se puede imaginar un pensamiento cristiano y una práctica de vida latinoamericana más autónoma, más integral, más "descolonial," más global y más multicultural. Llamamos a este horizonte alternativo *trans-occidental*. Esto constituye nuestra propuesta teórico-práctica para la teología en las Américas a partir de un nuevo posicionamiento histórico-cultural con efectos epistemológicos y eclesiológicos.

---

30. Lo que a continuación presento como "tendencias" no son "categorizaciones absolutas, homogéneas y puras" que pretenden representar todos los estratos teológicos, culturales y políticos del continente. Estas tendencias deben ser tomadas como orientaciones teológicas predominantes. Doy por sentado que siempre han existido en las Américas trasmutaciones, mezclas, variaciones y creaciones propias de lo heredado como don o imposición occidental. Por ejemplo, "lo conservador," entendido como un derechismo absoluto y purista es más una proyección norteamericana que una realidad latinoamericana. Lo mismo podríamos decir del descriptivo "liberal o progresista." De ahí que encontramos un grupo de cristianos de varias tradiciones que se consideran muy conservadores respecto a los valores bíblicos occidentalizados pero progresistas en cuanto a sus prácticas y aun visión comunitaria, también occidentalizadas. Sin embargo en el momento de pronunciación teológica o política pública el sujeto latinoamericano se ve obligado a usar un lenguaje teo-político que hace parte del discurso hegemónico del Occidente traído a las Américas. Por ello cuando hablamos de "conservador/derechismo" y "liberal/izquierdismo" en el contexto de las Américas nos referimos más bien al reconocimiento de *alianzas occidentales* implicadas en los correspondientes préstamos ideológicos y metodológicos que se dan en la expresión histórica de proyectos teológicos, culturales y políticos en América Latina y su diáspora.

"TRANS-OCCIDENTALIDAD": UN HORIZONTE DESVICTIMIZANTE PARA LA TEOLOGÍA Y LA IGLESIA

Es curioso que a pesar de contar con evidencias culturales y religiosas que registran una historia de resistencia epistémica ante la hegemonía multitudinaria del occidente desde tiempos que datan de la conquista, el quehacer teológico en las Américas, ya sea de corte católico o evangélico, ha sido arisco, e incluso negligente, en hacer uso de esta historiografía propia y contestataria en sus procesos de reflexión teológica.[31] Los pensadores y practicantes de tendencia *pro*-occidental están desinteresados en tales fuentes porque no representan lo mejor de Europa. Los contra-occidentales, por el otro lado, aunque tienden a conocer tales fuentes no han podido explotar su potencial epistémico ni han podido integrarlas como parte del proceso crítico de sus teologías. Esto ha redundado en seguir dependiendo de fuentes europeas claramente integradas en los procesos teológicos sin lograr desprenderse de la 'lógica de la "colonialidad"' y de "la retórica de la modernidad," que han plagado las teologías occidentales dominantes desde la ilustración.

Se hace ineludible por lo tanto retomar el proyecto teológico latinoamericanista para reposicionarlo en otro horizonte. No estamos hablando de una nueva *teología* como acto de praxis o reflexión en sí. Tampoco nos referimos a un nuevo *método* teológico. Todo esto ya se ha logrado en las teologías latinoamericanistas (Misión Integral, Teología de la Liberación, Teologías Latinas). Lo que planteamos a través del concepto "*trans-occidentalidad*" es la ubicación de la praxis histórico-ministerial y el pensar crítico de la fe sobre un nuevo *horizonte* epistemológico más ambiguo, inclusivo y polivalente. Un horizonte pensado e intelectualizado desde las realidades propias y complejas que nos describen como universo cultural, *nuestra América global*. Universo desde el cual el practicante crítico de la fe pueda ejercer aquellos oficios propios del buen saber, buen ministrar y buen vivir en Nuestra América global.[32]

---

31. Me refiero, por ejemplo, a Felipe Guamán Poma de Ayala, Garcilaso del La Vega, Sor Juana Inés de la Cruz, Enrique Rodó, José Martí y luego los escritores de la época del boom. Hoy en día la escuela del pensamiento crítico des-colonial latinoamericano está poniendo énfasis en esta línea epistemológica.

32. El giro descolonizador en la epistemología latinoamericana se ve en la recuperación del saber ancestral (negados por la occidentalización) que impacta los estudios latinoamericanos. Véase por ejemplo Mauricio Guerra and Christian Palacios, "Genealogía Del Buen Vivir," FAIA Proyecto: Escuela de Pensamiento Radical, http://www.mabs.com.ar/rfaia/?p=1329.

El enfoque *trans-occidental* deriva de dos conceptos, *post-occidentalismo* y *trans-modernidad*.[33] El *post-occidentalismo*, propuesto originalmente por el poeta cubano Roberto Fernández Retamar, emerge en el pensamiento de su proponente como una manera de instrumentalizar un discurso latinoamericano autónomo que es maduro y tiene la habilidad de trascender sus limitantes occidentales. La *trans-modernidad*, propuesta por el filósofo argentino Enrique Dussel, apunta hacia todos aquellos aspectos situados "más allá" y "antes de" las estructuras valorizadas por la cultura moderna europea-norteamericana desde la época de la conquista —las cuales están representadas en las grandes culturas universales no-europeas y que han empezado a moverse hacia una utopía "pluriversal." De esta manera, la *"trans-occidentalidad"* representa en nuestro pensamiento una orientación teológica-cultural que busca replantear los códigos epistémicos de la existencia postcolonial latinoamericana desde la exterioridad (lo "más allá" y lo "antes de") de la modernidad/"colonialidad" occidental. Esta orientación está enriquecida por el pensamiento *transfronterizo* (border thinking), por lo cual es apta para adoptar complejidades culturales difíciles de concebir en la lógica occidental moderna: mestizaje, Nepantla, hibridez, "mulatez," indigenismo, "intersectividad," "intersticialidad," negritud, etc.

La "trans-occidentalidad" representa un ejercicio de teorización a partir de las complejidades culturales de las Américas. Por lo tanto, a pesar de que es un ejercicio teórico, es un ejercicio situado en las disciplinas, narrativas y experimentos prácticos encarnados en la cotidianeidad de la vida latina continental. Es tiempo de redimir el pensamiento latinoamericano sin caer en la trampa de la dialéctica maximalista europea que nos obliga a escoger a favor de la teoría o la práctica. Lo *latinoamericano*, entendido desde el horizonte trans-occidental, es a su vez teórico y práctico y exterior a ambas consideraciones occidentales. No en balde dijo José Martí "pensar es servir."[34] "Trans-occidentalidad" es un intento de pensar y servir desde la exterioridad ("antes de" y "más allá") de la lógica de la "colonialidad"/modernidad occidental en las Américas. Está por lo tanto al servicio de una agenda programática descolonizadora y proposicional que busca una visión desarrollada de cultura y vida en un mundo multicultural y "pluriverso," a partir de la fe cristiana.

Para poder entender la *"transoccidentalidad"* es imperativo entender su presupuesto disciplinario, su visión "teocultural" y su agenda misional. A

---

33. Véanse Roberto Fernández Retamar, «Nuestra América Y Occidente,» *Casa de las Américas* 98 (1976).; Enrique Dussel, "Transmodernidad E Interculturalidad: Interpretación Desde La Filosofía De La Liberación," http://enriquedussel.com/txt/TRANSMODERNIDAD%20e%20interculturalidad.pdf.

34. Martí, "Nuestra América," 39.

continuación deletreamos algunos de los verbos principales que conforman la gramática "transoccidental":

1) *"Descolonizar"*: Si las Américas son un continente que ha emergido en función de proyectos coloniales y neocoloniales; si tales proyectos han articulado un lenguaje teológico euro/anglo-centrado que los endorsa; si además el punto pivote para la desarticulación de la lógica de la "colonialidad" *y la retórica de la modernidad es la epistemología que da paso al conocimiento, historia, visión cultural, social, política y religiosa; entonces es requerido que toda reflexión y práctica efectuada desde y para las Américas incluya un proceso descolonizador como* uno de sus momentos críticos. En específico, el quehacer teológico y ministerial en las Américas debe incluir la crítica descolonizadora en su proceso de elaboración. Evangélicamente hablando, para que la pastoral latina de las Américas pueda arraigarse en sus propias narrativas y asumir sus propios contextos redentoramente e integralmente, debe darse un desprendimiento táctico entre su lógica ministerial y la lógica dominante del cristianismo "evangelicalista."

En este sentido, el *pro-occidentalismo* como orientación teológica que promueve y trasplanta la visión occidental deberá ser descolonizado en forma radical. Así mismo, el *contra-occidentalismo* que intenta contrarrestarlo en base a préstamos ideológicos occidentales deberá ser descolonizado en forma relativa, convirtiendo su instinto descolonizador en un elemento constitutivo de su método hasta reconstruirlo.[35]

2) *Resistir epistémicamente,*

Todo proyecto colonizador y "occidentalizador" en las Américas ha sido acompañado de fuerzas autóctonas que lo han resistido a diferentes niveles, intensidades y con distintos niveles de logros. Mencionamos a continuación un par de estos espacios de resistencia.

Literatura de resistencia: Desde la época de la conquista encontramos en la literatura latinoamericana una lista de intelectuales que han resistido las representaciones occidentales. La lista de figuras es notoria: Guamán Poma de Ayala, Garcilaso de la Vega, Sor Juana Inés de la Cruz, Simón Bolívar, José Martí, los escritores del Boom, etc. El literato peruano y premio noble de literatura Mario Vargas Llosa afirma que los literatos de su generación

---

35. En esta dirección ya vemos encaminados varios esfuerzos teológicos que encontramos en la reciente articulación de obras teológicas latinas como: *Teología y Cultura en América Latina* por Luis Rivera Pagán (2009), *The Future of the Biblical Past*, editada por Fernando Segovia (2012), *Decolonizing Epistemologies*, editada por Isási-Díaz and Mendieta, "Tongue Twisters and Shibboleths: On Decolonial Gestures in Latin@ Theology," por Néstor Medina (2013), un servidor y otros/as colegas más.

están convencidos que el mundo latinoamericano está mal hecho y han reaccionado a la propuesta de sistemas totalitarios latinoamericanos y extranjeros que han impuesto sobre el pueblo la fe en ellos, la convicción ciega de que el mundo tal cual ellos lo presentan sí está bien hecho. Vargas Llosa lo expresa magistralmente:

> La literatura es el mejor antídoto que ha creado la civilización para combatir esta falsa convicción. La literatura nos demuestra que la vida está mal hecha, que no es verdad que vayamos para mejor. ¿Cómo nos lo demuestra?... Por ejemplo, cuando nosotros regresamos de leer una gran novela, una gran ficción que se nos impone como una verdad irresistible, la reacción natural es el cotejo de nuestro mundo real y la conclusión de que tal mundo es muy pequeño en comparación al que acabamos de experimentar. Como consecuencia un ciudadano soliviantado por la ficción lograda se torna en un ciudadano crítico de su mundo actual y por lo tanto se tilda como políticamente incorrecto [porque] vive cotejando lo que ve...."[36]

Religiosidad Popular: Siempre se ha dicho que en las Américas ha habido dos iglesias: la oficial y la popular. Enrique Dussel en su renombrado estudio de la iglesia en América Latina concluye que una porción significativa de la población nativa en las Américas sigue "esperando su completa evangelización," por lo cual los nativos "compensan" el catolicismo oficial con religiosidades autóctonas populares.[37] Hay dos formas de interpretar esta realidad. Una es que la empresa misionera española no hizo un buen trabajo debido a que sus intereses iban en otra dirección y el estándar de vida doble los traicionó. Sin embargo, Montesinos, Las Casas y otros misioneros parecen desmentir la pureza de esta hipótesis. Otra hipótesis muy válida es que los misioneros no pudieron penetrar las capas de conocimiento que constituían la cosmovisión de las culturas originarias. Primero, porque no las supieron entender y descifrar a cabalidad debido a las categorías euro-centradas de conocimiento a las que se suscribían, y segundo, porque fueron muy resistidas por los nativos del continente. El catolicismo popular en varias regiones latinoamericanas es una expresión de esa resistencia.

El caso del protestantismo en las Américas no es nada diferente. El pentecostalismo latinoamericano y aun las nuevas iglesias neo-pentecostales desplegadas por el continente americano, europeo y países asiáticos,

---

36. Mario Vargas Llosa, *Literatura Y Política: Dos Visiones Del Mundo*, podcast audio, Cátedra Alfonso Reyes, accessed 9/24/15, 2000, http://catedraalfonsoreyes.org/videoteca/literatura-y-politica-dos-visiones-del-mundo/.

37. Enrique D. Dussel, *A History of the Church in Latin America*, 61–72.

cargan dentro de sí una fuerza de resistencia epistémica impresionante. El sociólogo pentecostal chileno Miguel Ángel Mansilla en su libro *Cruz y Esperanza* expone cómo la identidad peregrina pentecostal es una reacción a las categorizaciones "teopolíticas" impuestas por el "evangelicalismo" norteamericano. Si Egipto representa al mundo malo y opresor en que se vive, y si Babilonia representa a la iglesia católica oficial, entonces para sobrevivir hay que desarrollar una identidad peregrina que busque el éxodo. Concluye entonces Mansilla,

> Ante esta desesperanza, ante un sistema político egipcio-babilónico inexorable, el pentecostal se transformó en un *homo viator*, es decir, alguien que peregrina a lo largo de su vida... El pentecostalismo asume el éxodo hebreo como éxodo simbólico, en donde la vida no consiste en vivir o arraigarse, sino en huir... ¿Por qué el pentecostalismo llegó a tal desesperanza? Primero fue porque el protestantismo obligó a los pentecostales a irse y no tuvieron más remedio que transformar la calle en un espacio de permanencia. Luego recorriendo las calles para predicar, vieron las condiciones misérrimas del pueblo, que necesitaba ser redimido... Así la predicación pentecostal movilizó la utopía en el más allá, transformándose en una crítica de la realidad de más acá, la promesa del cielo era una crítica a la tierra, vista como un infierno para los pobres.[38]

La identidad peregrina del pentecostal latinoamericano como crítica de un status quo dominado por la visión occidental de modernidad y progreso se constituye como un espacio de resistencia epistémica y un terreno fértil de la utopía que busca un horizonte más abierto (muchas veces a través de la migración). Aunado a esto tenemos el culto pentecostal, que constituye un espacio de liberación, dignidad y fiesta y un *locus theologicus* alternativo al hacer teología.[39]

3) Redibujar las cartografías de las fe en las Américas en clave transnacional

El cristianismo en el contexto global, particularmente en las Américas, está tomando un giro transnacional. Bajo estas nuevas circunstancias la lógica trans-occidental considera los siguientes elementos como base de su posicionamiento teológico-cultural:

---

38. Miguel Angel Mansillas, *La Cruz Y La Esperanza*, 67–68.

39. Vease Eldin Villafañe, *Introducción Al Pentecostalismo: Manda Fuego, Señor* (Nashville: Abingdon Press, 2012). y Darío López, *La Fiesta Del Espíritu: Espiritualidad Y Celebración Pentecostal* (Lima, Perú: Editorial Puma, 2006).

- Los inmigrantes latinos/as se están convirtiendo cada vez más en portadores de la misión cristiana y transmisores culturales. Esto va sucediendo a medida que se reubican geográficamente y adaptan sus formas de vida a sus nuevos contextos. En este tránsito peregrino entre su hogar de origen y su hogar de residencia se va trazando una ruta transnacional donde el hogar simbólico (Aztlán) también viaja y se adapta junto con el peregrino.[40]

- La globalización está redefiniendo el significado de "vida" de los inmigrantes latinos de la siguiente forma: (a) La regionalización étnica y cultural está reconfigurando y *coloreando* las ciudades, barrios y demás estructuras sociales y religiosas[41](b) La tecnología y la informática están creando una nueva clase social y económica: sociedad de capitalismo informático.[42] En este nuevo panorama laboral los inmigrantes latinos tienden a asentarse en un impase industrial que sostiene a la sociedad informática. Sufren así un estancamiento laboral, un retraso educativo, un desplazamiento social e incurre en una anomia política. (c) Muchos latinos inmigrantes están encontrando sendas alternativas a fin de negociar su espacio de sobrevivencia en las urbes globales (microempresas y nuevas iglesias). Los inmigrantes se están convirtiendo en agentes de cambio social a pesar de que se encuentran en "los callejones traseros de la ciudad." Su marginalidad representa un espacio transfronterizo ventajoso. Un espacio de resistencia que, según Manuel Castell, revela "el embrión de una nueva sociedad labrada por una nueva identidad, en el terreno de la historia."[43]

En conclusión, es aquí en esta sociedad embrionaria, que brota de entre las grietas de las planicies urbanas del mundo desarrollado —los *terceros espacios*, espacios *informales*, o *callejones traseros de la sociedad* —, donde podemos descubrir un espacio sagrado intersticial que se torna en fuente de sobrevivencia, en santuario cultural y en bastión de esperanza para los inmigrantes y las minorías. Estamos ante un nuevo tejido evangélico de carácter "glocal."

---

40. Aztlán aquí se refiere a una "geografía alternativa," un espacio de identidad ocupado por una comunidad peregrina. También puede significar un espacio de resistencia cultural utópica. Véase Pérez-Torres, "Alternative Geographies and the Melancholy of Meztisaje," 318–20.

41. Vease Arreola, *Hispanic Spaces, Latino Places*, 143–291.

42. See Castells, *The Power of Identity*.

43. Ibid., 362.

4) Reestructurar la vida social de las Américas con a una visión social trinitaria

Uno de los más graves problemas que enfrentamos hoy en día respecto al lenguaje de Dios en nuestro contexto es ¿cómo hablar de Dios como Trinidad, el eterno Ser en comunión, en una época donde Dios ha sido desplazado, caricaturizado, desfigurado, simplificado o falsificado? La cita de Colin Gunton nos presenta esta dificultad con lucidez:

> Los rasgos característicos de nuestra época brotan de su fracaso a la hora de relacionarse debidamente con Dios, el único, el centro de la unidad de todas las cosas. Ése es el pathos de la modernidad. Tanto en los fracasados experimentos de los modernos regímenes totalitarios como en la sutil homogeneidad de la cultura consumista existe una tendencia de ahogar la pluralidad en la unidad. Allí donde la verdadera unidad es desplazada, dioses falsos y alienantes se apresuran a ocupar su puesto.[44]

Estamos convencidos que *la más inmediata transformación que se requiere en nuestra iglesia y sociedad contemporánea es la de una re-alfabetización teológica que nos enseñe a hablar con Dios y a testificar de Dios trinitariamente desde la exterioridad de la "colonialidad"/modernidad, o sea, desde nuestras propias historias, luchas y triunfos* en todas las esferas de la vida pública, privada y religiosa. Se requiere, por lo tanto, una re-alfabetización que redunde en una re-socialización de todas las estructuras vivenciales. Leonardo Boff lo postula brillantemente:

> Hay un anhelo humano fundamental: el de participación, el de igualdad, el de respeto a las diferencias y a la comunión con todo y con Dios. La comunión de los divinos tres promueve una fuente de inspiración en la realización de estos anhelos ancestrales de todas las personas y de todas las sociedades. Cada persona divina participa totalmente de las otras dos: en la vida, en el amor y en la comunión. Cada una de ellas es igual en eternidad, en majestad y en dignidad; ninguna es superior o inferior a la otra. Aunque iguales en la participación de la vida y el amor, cada persona es distinta de la otra... Pero esta distinción permite la comunión y la entrega mutua. Las personas son distintas para poder dar de su riqueza a las otras y formar así la comunión eterna y comunión divina. La Santísima Trinidad es la mejor comunidad. ¿Cómo realizan este ideal nuestros

---

44. Colin E. Gunton and Francisco Javier Molina de la Torre, *Unidad, Trinidad Y Pluralidad*, 52.

> sistemas de convivencia que hoy dominan, el capitalismo y el socialismo? El capitalismo se asienta sobre el individuo y su evolución personal, sin ninguna ligación esencial con los otros y con la sociedad. En el capitalismo los bienes estás apropiados privadamente, con la exclusión de las grandes mayorías. Se valora la diferencia en perjuicio de la comunión. En el socialismo se valora la participación de todos... pero se valoran poco las diferencias personales. La sociedad tiende a ser masa y ya no una red de comunidades en las que cuentan las personas. El misterio trinitario apunta hacia formas sociales en las que se valoran todas las relaciones entre las personas y las instituciones, de forma igualitaria, fraternal y dentro del respeto de las diferencias.[45]

Esta eximia cita nos acerca a las implicaciones sociales de la Trinidad como modelo referencial para la vida en comunidad. Nuestra visión "teotópica" de la sociedad en clave trans-occidental sostiene que toda transformación genuina, justa y duradera en nuestras comunidades y mundo entero, deberá desprenderse de Dios mismo, como semilla plantada en el seno de nuestras conciencias, emociones, relaciones, conductas, sistemas y comunidades —comenzando con la institución llamada iglesia. La trasformación se irá desplegando hasta madurar en la memoria e historia de nuestros pueblos, como quien da parto a una nueva vida, ojalá a una nueva América y un nuevo mundo.

5) "Glocalizar" la iglesia

> En esta sección intentaré aplicar lo expuesto hasta ahora por medio de un ejercicio de construcción teológica que buscará desarticular el colonialismo teológico perenne en el entendimiento de la iglesia cristiana. El proceso "descolonial" debe comenzar con la re-interpretación del origen del cristianismo, con nuestra narrativa cristiana como pueblo de Dios, y en nuestro caso, con la iglesia cristiana y su sucesión en las Américas. Ya no cabe pensar en los orígenes de la iglesia en términos de un universo epistémico homogéneo con sombra *constantina*. Desde el punto de vista trans-occidental, el cristianismo no empezó en el occidente ni tampoco culminará ahí.

El enfoque trans-occidental nos puede ayudar a re-evaluar el fenómeno cristiano y su formación a partir de la narrativa del pentecostés, la cual dio inicio a la iglesia cristiana (cf. Hechos 2):

---

45. Leonardo Boff, *La Santísima Trinidad Es La Mejor Comunidad*, 105–106.

(1) Primero que nada, Pentecostés fue un evento polifónico y políglota —múltiples idiomas se hablaron y ninguno dominó sobre otro. (2) Fue un movimiento popular y global: no estaba restringido a una élite judía o grupo en particular, sino que estuvo disponible tanto para los judíos como para los gentiles, tanto para hombres como para mujeres, internos y externos, etc. (3) Fue un evento "informal," en tanto que no estuvo dirigido a los rabinos, escribas y conocedores de la ley. Todos los prosélitos y seguidores "curiosos" estaban invitados. (4) Fue un evento público y no privado que alcanza las calles e invade los espacios públicos circunvecinos. Es por eso que el mayor milagro sociocultural del evento del pentecostés no fue la *glosolalia*, sino la "glocalidad." Lo que derivó históricamente de este magno evento no fue simplemente una secta exótica del judaísmo o un movimiento que revolucionó el mundo o una nueva religión llamada cristianismo. Significó todo eso y mucho más: una creación cultural "pluriversal" orientada por el Espíritu de la Santísima Trinidad como un acto que descodificó e invirtió los poderes binarios de la lógica colonial representada en la Torre de Babel (Gn 11).

Ante una concepción clásica de iglesia que en la teología euro/anglo-centrada sigue limitada por una lógica imperial y de "colonialidad"/modernidad desde la época de Constantino, el pentecostés surge como la narrativa bíblica referencial para la iglesia. Ésta ofrece una visión más bíblica y actualizada del *ser eclesial en Dios* y del *vivir eclesial en el mundo*. Su visión de desarrollo intercultural avanzado corresponde mucho mejor al carácter comunal y diverso de la Santísima Trinidad. Sus múltiples epistemologías en clave "glocal" corresponden mucho mejor a la visión "teotópica" de un reino multicultural y "pluriversal." Desde la perspectiva de la "trans-occidentalidad," es precisamente la "glocalidad" como carácter eclesial engendrado y sustentado a través de las edades por el Dios Trino y expresado en tonos polivalentes, polifónicos, políglotas, poli-céntricos y multiculturales lo que le da forma "católica" y legitimidad "apostólica" a la iglesia de Jesucristo. La iglesia así entendida nos acerca más fácilmente a este "vivir en Cristo" como espacio ontológico de convivencia "pluriversal," donde las prácticas de *comunidad* no borran las particularidades culturales e históricas de los miembros del cuerpo de Cristo.

En otras palabras, lo que da legitimidad a la iglesia como cuerpo de Cristo no puede ser, desde la óptica trans-occidental, un evento originado en Europa occidental en tiempos de Constantino o el relato histórico de una serie de concilios y credos de la iglesia europea occidental o la institución del papado o el evento de la Reforma Protestante o la ilustración o los avivamientos europeos o el avivamiento de la calle Azuza de 1906. Todo lo anterior no puede ni debe ser eludido cuando buscamos entender el ser eclesial y vivir el ser misional, porque todo lo anterior registra la actividad de Dios en la historia de la iglesia a través de los siglos. Pero Dios ha estado activo "antes de" y "más allá" de Europa y el Occidente desde siempre. En la teología occidental se han destacado las marcas de la iglesia como representaciones universales: unidad, santidad, catolicidad, apostolicidad. Habrá que ver si buscando en la exterioridad de la lógica de la "colonialidad" y de la retórica de la modernidad estas marcas continúan estando presente o no en las Américas.

CONCLUSIONES

- Las narrativas *tierra del banano* y *teólogo de la república banana* han buscado representar un autorretrato que ilustra las utopías y "distopías" latinoamericanas — señalando en todo momento la necesidad de un proceso descolonizador que ubique el buen pensar, buen vivir y buen ministrar de las Américas en un horizonte *teotópico desvictimizante*.

- Hemos mantenido que Latinoamérica es una tierra de proyectos coloniales y neocoloniales donde la teología occidental ha sido un factor asociativo. Mostramos de qué manera el quehacer teológico en el contexto de las Américas ha sido función de un movimiento bipolar antagonista al que denominamos pro-occidentalismo y contra-occidentalismo. El primero da por sentado que la Occidentalización es parte del proceso de salvación histórica para las Américas. Al buscar la mimesis teológica occidental se incurre en un asimilacionismo occidental con faltas graves que redundan en una evangelización inacabada, una indoctrinación bíblica reduccionista y una ausencia de ética social para la iglesia. El segundo da por sentado que el arraigamiento en la historia y en el contexto latinoamericano es la base del proceso de salvación para el continente empobrecido y busca romper con el pro-occidentalismo. Pero al hacerlo incurre en préstamos ideológicos del Occidente progresista, reproduciendo y proliferando en las Américas las luchas violentas típicas del conservadurismo y liberalismo europeo-norteamericano.

- Propusimos, por lo tanto, una disrupción de dichos movimientos bipolares a favor de un horizonte alternativo y transfronterizo desde el cual se puede imaginar un pensamiento cristiano y una práctica de vida latinoamericana más autónoma, más integral, más descolonial, más continental y más multicultural. Llamamos a este horizonte alternativo *transoccidental*. Transoccidentalidad se propone como un intento de pensar y servir desde la exterioridad de la lógica de la colonialidad/modernidad occidental en las Américas. Está por lo tanto al servicio de una agenda programática descolonizadora y proposicional que busca una visión desarrollada de cultura y vida integral en un mundo multicultural y *pluriverso*, a partir de la fe cristiana.

- En el horizonte transoccidental identificamos cinco verbos que a nuestro juicio tienen la capacidad de ayudarnos a re-concebir la iglesia como agente des-victimizante del reino de Dios en las Américas. Los verbos son: *descolonizar* los procesos teológicos, *resistir* epistémicamente recuperando los espacios y prácticas denegadas, *redibujar* las cartografías de la fe en clave transnacional, *reestructurar* la vida social trinitariamente y *glocalizar* la iglesia a fin de abrazar una visión *teotópica* de un reino multicultural y *pluriversal*.

Parte IV

PERSPECTIVA PASTORAL Y MISIOLÓGICA

(10) **Labor social de las iglesias pentecostales frente a los desplazados**, *Jhohan Centeno*

(11) **Una respuesta pastoral wesleyana al desplazamiento forzado en Colombia**, *Ricardo Gómez*

(12) **Desplazamiento forzado y la misión de la iglesia**, *Juan F. Martínez*

Capítulo 10

Labor social del pentecostalismo frente a las poblaciones en condición de desplazamiento forzado

POR MAG. JHOHAN CENTENO

INTRODUCCIÓN

EL PRESENTE ARTÍCULO PROPONE identificar los rasgos principales de la labor social de las iglesias de corte pentecostal en medio de las poblaciones que son o han sido víctimas del desplazamiento forzado en territorio colombiano, sea este directo o indirecto. En este proceso de identificación de rasgos se incluye una breve presentación de la obra social al interior de la iglesia pentecostal que sirve como marco de referencia; una explicación de cómo la iglesia pentecostal ha sido caracterizada como una iglesia de pobres y para pobres cuyo crecimiento principal se ha dado en los cordones de miseria de las urbes latinoamericanas. Se abordará también el pentecostalismo en su relación con la realidad social, sea ésta una consideración a una nueva identidad litúrgica o simplemente una forma de escape a la realidad social. Este abordaje nos permitirá mirar de soslayo cómo hace teología el pentecostal y cómo esta elaboración teológica representa la construcción de una nueva identidad para el desplazado, identidad que le permite reestablecer sus lazos sociales y encontrar un norte para su desarrollo vital. Además, la construcción de identidad desde la iglesia pentecostal pasará por la mirada a su forma, ese cómo que da significado al sujeto dentro del marco de su identidad, ya no sólo social sino en muchos casos también como identidad pentecostal. Por último, se presentará algunos datos de labor social del pentecostalismo con comunidades desplazadas en el país como parte de un esfuerzo de visibilizar la realidad pentecostal en un entorno difícil como el de las víctimas del desplazamiento forzado en Colombia.

Antes de desarrollar el contenido es importante mencionar algunas limitaciones presentes en el trabajo. Este artículo busca identificar rasgos del pentecostalismo en líneas generales, no se ocupa de hacer las sabidas distinciones internas del mismo; no hay un interés por diferenciar clases de pentecostalismos ni una separación real con iglesias evangélicas ahora con liturgia tipo pentecostal, entendida ésta como "resultado del crecimiento del fenómeno pentecostal,"[1] fenómeno que es recurrente en la iglesia colombiana contemporánea. Además, este trabajo se basa en una visión panorámica y no en un trabajo exhaustivo de las iglesias pentecostales en general, trabajo de por sí complejo dado la poca estructuración de la labor social al interior de la iglesia pentecostal y la ausencia de interlocutores únicos, y en muchos casos válidos, de las iglesias pentecostales. Por último, este trabajo se ha limitado a la labor de la iglesia pentecostal en contexto urbano pues la situación en el ámbito rural es altamente diversa y por tanto difícil de caracterizar.

El desplazamiento forzado es un fenómeno histórico que ha estado asociado con la guerra,[2] por ende, no es un fenómeno propio de Colombia, sin embargo, a la vez está muy presente y ampliamente desarrollado en nuestra realidad social. La iglesia en particular y la sociedad en general han "aprendido a convivir," si esto resulta posible, con esta realidad la cual es descrita por Demera en la siguiente forma: "Sin duda alguna, el desplazamiento forzado es una experiencia social y subjetiva muy violenta, y tristemente es parte de la configuración histórica de la memoria ciudadana en Colombia."[3] Esta realidad histórica debe impulsar necesariamente la intervención de la iglesia. La iglesia, como cuerpo de Cristo, es llamada en la Escritura a reflejar el ministerio del Salvador, ministerio que involucra no solamente los aspectos salvíficos sino que se acerca a cada persona considerando la integralidad del ser, ministerio que para esta temática podríamos

---

1. Gooren, "The pentecostalization of Religion and Society in Latin America," 355.
2. Restrepo, "Medellín," 2.
3. Demera, "Ciudad, migración y religión," 304.

resumir en el mensaje de Jesús en Lucas 4:18—19 "El Espíritu del Señor está sobre mí, porque me ha consagrado para llevar a los pobres la buena noticia de la salvación; me ha enviado a anunciar la libertad a los presos y a dar vista a los ciegos; a liberar a los oprimidos y a proclamar un año en el que el Señor concederá su gracia."[4] El creyente como particular y la iglesia como cuerpo se ven en la necesidad de proclamar el mensaje del Señor en estos términos. Esa proclamación eclesial en un territorio nacional como el colombiano se encuentra con una población especialmente vulnerable, una población que como resultado del desplazamiento forzado, resultado de los violentos, ha perdido su identidad y se puede describir en los siguientes términos: "el desplazado nace de un espacio incierto, del terror, del silencio y lo oculto; de la impunidad de la masacre. Es predefinido por la violencia que le dio origen: la guerra, la captura y la expulsión impuesta por un primer rechazo [...] es su vaguedad, la pérdida de lo absoluto y de la identidad, lo que lo hace casi inidentificable, pues nadie sabe con certeza definir conceptualmente un desplazado."[5]

Es frente a esta cruda realidad que analizamos la labor social de las iglesias pentecostales. Labor que muchas veces es desconocida o pasa desapercibida por la falta de estructuración, difusión y visibilidad de la misma. Labor que en ocasiones se encuentra con un enfoque empobrecido, no solo por venir de comunidades inmersas en las difíciles condiciones de la pobreza, sino por una desconexión, producto de una teología limitada, con la realidad histórica pentecostal y con la ausencia de notar en las nuevas construcciones litúrgicas la identidad pentecostal que hace teología y presenta a Dios en el diario vivir, independientemente lo duro que éste sea.

RELACIÓN DEL PENTECOSTALISMO CON LA OBRA SOCIAL

Habitualmente se puede ver a la iglesia pentecostal cómo una institución poco comprometida con la obra social, incluso, poco comprometida con la realidad social y centrada exclusivamente en la evangelización, orientada ésta por un marcado énfasis en la salvación del alma, forma común de comprender la obra evangelizadora. Una de las razones por las que esto se ve así es porque "La compasión fue usualmente vista como una parte inseparable del evangelismo. Por esta razón parecía que no era necesario desarrollar una teología para esto."[6] Si bien se puede hacer esta lectura de la iglesia con-

---

4. Sociedad Bíblica de España, 72.
5. Palacio, "La búsqueda de identidad social," 47.
6. Traducción libre; WAGF Theological commission, 3.

temporánea en general se hace de la iglesia pentecostal en forma particular, por la orientación de este escrito. En palabras de Zalpa "Si suponemos que la afirmación del cristianismo exige de las iglesias, como colectivo, y de sus miembros individualmente considerados, la participación en la construcción de relaciones y condiciones sociales de mayor fraternidad y solidaridad, la constatación más evidente es que la acción social de las iglesias evangélicas es ciertamente muy reducida."[7] Ahora bien, este acercamiento bastante negativo a la obra social de la iglesia pentecostal desconoce los esfuerzos que ésta realiza, si bien muchos de estos esfuerzos no están totalmente estructurados sí están ahí, en los sectores marginales de las urbes latinoamericanas. Es posible que la mención de Zalpa ataña más al problema de visibilidad que a la poca labor social al interior de la misma sin llegar con esto a desconocer que en materia de amor al prójimo siempre se puede hacer más. El pentecostalismo ha crecido en nuestras ciudades en sectores donde las iglesias evangélicas clásicas o tradicionales no han calado tan fácilmente, "Los pentecostales suelen participar en zonas donde la población es nueva y heterogénea, y en las cuales las organizaciones vecinales no se encuentran bajo la influencia tradicional de las élites católicas."[8] Esta labor social, a la que Bergunder hace referencia, no es del todo desinteresada y en muchas ocasiones se utiliza como un mero vehículo de evangelización, la facilidad de generar campos blancos y obras nuevas en comunidades aún no asentadas. No obstante esta realidad, en muchos lugares de nuestro país la iglesia pentecostal, traspasa el acercamiento de labor evangelizadora como mera "salvación del alma" y sirve desde su pobreza al pobre. En el caso específico con la población desplazada, la labor social de la iglesia pentecostal también está presente. No solo por el hecho, triste, de que muchos pastores pentecostales en nuestro país han sido desplazados con su comunidad, sino por la habitual ubicación de las iglesias pentecostales en los cordones de miseria, sitio a donde también comúnmente llegan las personas víctimas del desplazamiento forzoso. "Justamente los pastores protestantes ven en el desplazado, al mismo tiempo, tanto un sujeto ideal para el trabajo misionero y para la solidaridad de sus iglesias, como un problemático y escurridizo público."[9] Lo cual vuelve a resaltar la problemática eclesial de pensar en la labor social exclusivamente como una forma de evangelización y no como una demostración de amor al prójimo. En líneas generales se puede decir que la iglesia pentecostal hace labor social, sin embargo ésta debe ser mejor

---

7. Zalpa, ¿El reino de Dios es de este mundo?, 271.
8. Bergunder, "Movimiento pentecostal en América Latina," 12.
9. Demera, 309.

estructurada, mayormente visible y con un enfoque general que sobrepase la línea del evangelismo.

OPCIÓN POR LOS POBRES DESDE LOS POBRES

Cómo hemos mencionado previamente la iglesia pentecostal se ubica en cualquier parte de nuestras ciudades pero habitualmente la encontramos en los cordones de miseria y los sectores marginales de las urbes. Esto ha implicado, demográficamente, que en gran medida sea una iglesia de pobres y que por esta situación, sirve directamente a los pobres. Esta característica la diferencia de la orientación de otras comunidades de fe, aún de la iglesia Católica con su amplia trayectoria de obra social en el contexto latinoamericano. De ésta podemos decir que "La iglesia Católica opta por los pobres porque no es una iglesia de los pobres. Las iglesias pentecostales no optan por los pobres, porque ya son una iglesia de los pobres. Y esta es la razón por la cual los pobres optan por ésta última."[10] Esta opción por los pobres ha significado para muchos marginados una oportunidad única de construir una identidad que les permita afrontar el día a día, sin embargo, esto hace que en algunos círculos se mire con recelo la labor pentecostal y no se considere como opción por los pobres sino como un adormecimiento de las masas. "Así, los pentecostales en América Latina son caracterizados, . . . como tentación para los más pobres entre los pobres, como desinteresados en los cambios sociales o como ateo lógicos, por nombrar algunos."[11] Se convierte en un acercamiento altamente injusto y fuera de foco en la observación social mirar sólo de esta forma a las iglesias en sectores marginales. Éstas sirven a esta realidad básicamente porque viven en esa realidad, eso las convierte en iglesias con alto espacio para una mirada contextual, aunque reconociendo que no siempre se lleva a cabo. Esta relación con el pobre desde el pobre es también resultado de lo que se puede mencionar como un énfasis marcado dentro del pentecostalismo latinoamericano, el énfasis en la construcción de "comunidades de soporte y aliento, especialmente a través de la familia y los grupos pequeños"[12]

La iglesia pentecostal sirve en condiciones adversas, no todas, pero sí muchas de aquellas que sirven en contextos de miseria. Esto sumado al desarrollo eclesial en medio de una sociedad de consumo que responde a los valores de una cultura globalizada hacen que "el pentecostalismo se

10. Bergunder, 13.

11. Ibid., 6.

12. Traducción libre; Esqueda, "The growth and impact of pentecostalism in Latin America," S—34.

presente como una respuesta religiosa comunitaria al abandono de grandes capas de la población; abandono provocado por el carácter anómico de una sociedad en transición."[13] Esta visión de D' Epinay que está citando Beltrán muestra parte de las razones por las que se da el crecimiento del pentecostalismo entre los marginados. No es entonces para nosotros un secreto que "En la periferia de algunas de las grandes ciudades de América del Sur, en los barrios más pobres de esas ciudades, es posible observar la presencia creciente de un tipo especial de iglesias pentecostales. [...] Cuanto más pobre es el barrio, más abundan estas pequeñas iglesias que aunque cada una de ellas congrega unas pocas decenas de fieles, suman decenas de iglesias en cada barrio."[14] Esa realidad de generar identidad, de ser pobres pero participantes en una ciudad dónde se deshumaniza al pobre genera espacios de crecimiento para esta forma eclesial. La iglesia pentecostal es opción para los pobres desde los pobres pues "El pentecostalismo le entrega la palabra a los pobres y a través del éxtasis colectivo los hace partícipes de lo sagrado: *de la gloria y del poder de Dios*. En relación con esta experiencia sublime las desigualdades sociales y el sufrimiento de los pobres se vuelven asuntos insignificantes."[15] La realidad de las iglesias pentecostales, encarnadas en los entornos en los que sirve, ha posibilitado un amor y servicio que en su forma litúrgica permite la participación del pobre, desde el pobre y para el pobre, socialmente hablando pues en su fe ha sido enriquecido por su entrega al Salvador.

Es necesario resaltar que la iglesia pentecostal en las últimas dos décadas ha crecido más allá de los cordones de miseria de las ciudades, sin abandonar este espacio, llegando a tener mega iglesias en las grandes urbes, con una población más diversa. Aún bajo esta realidad el enfoque de la iglesia pentecostal sigue siendo una opción para el pobre, sea por construcción de identidad o por opción de escape de la cruda realidad de nuestra sociedad. "En efecto, la experiencia de estas iglesias en el sur del mundo demuestra que se trata de una pasión que los ha llevado a comprometerse con la defensa de la dignidad humana, ... que los compromete a luchar con la pobreza en las sociedades excluyentes de este tiempo; una práctica que pone en tela de juicio los puntos de vista ... en los que se percibe tanto el mensaje como las propuestas teológicas de estas iglesias como forma de adormecer o de vaciar la conciencia social de los pobres y de los excluidos."[16] Esta última cita de López sirve como base para evidenciar que la iglesia pentecostal ha

---

13. Beltrán, "La expansión pentecostal en Colombia," 75.
14. Semán, "De a poco mucho," 17.
15. Beltrán, "La expansión pentecostal en Colombia," 81.
16. López, *La fiesta del Espíritu: Espiritualidad y celebración pentecostal*, 18.

cumplido con su labor social, y si bien es carente de estructura en algunos ámbitos no lo es de amor al prójimo y de responsabilidad por llenar del reino de Dios el espacio donde Éste les permite vivir; esto entendiendo que la comprensión global del evangelio pentecostal implica en su comprensión de Cristo una inherente responsabilidad social.[17] Sin embargo, esto no es visible fácilmente pues "una dificultad significativa con nuestra afirmación de tener un encuentro con Dios es que nosotros no hemos elaborado mucha reflexión teológica en cuanto al significado de nuestra experiencia pentecostal"[18] experiencias que encierran también la labor social y la compasión por el prójimo.

EL PENTECOSTALISMO COMO ESCAPE O COMO UNA NUEVA FORMA DE IDENTIDAD LITÚRGICA

Aún con lo anteriormente mencionado no son pocos los autores en la historia reciente de la investigación sociológica eclesial que "consideran a estas comunidades como simples espacios de refugio y de supervivencia para los inmigrantes que se encuentran sin lazos sociales ni referentes culturales en las ciudades que los acogen y en las cuales ellos se sienten huérfanos, extraños e incomprendidos."[19] Esto indica que la iglesia pentecostal sigue siendo vista como un espacio para aquellos que siendo marginados por la sociedad deciden marginarse de ella para no enfrentar su realidad como en una suerte de escapismo. Es por eso que en la investigación del pentecostalismo, particularmente del chileno, pero aplicable al contexto latinoamericano nos encontramos con el postulado de "D'Epinay *quién* sostenía que la doctrina y la vida congregacional pentecostal inducían a los miembros de las clases trabajadoras y pobres a 'refugiarse' en un mundo espiritual abstrayéndose del mundo social y político."[20] Este rótulo de hace décadas sigue siendo citado y considerado por muchos autores como algo real en la actualidad, comúnmente como resultado de una lectura desde fuera, no sólo desde el pentecostalismo sino desde fuera de la teología cristiana en muchos de los casos.

Ahora, considero que parte de este rótulo de escapismo de la realidad por parte de los pentecostales es respuesta a una lectura realizada desde fuera, es una lectura externa a la comprensión pentecostal que no contempla que el apego a la iglesia y a la nueva forma de leer el mundo son parte

17. WAGF Theological commission, 13.
18. Traducción libre; Cross, "The Divine-human Encounter," 8.
19. López, *La fiesta del Espíritu: Espiritualidad y celebración pentecostal*, 18—19.
20. Miguez, "La conversión religiosa como estrategia de supervivencia," 75.

del proceso de conversión y de construcción de identidad en el cual "La recuperación de la dignidad social se produce porque en el discurso pentecostal todo creyente es 'hijo de Dios' y 'forma parte del plan divino'. Esta pertenencia le permite al 'perdedor' del sistema social dominante, sentirse un 'ganador' (o para ponerlo en términos pentecostales 'más que vencedor') en el sistema alternativo."[21] Es posible que esta construcción o recuperación de identidad sea parte de un todo que representa una nueva forma litúrgica dada la característica que indica que el pentecostal construye teología en lo que hace y canta y no sólo en lo que se encuentra escrito formalmente. En palabras de Corten, "la expansión pentecostal ... está relacionada con su capacidad de reivindicar la emoción como un aspecto relevante de la experiencia religiosa. Emoción que implica, a su vez, una construcción discursiva —*una teología*— que no se apoya sobre la sistematización de una doctrina, sino sobre la experiencia compartida por los creyentes en el culto."[22]

Además, debemos resaltar que el culto pentecostal no es una marginación de la sociedad sino un reflejo de los detalles culturales considerados como válidos en ésta. Habitualmente es el culto pentecostal el que más representa la diversidad cultural, el que se da con los elementos disponibles en la cultura y no bajo un acercamiento litúrgicamente rígido. Pues debemos considerar para la iglesia y su entorno que "El papel de la fiesta en la cultura y la sociedad latinoamericana es profundamente significativo (Villafañe 1996:22) Y precisando que se trata de un maravilloso sentido de comunidad que celebra la vida por medio de la fiesta."[23] No es entonces que el culto pentecostal y las vivencias de la fe pentecostal que normalmente giran alrededor de éste sean un escape; contrario a esto representan una nueva forma litúrgica donde "el culto pentecostal se convierte en un jubileo cristiano, donde el gusto por la vida prevalece ante todo lo que hacemos. Esto es posible gracias a la acción de su Espíritu. El Espíritu de Dios vuelve al culto una fiesta."[24] Una fiesta que es muy latina aunque sea en el caso de las iglesias de las que estamos hablando, una fiesta que no saca al adorador de la realidad sino que le da un sabor diferente.

Se menciona aquí la importancia de esta nueva forma litúrgica y del culto en particular dado que "El culto se constituye, entonces, en una suerte de espacio de aprendizaje y de laboratorio común en el cual se forja y se modela la conducta que se espera que el discípulo tenga en cada lugar en el

---

21. Ibid., 76.
22. Beltrán, "La expansión pentecostal en Colombia," 80.
23. López, *La fiesta del Espíritu*, 29.
24. Ibid., 29.

que él camina como ser humano de carne y hueso."[25] No es entonces el culto válvula de escape sino un espacio donde se aprende un nuevo significado de la sociedad y donde el creyente construye su nueva identidad a pesar de lo adverso de la situación. No es negación de la realidad; es encontrar en la relación con Dios y los hermanos a través del culto la esperanza, amor, vida y fortaleza necesarios para seguir adelante afrontando la realidad. No es negación sino re-significación. Esta realidad de la liturgia pentecostal es la que responde a las realidades personales y a la presentación de Dios como aquel que no sólo está interesado en lo transcendente de la vida sino que se interesa por la experiencia diaria. Estos elementos aportan a las necesidades inmediatas del desplazado por la violencia que en medio de añorar el pasado, todo lo que se dejó atrás, sobrevive en un ambiente hostil y diferente, haciéndolo un día a la vez.

IDENTIDAD PARA EL DESPLAZADO COMO PARTE DE LA RECONSTRUCCIÓN DE LA VIDA, DE RECUPERAR EL ENTORNO VITAL

Ya hemos mencionado que el nuevo creyente cambia su cosmovisión en medio de la relación con sus pares en la comunidad eclesial. Esta relación en el caso particular de los pentecostales se construye en la liturgia, o como se podrían encontrar más fácilmente en los cultos o servicios de adoración. Mencionada ésta no como escapismo social sino como redimensión de la comprensión de la realidad. Ahora, la cuestión en desarrollo está relacionada con el cómo la iglesia pentecostal construye identidad social en medio de sus miembros, en particular de su membresía que ha sido víctima del desplazamiento forzado. Es necesario mencionar entonces que esta construcción o, mejor dicho, reconstrucción de la identidad es posible, siempre y cuando nos acerquemos a ella entendiendo que "la identidad social se define por una serie de categorías y roles que determinan y diferencian las manifestaciones de la misma: el plano del género, el plano espacio—territorio, el plano clase social, el plano religioso, el plano étnico. La combinación de estos planos permitirá entonces generar manifestaciones particulares que le permitan a determinada población o sociedad reconocerse como particular."[26] En esta reconstrucción de identidad se apela a la reconstrucción de todos los planos partiendo del plano religioso y su influencia en la identidad personal.

25. Ibid., 44.
26. Palacio, 34.

La persona desplazada por la violencia pierde parte de su identidad al salir de su entorno social. Ese entorno que da sentido y significado a la vida como el desplazado la conoce. No decimos con eso que el desplazado en el lugar de recepción no sabe quién es o lo olvida. Lo que queremos mencionar es que aquello que le hacía quién era en la mayoría de los casos ya no tiene valor o sentido en la nueva comunidad en la que se encuentra, pero de la cual no hace parte; los elementos significantes de su vida ya no están presente en la misma forma y por ende debe buscar el cómo reconstruir dichos elementos. En este espacio el "plano religioso" tiene un valor especial pues "el campesino abandona apresuradamente su territorio y lo único que trae consigo . . . es a Dios."[27] Debe resultarnos llamativo que el desplazado practicante de la fe cristiana (católica o protestante) mantiene su fe en Dios y busca acercarse a la comunidad de fe para reconstruir su identidad. En estos términos cuando se piensa en el desplazado quién llega a las zonas marginales y más pobres de las ciudades en busca de refugio, la iglesia, entendida ésta como representación de Dios y de la fe, se convierte en opción y gran aliado. "Para una persona desplazada que debe reconstruir su vida, su red social y su identidad, unirse a una congregación de unas pocas docenas de miembros es particularmente ventajoso: en las congregaciones pequeñas, el pastor conoce personalmente a cada uno de sus fieles, a quien visita a menudo en casa. Las personas que asisten a estas iglesias son por lo general vecinos, así comparten muchos espacios, incluso fuera del templo. Unirse a una pequeña congregación es el comienzo de las relaciones vecinales de solidaridad, amistad y complicidad. Incluso es una buena manera de encontrar un trabajo, pues el líder es a menudo el centro de una extensa red de relaciones que incluyen los barrios ricos de la ciudad. Él constantemente tiende puentes entre los empleadores pentecostales y los miembros de su comunidad que buscan trabajo."[28]

Las comunidades pentecostales, especialmente las comunidades pequeñas, que son las más comunes en los barrios marginados, son comunidades de apoyo dónde se reconstruye la identidad en medio de la solidaridad que en la mayoría de los casos son de pobre a pobre o de desplazado de una ola anterior al nuevo desplazado. Esta mención es notoria en un país que como Colombia ha vivido varias olas de desplazados por la violencia a lo largo de su historia. Estas formas de comunidad que son ventajosas aportan a la construcción del tejido social. Este es uno de los grandes aportes sociales del pentecostalismo que resulta poco visible, básicamente porque

---

27. Castillejo, *Poética de lo otro*, 215.

28. Traducción libre; Borda Carulla, "Resocialization of "Desplazados" in Small Pentecostal Congregation in Bogota, Columbia," 42.

la sociedad en general ha optado por olvidar o ignorar lo que se vive en los llamados cordones de miseria. Aún siendo sombría la situación, o aunque sea poco visible, "Muchos investigadores argumentan que en las iglesias pentecostales los devotos encuentran nuevas comunidades de apoyo social, nuevas estructuras y valores familiares y que además aprenden de una nueva autodisciplina y confianza en Dios, que les anima a seguir adelante y adaptarse a un mercado de trabajo inseguro e inconsistente."[29] Es en medio de esta realidad que podemos constatar que "a través de sus congregaciones, sus obras, sus cultos, etc., el pentecostalismo construye procesos de identidad en términos positivos."[30]

Ahora esa identidad positiva o reconstrucción del tejido social tiene varias facetas que vale la pena resaltar. Primero encontramos que esa reconstrucción se da en torno a Dios. No hay reconstrucción de identidad sin un acercamiento al Dios que brinda esperanza y perdón, Dios que permite seguir adelante a pesar de y que sustenta en medio de la difícil vivencia experimentada. Esta primera faceta "nos permite comprender que un desplazado por la violencia en Colombia, en lugar de mandar a Dios lejos de su vida por todo el sufrimiento que ha tenido que soportar, lo acoge con más ahínco y reconoce con más viveza el poder de la divinidad en su vida.."[31] De esta faceta se desprenden las demás. Una segunda faceta es la de las redes de solidaridad. Si Dios es Dios y la situación me lleva a aferrarme a él con más fuerza entonces debo generar espacios, habitualmente cúlticos, en los cuales pueda construir esa nueva realidad. Así que "la forma en que las comunidades de fe pentecostal responden a las situaciones conflictivas de los creyentes y a sus necesidades es con mecanismos de control moral que promueven la estabilidad, dando espacios al desahogo y generando redes de solidaridad y ayuda (material y psicológica).[32] Este apoyo no está desconectado de la realidad anterior del desplazado por la violencia; su identidad de-construida por la violencia es más fácilmente construida en medio de comunidades pentecostales dado que "En este contexto social los grupos pentecostales se constituyen en espacios para la creación de redes de solidaridad y para la restauración de los vínculos comunitarios, en una dinámica en la que el pentecostalismo permite la continuidad entre las estructuras sociales rurales y las formas de organización social de los sectores urbanos excluidos."[33] Es básicamente territorio intermedio, pues tiene con-

---

29. Lindhardt, "La Globalización Pentecostal," 119.
30. Pereira Souza, "El pentecostalismo," 9.
31. Mafla, "Función de la religión," 161.
32. Cornejo, "El debate actual sobre el pentecostalismo," 154.
33. Beltrán, "La expansión pentecostal en Colombia," 75.

tacto con las realidades previas y es el paso a seguir para llegar a encontrarse en su nueva realidad.

No se pretende aquí tapar el sol con un dedo y decir que en medio de la comunidad pentecostal el desplazado encuentra plenitud instantánea, lo que se presenta responde a una visibilidad de las cosas pequeñas del diario vivir de un pentecostal. "El solo hecho de que en las comunidades pentecostales los excluidos por el sistema predominante recuperen la capacidad de hablar públicamente mediante la oración, el canto, el testimonio y la predicación, ya constituye en sí misma una clara señal de que algo nuevo ha comenzado y de que se está forjando una nueva sociedad en las que desaparecen todas las diferencias que separan a los seres humanos."[34] Son esas cosas pequeñas las que aportan a la construcción de identidad en medio de la situación adversa y que enmarcan el camino para establecer un nuevo sistema vital en el cual moverse y desarrollarse. Estas pequeñas cosas son posibles porque "varios pastores y fieles de las iglesias pentecostales sin discursear o palabrear sobre estos asuntos, hicieron frente a problemas tan agudos como los de la violencia política y la pobreza material extrema en sus respectivos contextos de misión."[35] Esto sencillamente en respuesta a la afirmación básica de que "el Dios de la Biblia, sigue siendo el Dios de la vida que ama y defiende la vida, libera de todas las opresiones. En consecuencia, para un pentecostal que ha sido liberado ... de las cadenas de opresión que lo mantenían ... en condiciones infrahumanas, no tiene que resultar extraño afirmar que la defensa de la dignidad de todos los seres humanos como creación de Dios, viene a ser una forma de vida en el Espíritu."[36]

FORMA Y SIGNIFICADO DE LA LABOR SOCIAL DEL PENTECOSTALISMO COMO ELEMENTO QUE APORTA A LA CONSTRUCCIÓN DE IDENTIDAD

Hasta el momento nos hemos centrado en la labor social que hacen los pentecostales y las razones por las cuales hacen esta labor social. Esto visto desde la temática de la liturgia y desde la construcción de identidad. Sin embargo, si decimos que el pentecostal no hace elaboraciones doctrinales formales sino que su teología se ve en el actuar, es menester preguntarnos aquí por la forma de hacer obra social por parte de los pentecostales y lo que

---

34. López, *La fiesta del Espíritu*, 34.
35. López, *Pentecostalismo y transformación social*, 16.
36. López, *Pentecostalismo y Misión Integral*, 103.

ésta significa para la población objeto de esa obra social, obra que hemos puesto en términos de construcción de identidad.

Si partimos del presupuesto que la misión de la iglesia está directamente relacionada con la necesidad y el imperativo de luchar contra las estructuras de poder del pecado y la maldad en nuestro entorno,[37] debemos entonces levantar la pregunta, cómo la iglesia está luchando contra esos poderes, qué se está haciendo en la construcción de la identidad para los desplazados por la violencia y cómo se está reestableciendo el tejido social. El desplazado por la violencia hace reconstrucción de su identidad apoyado en las realidades del nuevo espacio ocupado, en relación con Dios como su única esperanza y sustento para continuar adelante. Es en este espacio que "los imaginarios de los pastores y de los dirigentes religiosos, así como las reacciones, las adaptaciones y las resistencias de los desplazados, construyen particulares formas de ciudadanía y de sentido social. Lo hacen a través de inclusiones y exclusiones culturales permanentes, y a partir de particulares sentidos de la memoria y el olvido, necesarios para reconstruir la experiencia subjetiva, familiar o colectiva, en medio del nuevo espacio ocupado."[38] La iglesia y sus miembros apelan a la conexión comunitaria, a la vinculación y confesión de nuevas realidades, al apego por la "fiesta del Espíritu" como formas de construcción de identidad. Si bien algunas investigaciones indican que "La iglesia entonces tiene un espacio de trabajo significativo a pesar de que la población con la que se trabaja suele ser previamente creyente ... La inmediata búsqueda de los pequeños grupos de "iguales" permite la circulación de los reiterados lazos de solidaridad dentro de las iglesias y la reproducción de las pertenencias religiosas."[39] La iglesia se encuentra en la obligación de generar mayores espacios de construcción de identidad. En razón no sólo de apropiar cambios en la vida mediante la formación en el culto, sino generando nuevos espacios y oportunidades de subir en la escala social, generar bienestar y conciencia de responsabilidad en cuanto a la participación en la sociedad. Es de resaltar lo que menciona en este sentido Demera: "Estas relaciones permanentes entre el desplazado y las entidades religiosas, las ideas y las prácticas de religiosidad, definen frecuentemente los componentes sociales, simbólicos y políticos del desplazamiento. En este sentido, procesos centrales a la reconstrucción de la experiencia colectiva y subjetiva del desplazado, como la recuperación y la manipulación de la memoria, la reconstrucción identitaria y la proyección de futuro, estarán

---

37. Villafañe, *El Espíritu liberador*, 173.
38. Demera, *Ciudad, migración y religión*, 304.
39. Fabre, *Conversión religiosa e imaginario social*, 306.

permanentemente atravesadas por la circulación de las creencias religiosas, de las pertenencias institucionales y de los imaginarios religiosos locales."[40]

Esta necesidad de cambiar el significado de la construcción de identidad se da porque no se puede finalizar con una forma que no refleje el fondo. Es decir, no puede terminar la construcción de identidad siendo una solución escapista cuando el pentecostalismo en el fondo busca la transformación de la realidad social, hecho que ya hemos mencionado anteriormente. Si bien sí se menciona de la iglesia pentecostal que "ellas son canales de liberación, que su teología es una reflexión crítica desde la periferia, que su praxis es una afirmación de la vida, y que su esperanza es una crítica al carácter efímero de los reinos de este mundo."[41] Es urgente y vital hacer cada día más visible esta realidad integral en medio de nuestras comunidades de tal manera que el compromiso con la obra social y la reconstrucción del tejido social deje de ser un esfuerzo solitario y se convierta en una esfuerzo eclesial, pujante y transformador de la realidad de la sociedad colombiana y para el caso puntual de la realidad de la población víctima del desplazamiento forzado.

No quiero finalizar esta sección dando la impresión de que la forma particular de la obra social pentecostal tiene poco resultados en su significado para los miembros objetos de esta construcción de identidad. Ya en Colombia estudios recientes inician el reconocimiento de que "esta fenomenología ha implicado, a la vez que manifiesta, profundos cambios en la vida social latinoamericana que involucran aspectos sociales, económicos, jurídicos y políticos tanto como ideológicos y culturales y que, en conjunto, pueden estar apuntando a un proceso complejo de reestructuración social."[42] Por lo tanto el camino de transformación está iniciado y si bien parte de la preocupación es la poca visibilidad de este cambio considero importante en la última sección hacer visible algo de la obra social pentecostal que reconstruye la identidad en la población víctima del desplazamiento forzado mientras aporta a la reconstrucción del tejido social en nuestro país.

TRABAJO CON LA COMUNIDAD DE DESPLAZADOS EN LOS ASENTAMIENTOS EN LA VEREDA GRANIZAL

Como se mencionó en la introducción de este texto, esta ponencia incluía como parte de su propósito hacer más visible parte de la labor social de las iglesias pentecostales, en este caso, con la población víctima

---

40. Demera, 306.
41. López, *La fiesta del Espíritu*, 54.
42. Beltran, *El pentecostalismo en Colombia*, 22.

del desplazamiento forzado. El caso en estudio es el de la vereda Granizal, vereda que se encuentra en los límites de los municipios de Medellín, Bello y Copacabana.

Información sobre el sector

La vereda Granizal ubicada en el municipio de Bello, inicia su proceso de convertirse en barrio de invasión, producto de la venta pirata de lotes en los años sesenta del siglo pasado y como resultado del rápido crecimiento de la ciudad por la llegada de desplazados producto de la violencia rural.[43] Esta vereda, y en general, la Comuna 1, a quién se encuentra más cercana geográficamente, concentra una de las poblaciones más grandes en la ciudad de víctimas y victimarios del conflicto en el país,[44] y es el segundo asentamiento de desplazados por la violencia más grande en Colombia.[45]

A inicios de 2003 se produce en este lugar un hecho simbólico de significación en el que participaron alrededor de 4.000 familias de desplazados de los asentamientos en Granizal quienes se declararon como "asentamiento de refugiados internos por la Paz y los derechos humanos."[46] Estos asentamientos están conformados por población mayormente juvenil, el 54% son menores de 17 años y es una población caracterizada por el poco nivel de estudio; sólo 1% de la población tiene estudios universitarios y el 21% ha completado estudios secundarios, además hay un 29% que no cuenta con ningún tipo de estudio.[47]

Un gran número de estos desplazados no tiene intención de retorno y su sustento entonces pasa a depender de actividades laborales en el *lugar* de recepción; gran parte de esta población accede a trabajos informales o trabajos por el sueldo mínimo, además un porcentaje cercano al 10% sobrevive con la mendicidad.[48]

Los desplazados como víctimas del conflicto terminan en este tipo de asentamientos, "no a causa de la búsqueda de mejores oportunidades, o por cambios en el lugar del trabajo u otras causas que son tan corrientes en las explicaciones de la planificación urbana, la sociología y la antropología, sino producidas por un desarraigo –territorial y familiar- obligado por un desplazamiento forzoso, en una suerte de destierro, en una huida apenas

43. Restrepo, "Informalidad y urbanismo social en Medellín," 133.
44. Bastidas, "Víctimas en Medellín," 385–389.
45. Gómez, 2014.
46. Arango, *Luchas sociales de los desplazados internos en Colombia*, 50.
47. Jaramillo Arbelaez, *Migración forzada de colombianos*, 45.
48. Ibid., 46—47.

lógica de la población civil de los frentes de guerra."[49] Sin embargo no significa para ellos tranquilidad o "paz" frente a su situación anterior, dado que para ellos el nuevo lugar de vivienda se convierte en un lugar con tensa calma, en "una bomba de tiempo donde un detonante pase esto estalla, que lo hace preguntarse esto dónde va a reventar, esto dónde va a parar."[50] No es sorpresa entonces que este sector (Comuna 1) aporte el 24% de los desplazamientos interurbanos en la ciudad, generando nuevos desplazamientos en poblaciones ya desplazadas.[51]

Descripción de los proyectos

Dos proyectos fueron visitados que son parte de la labor social en este sector y que representan a la iglesia. El primero de los proyectos es parte de la Iglesia del Pacto Evangélico y surge como parte de la labor eclesial a raíz de una hermana de la iglesia que llegó a vivir en este sector, no como desplazada pero sí a raíz de la pobreza y el anhelo de tener casa propia, esto recordando que el sector es mayormente una invasión. El trabajo inicial de labor social de parte de la iglesia es el relacionado con brigadas de salud, ayudas económicas y alimenticias, relata el pastor Díaz.[52] La iglesia tiene 5 años de presencia formal y 8 años de ubicación en este sector. Inició el trabajo a través del apoyo de la comunidad de la iglesia "madre" del centro de la ciudad y ha contado con el apoyo internacional del Pacto Evangélico en Noruega y Estados Unidos.

El segundo proyecto pertenece a la Iglesia Cuadrangular; es exclusivamente una iglesia que tiene una marcada labor social. Esta iglesia lleva 14 años en el Pinal y 3 años formalmente con la labor social en el sector y sirve a 201 niños en su programa regular y alrededor de 130 padres en la escuela de padres de la iglesia.[53]

En ambos casos la obra social es vista como un elemento que no se hace para atraer a las personas al evangelio sino como una forma de servir a la comunidad. Si bien se puede apreciar en las menciones al trabajo la fuerte intensión de que las personas conozcan el evangelio y lleguen a la relación con Dios, el no hacerlo no implica que no se sirva a la comunidad. Esto es contrario a la habitual mención de pensar el evangelio como una simple forma de evangelización.

49. Restrepo, "Medellín," 71.
50. Monsalve, 2014.
51. Jaramillo Arbelaez, 49.
52. Díaz, 2014.
53. Coronado, 2014.

Forma en la que hace labor social

La iglesia debe ser consciente de las necesidades presentes en este tipo de sectores y en cómo se puede ayudar en la solución, sirviendo desde la fe a una comunidad en condiciones adversas. Los proyectos trabajan con poblaciones diferentes. Por un lado "El proyecto Transformación para la paz aspira a trabajar de manera integral con las familias, la meta es trabajar con 400 familias, especialmente se trabaja con jóvenes y adultos."[54] El proyecto se da dentro del marco de la garantía de derechos, no es asistencialista, y busca ayudar a acceder a la información y a los apoyos estatales y no gubernamentales. El proyecto de transformación se aborda para esta población desde tres componentes: desarrollo familiar, desarrollo comunitario y organizacional y la investigación.[55] Por otro lado, el proyecto de la Iglesia Cuadrangular "hace un trabajo social intencional que busca intervenir en forma verdadera a la comunidad."[56] Este trabajo se hace en cuatro áreas: espiritual, emocional, física y social.

A pesar de los esfuerzos que estos dos grupos están realizando se reconoce la necesidad eclesial de trabajar en un proceso de visibilidad, pues "muchas personas desconocen la realidad de este asentamiento, aun estando éste en la ciudad."[57]

Cómo se construye identidad desde la labor social

La iglesia en este tipo de sectores es consciente de que la identidad del desplazado está en riesgo, teniendo en cuenta que las personas vienen con pérdidas de identidad por el cambio de condición, "se da una muerte lenta."[58] Además, como un elemento que se suma a esta problemática, "Mucha de esta población no se entienden a sí mismas como víctimas . Esa es parte de la pérdida de su identidad."[59] Mucha de la identificación se da más hacia el lado de la pobreza y esto no permite apoyar mejor un proceso de re-significación ni de construcción de identidad. Además dificulta la labor de acompañamiento frente a las oportunidades estatales a las cuales esta población tiene acceso por su condición.

54. Gómez, 2014.
55. Ibid.
56. Coronado, 2014.
57. Díaz, 2014.
58. Gómez, 2014.
59. Ibid.

Es entonces que la iglesia debe trabajar con las víctimas en un proceso donde se evite que la condición de desplazamiento deje de ser algo transitorio, o donde se convierta en un proceso de re-victimización. El proceso pasa por "ayudar a entender a la gente que el asunto va más allá de su hambre cotidiana mientras se le ayuda con su hambre."[60] Es por eso que "el trabajo no es sólo buscar ayudar en el momento puntual sino dejar unas habilidades desarrolladas en las personas que aporten a la transformación comunitaria."[61]

A la par de estos elementos de desarrollo social se busca el aporte eclesial que responde a la evidencia de "que la gente necesitaba la oración y también pan."[62] La iglesia debe pasar del asistencialismo a proyectos que dignifiquen a la persona; no se pueden presentar proyectos que mantengan a las personas en estado de víctimas. Recibir ayuda solamente, no permite que las personas desarrollen sus capacidades,[63] esto se ve en el culto. Salir del asistencialismo es dignificar a la persona. Esto es particular y llamativo en el caso de la Cuadrangular donde la iglesia ha modificado su liturgia para adaptarse a las particularidades de personas que vienen de diferentes lugares y culturas. "Hemos trabajado una liturgia más relacional."[64]

"Ahora, se debe considerar que estas obras son relativamente nuevas, a la mayoría de personas se les está dando la "leche espiritual" pero mucho de los que han llegado ya eran cristianos y estaban orando a Dios por un espacio eclesial así. Se les da espacio en el liderazgo, se busca que no se pierda lo que ya tenían, sacándolos del limbo en el que estaban y ayudándolos a perseverar."[65]

La proclamación de la iglesia durante el servicio también es importante, se ayuda a la gente a entender en que ellos pueden, que deben confiar en el Señor, que dependen del Señor.[66] La enseñanza del Sermón del monte es muy útil desde una predicación contextual para las personas.[67] Sin embargo, todavía persiste el acercamiento que piensa que "a la gente hay que darle Biblia parejo, pues si la persona se acerca al Señor se le resuelven un montón de cosas en su vida."[68] La iglesia también está pasando a pensar en la

60. Monsalve, 2014.
61. Gallego, 2014.
62. Díaz, 2014.
63. Gallego, 2014.
64. Coronado, 2014.
65. Arboleda, 2014.
66. Ibid.
67. Díaz, 2014.
68. Monsalve, 2014.

importancia de buscar que hable el testimonio, que la persona vea y quiera participar de la fe.[69]

Es por eso que ambos proyectos buscan "orientar la familia hacia la iglesia, como parte de la recuperación de dignidad e identidad al reconocer el evangelio como parte fundamental para su vida."[70] Y ven la gran necesidad existente de "generar documentos teológicos que aporten a la labor social de la iglesia en otros lugares, esto basado en la experiencia en este lugar."[71] Pues "el evangelio debe vivirse desde la realidad de la calle, no se puede seguir viviendo un evangelio desde el púlpito."[72] Esta última como referencia de la necesidad de llegar a la realidad de la persona y no el adormecerla al interior de la iglesia como se ha sugerido en algunos escritos.

La iglesia tiene amplios y vastos caminos por recorrer. Sin embargo en diferentes lugares se están haciendo esfuerzos que reconstruyen identidades, que aportan a la construcción del tejido social y que desde la fe, en particular la fe pentecostal, aporta a una realidad social compleja desde una mirada de misericordia, una mirada de compasión que refleja al Salvador en comunidades de fe que han decidido ser contextuales. El reto es enorme. La visibilidad es necesaria. El desarrollo teológico y de formación es fundamental. Sin embargo, en muchos sentidos, el trabajo ya se está haciendo.

69. Díaz, 2014.
70. Gallego, 2014.
71. Díaz, 2014.
72. Coronado, 2014.

Capítulo 11

Una respuesta pastoral wesleyana al tema del desplazamiento forzado en Colombia

por Ricardo Gómez, PhD.

INTRODUCCIÓN

El desplazamiento forzado no es un fenómeno nuevo de la historia de la humanidad. A través de los años, entidades gubernamentales y sociales de una u otra forma han tenido que responder a esta realidad. La iglesia, como agente de cambio y transformación, está llamada a responder con una pastoral que refleje los principios del Reino de Dios y que sea relevante a las necesidades contextuales de aquellos a los cuales sirve.

En la historia han existido grandes líderes y movimientos eclesiales que se han desenvuelto en medio de realidades similares a las del desplazamiento forzado en Colombia. Juan Wesley y el movimiento Metodista son un ejemplo de esto. Wesley estuvo inmerso en situaciones críticas de pobreza, donde ciertos sectores poblacionales de la sociedad inglesa del siglo XVIII tenían que migrar del campo a la ciudad debido, en gran parte, a las consecuencias que trajo la Revolución Industrial. Wesley fue un reformador y evangelista notable; un gran educador y teólogo. Pero, yendo más allá, fue un hombre profundamente comprometido con el desafío que representaba mitigar la pobreza y el sufrimiento que generaban desplazamiento en su país. No encasilló su conocimiento teológico, sino que antes, llevándolo a la práctica, en la vivencia pastoral, encarnó un ministerio que unía tanto teología como práctica la cual armonizaba la relación entre la iglesia y la sociedad, recordándonos que la teología debe estar siempre al servicio de la misión de la una en la otra, y de esta manera recordándonos que la iglesia tenía la tarea de proveer caminos que aporten soluciones a las dificultades de carácter social evidentes.

Ahora bien, el Artículo I del Decreto de la Ley Colombiana 387 de 1997 define a una víctima del desplazamiento forzado como:

> Toda persona que se ha visto forzada a migrar dentro del territorio nacional, abandonando su localidad de residencia o actividades económicas habituales, porque su vida, su integridad física, su seguridad o libertad personal han sido vulneradas o se encuentran directamente amenazadas, con ocasión de cualquiera de las siguientes situaciones: Conflicto armado interno, disturbios y tensiones interiores, violencia generalizada, violaciones masivas de los Derechos Humanos, infracciones al Derecho Internacional Humanitario u otras circunstancias emanadas de las situaciones anteriores que puedan alterar o alteren drásticamente el orden público (1997, 1).

Teniendo en cuenta esta definición, se debe aclarar que, aunque el desplazamiento de la sociedad inglesa en el siglo XVIII no necesariamente fue forzado, las consecuencias socio-económicas y políticas fueron muy similares a la realidad que viven miles de personas dentro del territorio colombiano. Este ensayo pretende lograr tres objetivos. El primero es presentar la realidad del Siglo XVIII en Inglaterra y las consecuencias que la revolución industrial trajo; el segundo, ver cuál fue la respuesta de Juan Wesley y el movimiento cristiano wesleyano a esta realidad; y el tercero, analizar cómo esta respuesta cristiana del movimiento wesleyano desafía y provee iniciativas a la iglesia en Colombia que ayuden a enfrentar la realidad social de desplazamiento forzado.

JUAN WESLEY Y EL CONTEXTO SOCIOECONÓMICO DE LA SOCIEDAD INGLESA EN EL SIGLO XVIII

El siglo XVIII dejó dos sucesos remarcables en la historia de la humanidad: El nacimiento de la Revolución Industrial y el surgimiento del Movimiento Metodista o wesleyano.

La Revolución Industrial alteró el orden económico y social mediante el uso de la tecnología. Por primera vez en la historia de la humanidad, el uso masivo de la máquina para fines comerciales produjo profundas transformaciones en el comercio, la industria y el sistema de valores laborales que antes se tenía. La mayoría de los estudiosos ubican el surgimiento de la Revolución Industrial a mediados del siglo XVIII.[1]

Escribiendo sobre algunas de las consecuencias de la Revolución Industrial Pablo Deiros señala:

> El cambio de una sociedad agrícola a una industrial fue drástico y creó una situación de crisis social violenta y traumática. La nueva clase social creada por la Revolución Industrial estaba compuesta por obreros carentes de todo derecho al voto y, en consecuencia, de poder político. No había sindicatos obreros ni leyes laborales. En las ciudades el hacinamiento era insoportable debido a la falta de viviendas, había serios problemas de salud por la carencia de medidas sanitarias, y la educación de las masas populares casi no existía. Cuando en el siglo XIX pensadores como Karl Marx y Friedrich Engels denunciaron los males de la explotación humana debidos al capitalismo industrial, citaban la situación en ciudades como Manchester y Birmingham. Este sistema imponía jornadas de trabajo de no menos de doce horas, echaba mano del trabajo infantil, y hacía de la vida humana una experiencia miserable y vacía, que terminaba en una muerte temprana.[2]

---

1. Bob Goudzwaard en su libro *Capitalism and Progress: A Diagnosis of Western Society* dice:

Desde la mitad del siglo 18, una ola de incremento de la industrialización arrastró a Europa occidental, comenzando por las islas británicas. Aquí, entre 1760 y 1770, se concedieron tres patentes de invención que cambiarían el rostro del interior de Inglaterra haciéndola casi irreconocible: al inventor Arkwright, por el molino de agua, en 1769; a James Watts, por la máquina de vapor, también en 1769, y al inventor Hargreaves, por la máquina textil giratoria, en 1770. Como resultado, la industria textil fue la primera en expandirse. Entre 1700 y 1780, las importaciones británicas de algodón se incrementaron de uno a cinco millones de libras; para 1789, a treinta y dos millones y medio. Entre 1750 y 1769, la exportación de artículos de algodón británico se incrementó diez veces (Goudzwaard, *Capitalism and Progress,*, 55).

2. Deiros, *Historia del Cristianismo*, 240–243.

Juan Wesley vivió precisamente durante esas fechas cruciales (1703-1791). Él fue un hombre de singular erudición, producto de la época de cambio que le tocó vivir. Sus conocimientos incluían, además de los temas religiosos y espirituales, investigaciones sobre el estado social y económico del país, así como temas científicos como la medicina y la electricidad.

Wesley desarrolló una visión integral del evangelio y reflexionó sobre estos temas en función de la misión que Dios le había encomendado. En su pequeño tratado, *Un discurso serio al pueblo de Inglaterra sobre el estado de la nación*, Wesley provee un argumento que aclara algunas dudas e ideas contradictorias acerca de las condiciones económicas y sociales de Inglaterra.

Sin ser economista o sociólogo, Wesley argumentaba que el estado de Inglaterra, desde el punto de vista económico y social, era positivo. Advertía que para diagnosticar el estado de una nación se debían considerar un sinnúmero de factores y no reducirse a unos pocos.[3]

Como buen estudioso, Wesley conocía las controversias sobre el estado de la nación y estaba familiarizado con las obras de su época. La discusión sobre el fenómeno del incremento o decrecimiento de la población durante el siglo XVIII sólo se basaba en aproximaciones y cálculos, ya que no se había creado un método fiable para hacer censos. Es por ello que cuando Wesley escribió sobre este primer indicador social, aseguró que el número de casas se había incrementado no sólo en las grandes ciudades, sino en los pequeños pueblos.

Un fenómeno que se dio en esta época fue el aumento de la población y el crecimiento de las ciudades por la migración de gran cantidad de personas en busca de oportunidades de trabajo, bienestar, seguridad y educación

---

3. Ante la polémica desatada por algunos interrogantes en cuanto a la aparente ruina de la nación según algunas opiniones, Wesley afirmó que lo que verdaderamente se necesitaba no era referirse a una parte de la historia, como se estaba haciendo, ni interpretar los hechos parcialmente; lo que se necesitaba era razonar la totalidad de los hechos, verlos como un todo, para poder emitir una opinión sobre el verdadero estado de la nación. Escribiendo sobre esta realidad Wesley dice:
Les ruego que sopesen el asunto con serenidad para no ser dominados por gente escandalosa y verborragia, y para que usen sus propios sentidos, sus ojos y oídos y su propio entendimiento. No se conformen con una parte de la explicación, como muchos los hacen, sino escuchen la totalidad y entonces juzguen. Tengan paciencia para con la exposición de todas las circunstancias, y entonces podrán formarse un juicio correcto; González, *Obras de Wesley*, vol. 7, 205.
Wesley toma en consideración para su análisis (*Un discurso serio al pueblo de Inglaterra sobre el estado de la nación*) los factores como el transporte fluvial, la población y la agricultura y los compara en un transcurso de 18 años (de 1759 a 1778). Esto le ayudó a observar los cambios que había experimentado la nación en el transcurso de estos años.

debido a las pocas garantías que proveía el campo para responder a sus necesidades básicas.[4]

Como se dijo antes, el siglo XVIII vio el nacimiento y evolución de la más grande variedad de máquinas e inventos que el hombre pudo imaginarse. Tales máquinas estaban esencialmente en función de una mejor producción, muchos inventos y medios de locomoción introducidos durante este siglo tenían fines fundamentalmente comerciales, especialmente para las industrias textil, minera y locomotriz.

Los profundos cambios dentro de la sociedad que Wesley empezaba a percibir a mediados del siglo XVIII, y que describe como indicadores del progreso y desarrollo del país, tuvieron grandes efectos en las dimensiones social, política, económica, religiosa y cultural de la sociedad inglesa.

Estos profundos cambios significaban nada menos que el inicio de un nuevo orden social y económico, a saber, el nacimiento del capitalismo moderno y el surgimiento y desarrollo de la burguesía como clase social.

Juan Wesley consideró los indicadores socioeconómicos de su época como positivos y de eminente prosperidad; sin embargo, advirtió que la pobreza y la miseria estaban también presentes de manera alarmante. En su obra *Reflexión sobre la presente escasez de alimentos* (1773), él hace un análisis de la situación social de su época. Inicia este análisis con preguntas retóricas, tal como sigue:

> ... ¿Por qué miles de personas están hambrientas, padeciendo necesidad en cada lugar de la nación? Lo sé porque lo he visto con mis propios ojos, en cada rincón del país. He conocido a gente que solo podía disfrutar de una comida decente cada día de por medio. Conocí a una persona en Londres (que pocos años antes tenía todas las comodidades para vivir) que recogía sobras de un basurero maloliente, llevándolas a casa para alimentar a sus hijos. Conocí a otra que recogía de la calle los

---

4. David McKenna en su obra *Wesleyanos en el Siglo 21* se refiere a los cambios que la sociedad de Inglaterra vivió durante esta época:

> La Inglaterra del siglo 18 atravesaba las agonías de la transición entre la era de la agricultura y la era industrial [...] En el tiempo de Wesley, la moribunda era de la agricultura se centraba en la economía agrícola: la tierra era la riqueza, el trabajo humano era el capital, y la acumulación de las tierras era el factor de poder. Luego la invención de la máquina de vapor afectó para siempre la lenta y estable cultura agrícola. Cuando la máquina de vapor dio inicio a la era industrial, los recursos tradicionales de riqueza, capital y poder se vinieron abajo. En vez de la tierra, el dinero llegó a ser la fuente de la riqueza; en vez del trabajo humano, las máquinas eran la fuente del capital, y en vez de la acumulación de tierras, la acumulación del dinero era la acumulación del poder (Mckenna, *Wesleyanos en el siglo 21*, 12).

> huesos abandonados por los perros para hacer sopa y poder prolongar una vida desgraciada. Escuché a un tercero declarar sin reparos: "¡En verdad estaba tan flojo y débil que difícilmente podía caminar, hasta que mi perro, no encontrando nada en casa, salió y trajo un montón de huesos. Se los saque de la boca y me preparé una comida!." ¡Este es el panorama que, hasta esta fecha, mucha gente vive, y eso que estamos en una tierra que mana leche y miel, con abundancia de todas las cosas, las necesarias, las cómodas y las superfluas para vivir!
>
> Ahora bien, ¿por qué es esto así? ¿Por qué toda esta gente no tiene nada que comer? Porque no tiene nada más que hacer. La sencilla razón de por qué no tiene comida es porque no trabaja.[5]

El problema que expone Wesley aquí es similar a la situación que viven miles de los desplazados en Colombia. La Corte Suprema de Justicia de Colombia (con la sentencia T-025) reconoció las condiciones de vulnerabilidad de la población desplazada principalmente en las áreas de salud y falta de alimentación, y la reiterada omisión de protección oportuna y efectiva por parte de las distintas autoridades encargadas de su atención.[6]

El contraste que se veía en Inglaterra era alarmante; mientras unos pocos vivían en la miel de la abundancia, otros se debatían entre la miseria y el hambre. La primera causa de la severa crisis y escasez de alimentos era sencillamente que la gente estaba desempleada:

> Pero ¿por qué no tienen trabajo? ¿Por qué hay miles de personas en Londres, Bristol, Norwich, en cada condado, desde un confín de Inglaterra al otro, totalmente carentes de empleo? Porque las personas que acostumbraban a contratar empleados ya no tienen los medios para hacerlo. Muchos que antes contrataban a cincuenta ahora escasamente contratan a diez; los que contrataban a veinte, ahora si acaso a uno o a veces ni contratan. No lo pueden hacer porque no tienen salida para sus productos.[7]

Así el campesino, desprovisto de su tierra y obligado a ajustarse al nuevo sistema de vida industrial, se constituyó en la mano de obra barata del nuevo orden industrial. Al carecer de los medios de subsistencia, las masas de población desempleada tenían que sobrevivir en las peores condiciones de vida. Las mujeres y los niños trabajaban largas horas en las peores condiciones laborales.

---

5. González,, *Obras de Wesley*, vol. 7, 90.
6. Rodríguez, *Más allá del Desplazamiento*, 26
7. González, *Obras de Wesley*, vol. 7, 90.

Esta problemática, otra vez, no se aleja mucho de la realidad colombiana con la que la comparamos. De acuerdo a *La Consultoría para los Derechos Humanos y el Desplazamiento* (CODHES), el desplazamiento forzado implica la pérdida de tierras, pertenencias, familias, amigos, redes sociales, económicas y familiares; además socava los arraigos culturales y los proyectos personales.[8] CODHES Resalta que el 97,6% de los hogares inscritos en *Registro Unido de Población Desplazada* (RUPD) se encuentran bajo la línea de pobreza, y en los no inscritos es del 96%. Sumado a ello, el 78,8% de los hogares inscritos en el RUPD vive bajo la línea de indigencia.[9]

Volviendo al siglo XVIII, unida a la grave escasez de empleo, había también una grave escasez de alimentos, especialmente de los granos básicos con los que la población se alimentaba. Tal era el caso de la avena y el trigo, los cuales escaseaban porque eran granos que estaban ligados a la exportación de caballos y a la industria licorera de la destilación. Refiriéndose a esta situación Wesley se pregunta:

> Pero ¿por qué el alimento es tan caro? Yendo directo al caso: ¿Por qué el pan de trigo tiene un precio tan elevado? [...] La gran causa es la inmensa cantidad de grano continuamente consumido para destilar alcohol [...] Pero ¿por qué es tan cara la avena? Porque, redondeando, hay cuatro veces más caballos destinados a los carruajes y volantes particulares que los que había cuatro años atrás. Por tanto, a menos que la avena que se cultive ahora sea cuatro veces la que se cultivó antes, no puede estar al mismo precio.[10]

Aunque la situación en el siglo XVIII no fue causada por desplazamiento forzado, la situación de escases y de injusticia que vivían los más desamparados aquí en Colombia es similar. De acuerdo a Fernando Cubides y Camilo Domínguez en su artículo *Desplazados, migraciones internas y reestructuraciones territoriales*:

> Actualmente, la violencia de fin de siglo, con sus migraciones forzadas hacia los grandes centros urbanos, esconde principalmente las expropiaciones de tierras agrícolas para tornarlas

---

8. CODHES, 2004.

9. Parte de la información usada en esta investigación sobre la realidad de desplazamiento forzado en Colombia proviene de un estudio realizado como requisito de tesis de maestría de la Universidad Nacional de Colombia. Este estudio fue hecho por la socióloga Laura Milena Cadavid quien escribió sobre las condiciones de miseria y desigualdad en 100 familias en situación de desplazamiento asentadas en Bogotá y Soacha.

10. González,, *Obras de Wesley*, vol. 7, 90, 92.

ganaderas, o el control territorial de las regiones productoras de coca o amapola con el objetivo de adueñarse de la producción, el "gramage" o el tráfico.[11]

Wesley argumenta que muchos de los agricultores que antes se dedicaban a la ganadería y a la crianza de las ovejas habían tenido que vender sus tierras a los hacendados para la crianza de los caballos:

> ¿Por qué son tan caros el cerdo, las aves y los huevos? Por la monopolización de las granjas, acaso el monopolio más dañino jamás introducido en estos reinos. La tierra que algunos años atrás estaba dividida entre diez o veinte pequeños granjeros y que les posibilitaba proveer con comodidad para sus familias, ahora es acaparada por un importante y único granjero.[12]

Estos cambios agrarios descritos por Wesley se asemejan a la situación ocasionada por el desplazamiento y el conflicto armado relacionados con el problema de la monopolización de tierras en Colombia.[13] Despoblar y controlar territorios y apropiarse de zonas agrícolas es un objetivo de los grupos armados ilegales para el fortalecimiento de poder y control en zonas del país y para el cultivo de ilícitos. El desplazamiento es por ello más agudo en departamentos con mayor concentración de la propiedad agraria.[14]

Wesley sabía que algo andada muy mal con el sistema económico y social de su tiempo porque, como buen cristiano, reflexionaba sobre las causas brutales de la escasez y cómo los grandes monopolios de su tiempo condenaban a la pobreza y a la miseria a millares de personas a lo largo y ancho de su país.[15] Sin embargo, a pesar de haber contribuido con el diagnóstico del estado de su nación y con la descripción de la cruda realidad de la pobreza

---

11. Cubides, *Desplazados, migraciones internas y reestructuraciones territoriales*, 16.

12. González, *Obras de Wesley*, vol. 7, 92.

13. Reyes y Bejarano, "Conflictos agrarios y luchas armadas en la Colombia contemporánea," 6–27; Ibáñez Londoño, y Querubín Borrero, *Acceso a tierras y desplazamiento forzado en Colombia*.

14. Fajardo, "Ordenación territorial de los desplazamientos campesinos."

15. Wesley no solo conocía la situación que estaba afectando su tiempo, sino también, proveía soluciones tangibles al problema:
Pero ¿cómo puede reducirse el precio del trigo y la cebada? Mediante la completa prohibición y poniéndole punto final a esa ruina de la salud, a ese destructor de las fuerzas, de la vida y de la virtud que es la destilación. Quizá solo esto sea suficiente para responder a toda la situación... ¿Cómo puede reducir el precio de la avena? Reduciendo el número de caballos. Esto podrá hacerse efectivo, sin afectar la actividad del labrador, del cochero, de cualquiera que tenga caballos para tareas comunes: 1. Imponiendo un tributo de diez libras por cada caballo exportado a Francia... 2. Por la imposición de un tributo adicional por los carruajes de los caballeros... (Gonzáles, *Obras de Wesley*, vol. 7, 94).

y la hambruna, Wesley sabía que difícilmente sería escuchado por quienes ejercían el poder económico y político de su nación.

Por esa razón, y lejos de aportar simplemente un diagnóstico de su realidad, Wesley concentró su esperanza en transformar las condiciones sociales, espirituales y aun económicas de las personas que sufrían los horrores de la opresión y del hambre resultado del nuevo orden económico y social que le tocó vivir. Wesley quería transformar a la iglesia y a la sociedad mediante el mensaje del amor que lleva implícito el mensaje de la justicia y de la transformación social, especialmente a quienes sufrían directamente las consecuencias producidas por el "nuevo" orden socioeconómico que se establecía.

EL NACIMIENTO DEL METODISMO Y LA RENOVACIÓN DE LA IGLESIA

Con la Revolución Industrial, las grandes masas se movieron de los contextos rurales para trabajar en las nuevas fábricas, que estaban ubicadas cerca de las fuentes de materia prima y de energía (minas de hierro y carbón). En torno a estos centros industriales se levantaron comunidades urbanas nuevas y de gran crecimiento, pero sin iglesias.

La pobreza y la miseria fueron el ambiente cotidiano de miles de personas en el siglo XVIII en Inglaterra. Es a partir de esta realidad que Wesley desarrolló un modelo de iglesia y pastoral, un modo particular de concebir la santidad que debe ser de inspiración especialmente para quienes vivimos en el continente latinoamericano y más precisamente en Colombia. En las siguientes subsecciones se detallan 1) los inicios y la organización de las sociedades que Wesley dirigía, 2) la teología que animaba a Wesley a querer servir a su sociedad y por último 3) el impacto que las sociedades wesleyanas lograron tener en medio de su sociedad en su época.

Inicios y composición del movimiento wesleyano y sus sociedades

Juan Wesley, junto con el movimiento wesleyano, comenzó con el establecimiento y formación de las sociedades unidas que promovían la cooperación mutua, la enseñanza cristiana básica, la disciplina y el cuidado pastoral. A diferencia de los predicadores de la época, que solo predicaban al aire libre a las multitudes, pero que no las organizaban ni daban seguimiento a sus enseñanzas, Juan Wesley organizó y enseñó su doctrina fundamental de santidad y santificación por medio de las sociedades que dirigía.

Hay que aclarar que, ante todo, la intención de Wesley fue renovar la iglesia desde adentro, pero nunca fue el de separarse de la Iglesia Anglicana. Fue la misma iglesia la que cerró los púlpitos y las parroquias anglicanas a la predicación y ministerio de Wesley. Frente a esta realidad él dijo:

> Veo al mundo como mi parroquia; con ello quiero decir que en cualquier lugar donde me encuentre, juzgo correcto y como mi obligación declarar ante todos los que quieren escuchar las buenas nuevas de salvación.[16]

En el siguiente gráfico se puede apreciar la estructura organizacional del movimiento metodista.

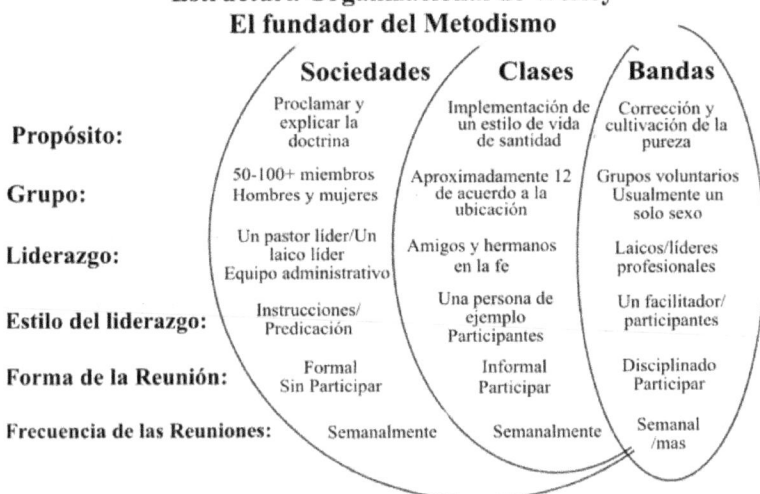

Estructura Organizacional de Wesley

La teología de las sociedades wesleyanas en cuanto a su responsabilidad social

Como antes se ha dicho, la teología de Wesley no puede ser entendida sin considerar las acciones que la encarnaban. La preocupación por el bienestar material y espiritual de la persona constituía la parte práctica de la santidad, que para Wesley no era una teoría teológica o doctrinal sino una experiencia transformadora de vida. Su propia definición de fe y el marcado énfasis en

---

16. González, *Obras de Wesley*, vol. 1, 201.

la dualidad de las obras de amor o de misericordia con las obras de piedad personal y comunitaria recuerdan el énfasis misionero en su visión de la iglesia y su compromiso pastoral. Tal como él mismo escribe:

> Les recordé a las sociedades unidas que muchos de nuestros hermanos y hermanas no tenían que comer; muchos carecían de vestidos apropiados; muchos estaban desempleados sin que tuvieran culpa de ello; muchos estaban enfermos y listos para morir. Yo había hecho todo lo posible por alimentar al hambriento, vestir al desnudo, dar empleo al pobre, y visitar a los enfermos, pero no era suficiente. Por tanto, deseo que todos aquellos cuyo corazón sea como el mío: 1) traigan la ropa de la que pueda disponer para distribuirla entre los más necesitados y 2) den un centavo semanal, o lo que pudieran dar, para aliviar a los pobres y enfermos. Mi plan de acción, les explicaba a las sociedades unidas, es darles trabajo a todas las mujeres sin empleo y, si lo desean, emplearlas en tejidos. A estas les daremos el valor común de su trabajo, y les agregaremos de acuerdo a su necesidad. Doce personas se nombrarán para inspeccionar estos detalles, así como para visitar y proveer las necesidades de los enfermos. Cada uno de estos debe visitar a los enfermos en su distrito, en días alternos, y luego reunirse conmigo los martes para informarme de lo que hicieron y consultar sobre lo que aún se puede hacer.[17]

Para Wesley la santidad tiene una dimensión social y espiritual. Es decir la santidad no es una empresa solitaria, sino una empresa comunitaria:

> 'Santos solitarios" es una frase que, a los ojos del evangelio, señala a no más ni menos que a "santos adúlteros." El evangelio de Cristo no conoce otra religión que la religión social, ni otra santidad que la santidad social. La fe que opera por el amor es el largo, el ancho y el alto de la perfección cristiana. Este mandamiento lo escuchamos de nuestro Señor Jesucristo, que quien ama a Dios, ame también a su hermano, y que expresemos nuestro amor a todos los hombres, especialmente a lo que son de la fe. En verdad, cualquiera que ama a su hermano, no solo de palabra sino como Cristo lo amó, no puede sino ser "celoso de buenas obras." El creyente siente en su alma un deseo ardiente, un deseo constante de dedicar su vida por ellos y para ellos.[18]

---

17. González, *Obras de Wesley*, vol. 1, 309.
18. González, *Obras de Wesley*, vol. 9, 239–240.

En cuanto a las doctrinas cardinales de la salvación y la santificación, Wesley insiste en que hay que vivirlas en el contexto de la sociedad y del mundo. Es imposible concebir, en la mente de Wesley, cristianos enajenados de la realidad en la que viven. La salvación y la responsabilidad social de la iglesia, juntamente con la ética de la santificación, son las dos caras de la misma moneda en la ética wesleyana.

En las sociedades metodistas, cada convertido debía mostrar las evidencias de su salvación a través de la práctica de las obras de piedad y de misericordia como parte de su formación en la santidad de vida. La formación de "clases metodistas" tenía como objetivo velar por que cada miembro de la sociedad fuese aún más celoso en cuanto a edificar su propia salvación:

> A fin de discernir con más facilidad si en realidad se están ocupando de su salvación, cada sociedad se divide en pequeños grupos denominados clases, según sus respectivos domicilios. Cada clase cuenta con una docena de participantes, a uno de los cuales se da el título de líder.[19]

De acuerdo a Wesley para vivir en santidad es necesaria la fe, pero esta fe no es meramente un asentimiento intelectual de lo que Dios puede hacer en nosotros. Tiene que ser una fe activa en el amor, lo que significa que la entera santificación no es una experiencia mística e individual entre el creyente y Dios, sino que tiene que ser la experiencia del amor que se cultiva hacia Dios y hacia los demás:

> ¿Qué es la perfección cristiana? Es el amar a Dios con todo nuestro corazón, mente y fuerza. Eso indica que nada de mal genio, nada contrario al amor queda en el alma; y que todos los pensamientos, palabras y acciones son gobernados por amor puro.[20]

Tener fe no es cuestión de pensar sino de hacer; no es cuestión de creer, sino de realizar; somos cristianos no tanto por lo que decimos sino por lo que hacemos. Las obras valen más que las palabras, y son la mejor expresión de nuestras convicciones doctrinales y personales.

Fue en este concepto de la santidad social donde la experiencia de solidaridad con los más desafortunados fortaleció su teología de amor, de cuidado pastoral mutuo y, sobre todo, del cuidado y la oportuna ocupación ante las profundas necesidades de su sociedad.

---

19. González, *Obras de Wesley*, vol. 11, 52.
20. González, *Obras de Wesley*, vol. 1, 41.

El impacto de las sociedades wesleyanas en la sociedad inglesa del siglo XVIII

Fue bajo esa organización eclesial enfocada en la sociedad y una teología centrada en servirle, que Wesley y las sociedades wesleyanas iniciaron, establecieron y profundizaron las obras de amor o de misericordia en medio de la Inglaterra del siglo XVIII.

Un ejemplo de esto es que Wesley, partiendo de las necesidades físicas y espirituales que observaba, estableció las primeras clínicas de asistencia médica, proveyendo él mismo ayuda farmacéutica y asesoría médica. Un tiempo después se preocupó por asistir a otro tipo de personas que aunque no estaban enfermas, no podían sostenerse por sí solas, a saber, las viudas, los ancianos y los niños. Para ellos especialmente fundó una casa tipo albergue que se constituyó al mismo tiempo como centro de operaciones y lugar de reunión.

El cuidado de la salud mediante la visitación de los enfermos por parte de los diáconos y el buscar los mecanismos para asistirles son muestras de su interés por quienes no podían pagar los servicios de un médico:

> Dividí la ciudad [Londres] en veintitrés sectores y pedí que los enfermos de cada sector fueran visitados por dos hermanos. Al visitador de enfermos le compete visitar a cada enfermo de su distrito tres veces por semana, averiguar el estado de su alma y aconsejarle según la ocasión lo requiera, indagar de su enfermedad y procurarle atención, ayudarle según s, necesidad, hacer por la persona enferma todo lo que esté a su alcance, llevar a los mayordomos su aporte semanal. Reflexionando sobre ello, me di cuenta cuán exactamente habíamos copiado lo que hacían en la iglesia primitiva. ¿Qué eran los antiguos diáconos? ¿Qué era Febe, la diaconisa, sino una visitadora de enfermos? [...] Se han salvado muchas vidas, se han curado muchas enfermedades y mucho dolor y necesidades se ha prevenido o superado.[21]

Wesley hizo posible que los más pobres de los pobres contribuyeran al bienestar social. Las clases metodistas estaban organizadas de tal forma que hacían ineludible la obligación social. Después de muchos años de arduo trabajo y gracias a las enseñanzas de su líder, miles de personas lograron salir de la pobreza. Sin embargo algunos de sus seguidores, y después de haber acumulado riquezas olvidaron su responsabilidad para ayudar a los demás. Olvidando los principios aprendidos por su líder, se enriquecieron. Wesley denuncia su actitud y les exhorta a volverse de sus caminos y

---

21. González, *Obras de Wesley*, vol. 5, 242.

considerar que la provisión que Dios les ha dado es para el servicio de los demás, especialmente de los más necesitados.

HACIA UNA PASTORAL A LA REALIDAD DE DESPLAZAMIENTO FORZADO EN COLOMBIA

Frente a la realidad social que vive Colombia la iglesia está llamada a responder. Teniendo en cuenta lo que aprendimos del movimiento Wesleyano la iglesia en Colombia debe:

- Aprender que hacer una análisis serio de la realidad social que nos golpea es una tarea que todo líder cristiano debe hacer constantemente. No podemos hacernos los ciegos con relación a nuestro entorno, ni muchos menos al dolor de nuestros hermanos colombianos que gritan en medio del dolor por oídos atentos a su clamor.

- Informarse que existen disciplinas y educaciones a nuestro servicio que nos pueden guiar en este entendimiento de la sociedad. Un ejemplo de ello es la etnografía que nos provee las herramientas apropiadas para medir el estado de nuestra nación y entender la realidad social que nos acoge.

- Entender que para ser efectivos en nuestro quehacer teológico y pastoral cristiano debemos tener en una mano la Biblia y en la otra el periódico.

- Preocuparse por el bienestar material y espiritual de las personas que están siendo afectadas por el problema del desplazamiento forzado.

- Desarrollar un programa de cuidado integral de la persona como filosofía de trabajo.

- Redefinir también el concepto de santidad, donde la encarnación del amor sea a través de las obras.

- Redescubrir que tener fe no es cuestión de pensar, sino de hacer; no es cuestión de creer, sino de realizar; somos cristianos no tanto por lo que decimos sino por lo que hacemos.

- Ver que la fe y la praxis de amor constituyen el corazón de la teología, de su ética pastoral y social.

- Recuperar el rol de la iglesia de ser agente de reconciliación. Reconciliación entre los grupos afectados por el desplazamiento y aquellos que han reconocido su falta como perpetuadores. En medio del proceso de paz y reconciliación que nuestro país está viviendo, la iglesia debe ser un agente activo en este proceso. La iglesia está llamada a ser un agente de paz, armonía, entendimiento y reconciliación tal cual fue la obra que hizo nuestro Señor Jesucristo cuando nos reconcilió con nuestro Padre celestial.

CONCLUSIONES

Como ya se ha indicado, el siglo XVIII representó el nacimiento y desarrollo de la revolución industrial en Inglaterra. Esta revolución produjo profundos cambios en las estructuras sociales y económicas de la sociedad inglesa. De la misma manera la situación de desplazamiento forzado en Colombia ha afectado el corazón mismo de la sociedad, produciendo desempleo, hambre, delincuencia y pobreza extrema para los más desfavorecidos.

Así como en los tiempos de Wesley, la pobreza se debe no a la pereza de las personas sino a casos extremos de desempleo y desocupación, que genera a su vez el problema del hambre. El desplazamiento del campo a la ciudad trajo, tanto para el tiempo de Wesley como para la actualidad colombiana, más miseria y dificultades para aquellos que se comenzaban a situar en el panorama de la ciudad.

Wesley nos enseña que el dar a Dios a través de los pobres y los necesitados después de haber satisfecho las necesidades básicas personales es algo que la iglesia debe encarnar en su quehacer diario. Hacerse rico, según Wesley, es violar la ley del amor, dañarse a sí mismo y dañar al prójimo que no tiene. Un rico es simplemente alguien que, en la opinión de Wesley, tiene alimentos, vestido, techo y un poco más.[22]

El procedimiento que Wesley estableció para el uso del dinero y la forma como Dios quiere que usemos los recursos que ha puesto en nuestras manos no está en función de nosotros mismos sino en función de los demás, especialmente de los más pobres y necesitados de la sociedad.

Los pobres ocupan un lugar privilegiado ante Dios porque son vulnerables debido a su condición material y económica, y están abiertos a

---

22. Enseñando sobre 1 Timoteo 6:9 Wesley afirma:
    ... Consideremos qué es ser rico. El versículo precedente establece el significado de esto: "teniendo sustento y abrigo [estas palabras incluyen literalmente tanto vivienda como vestimentas] estemos contentos con esto. Porque los que quieren enriquecerse...," esto es, los que quieren tener más que estas cosas, más que "sustento y abrigo." Se deduce sencillamente que cualquier cosa que es más que estas, en el sentido del apóstol, es riqueza, o sea cualquier cosa que esté por encima de las cosas simplemente necesarias o, a lo sumo, conveniente de la vida (González, *Obras de Wesley*, vol.4, 131.

su presencia y misericordia; debido a su condición de pobreza, los pobres dependen de Dios y no de sus propias fuerzas o recursos.[23]

Para Wesley, es en la iglesia donde mejor se encarna la mayordomía del dinero y los bienes materiales, así como la justicia hacia los más pobres. La iglesia está llamada a la reconstrucción de los proyectos de vida que se da en diversas dimensiones: de supervivencia material, reconstrucción de la identidad y pertenencia, del tejido y la organización social. Donny Meertens afirma que "la población migrante y población desplazada por la violencia -mujeres y hombres- no solo son víctimas de crisis económicas, del desempleo, del conflicto, del desarraigo, del abandono por parte del Estado. También son todos, en algún grado, agentes del cambio social, sujetos activos de sus derechos, forjadores de su futuro."[24]

La Iglesia Colombiana está llamada a ver la realidad de los desplazados y responder a este fenómeno siguiendo las directrices y pastoral moldeadas por los antepasados wesleyanos. La iglesia no puede seguir aislada del dolor que viven los hermanos colombianos; al contrario, como agentes de cambio y transformación los cristianos deben convertirse en las manos de Dios, esas manos abiertas y llenas de amor y apoyo para aquellos menos favorecidos.

---

23. Muy lejos de ser un favor divino, el incremento de la prosperidad material destruye la fe y el amor y conduce al alma a la perdición... No se puede servir a Dios y a Mamón. De allí que obtener más dinero es incompatible con obtener más santidad (Jennings, Jr. *Good News to the Poor: John Wesley's Evangelical Economics*, 36–37).

24. Meertens, "Género, Desplazamiento Forzado y Migración", 429.

Capítulo 12

Desplazamientos forzosos y la misión de la iglesia

POR JUAN MARTÍNEZ, PHD.

INTRODUCCIÓN

SIEMPRE ES ARRIESGADO QUE un extranjero hable de la situación interna de un país que lo tiene como huésped. Así que me acerco al tema de los deplazamientos humanos en Colombia, tanto internos como al extranjero, con cierta reticencia. Dejaré que los colombianos describan más a fondo las situaciones específicas de su país y sus causas. Ustedes lo han vivido personalmente o tienen amigos y familiares que han tenido que desplazarse de un lugar a otro por causa de la violencia que se ha vivido aquí. Al comenzar a hablar sobre este tema invito a un momento de reflexión en silencio recordando a los colombianos que están fuera de sus hogares dentro y fuera de Colombia.

El tema nos obliga a recordar que el desplazamiento ha servido como herramienta social, económica, política y hasta religiosa en la historia de América Latina. Sabemos que los pueblos pre-colombinos la practicaron. Pero fue la llegada de los europeos que estableció el modelo de desplazamiento como arma que conocemos hoy. Se utilizó el desplazamiento en la conquista, en el establecimiento de los estados "independientes" de las Américas y en las guerras internas por el poder socio-económico y político de los siglos 19 y 20. También se está utilizando en la economía globalizada por los que buscan controlar el narcotráfico, los que buscan la mano de obra barata y los que quieren explotar los recursos naturales de los países latinoamericanos, particularmente el petróleo. Si queremos responder misionalmente a los desplazados necesitamos entender el papel del desplazamiento como arma en el desarrollo de América Latina y su papel en la globalización hoy.

LA RELACIÓN COMPLEJA EN AMÉRICA LATINA ENTRE CONQUISTA Y MISIÓN

Para comenzar es importante reconocer lo obvio, la migración y el desplazamiento de un pueblo por otro es parte de la historia humana. La necesidad ha impulsado a unos pueblos hacia los espacios de otros. El deseo de expansión y exploración ha impulsado a pueblos fuertes a desplazar a otros pueblos más débiles de sus tierras históricas. Y esas comunidades más débiles en ocasiones han terminado desplazando a otros. Este proceso no es nuevo, ni tampoco lo son sus razones fundamentales.

La América Latina que conocemos hoy nace en medio de conquista y encuentro. Se formaron nuevos mestizajes, pero fueron legión las cantidades de personas que murieron o que huyeron ante la expansión europea en el continente.

La iglesia y su misión no quedaron al margen de este proceso. El proyecto español, más aun que el portugués, fue una cruzada a favor del catolicismo. El mismo año en que desplazan a los últimos moros de Granada, los españoles llegan a conquistar y cristianizar a las Américas. No se necesita una lección profunda de historia (siendo historiador puedo aburrirlos fácilmente) para recordar la tarea europea, sus métodos y su impacto. En su afán por cristianizar a los pueblos nativos utilizaron herramientas como el requerimiento, la encomienda y la fuerza militar. Los que rechazaron ser parte huyeron hacia las selvas u otros reductos geográficos, desplazados por los europeos más poderosos. En pocos años los europeos también traerían a los esclavos de trasfondo africano. Ellos también buscarían rebelarse y huir del poder de los que los habían traído al continente americano.

El desplazamiento también fue parte clave de la formación de los estados americanos. Por un lado los victoriosos obligaron a muchos españoles a regresar a la península. Pero más significativo fue el hecho de que los nuevos estados predicaban una libertad que no incluía a indígenas o personas de trasfondo africano. Los próceres del continente, por lo general, asumían que el futuro era de los "blancos" y que los que no eran blancos eran lastre que limitaba el desarrollo de los nuevos países.

Esta actitud se vio a través del siglo 19 en las luchas entre liberales y conservadores. Los líderes de la Iglesia Católica por lo general defendían los intereses de los conversadores y los primeros misioneros protestantes muchas veces fueron invitados por los "dictadores liberales" para servir de contrapeso a la hegemonía católica. Pero la actitud general de los "blancos" era de un darwinismo social que "comprobaba" la superioridad de los blancos, fueran católicos o protestantes, y la pronta desaparición de los pueblos más "débiles." Eran pocas las voces cristianas que defendían a los desplazados y por lo general lo hacían desde la perspectiva del *white man's burden* la responsabilidad que asumían que tenía el poderoso y victorioso hacia el más débil, particularmente los que no eran blancos. Esas pocas voces pudieron frenar las acciones de los "blancos" un poco, pero los desplazamientos seguían.

Las modernizaciones económicas de la primera parte del siglo 20 crearon otros desplazamientos y migraciones. Las multinacionales agrícolas querían grandes extensiones de tierra para la producción de exportación, lo que sacó a muchos campesinos de sus tierras, y los dejó como mano de obra barata y desechable. Y las nuevas industrias querían mano de obra barata en las ciudades. Estos factores se conjugaron para crear otro movimiento forzoso de personas.

Esta situación se dio dentro del marco mundial del avance del comunismo y luego de la guerra fría. Las guerras civiles que suscitaron como reacción a este desplazamiento todas se interpretaron a la luz de la lucha contra el comunismo globalizado. Todo el que se quejaba de lo que estaba pasando era comunista por definición y se encontraba en peligro de pagar las consecuencias de ser tildado como tal. Las respuestas de las iglesias, cuando se dieron, tendían a alinearse con la perspectiva ideológica y política de sus líderes. Pero por causa del peligro y del temor, por lo general las iglesias guardaron silencio.

EEUU, LA DOCTRINA MONROE Y LAS MIGRACIONES HACIA EL NORTE

Se le atribuye al dictador mexicano Porfirio Díaz haber dicho que el problema más grande de México era que estaba "tan lejos de Dios y tan cerca de los Estados Unidos." En su libro *Harvest of Empire*[1] Juan González liga

---

1. Juan González, *Harvest of Empire: A History of Latinos in America*. Penguin

la realidad del expansionismo estadounidense en América Latina y los desplazamientos (migraciones) de latinos hacia los Estados Unidos. La postura del presidente Monroe (1823) que declaró que los poderes europeos no debían intervenir en las Américas, creó una situación en que EEUU comenzó a tratar a América Latina como su patio trasero, un lugar donde ellos podían intervenir, si ellos lo consideraban necesario o ventajoso. El país utilizó esta perspectiva para justificar su expansión territorial, quitándole la mitad de su territorio a México (1848) y colonizando a Puerto Rico (1898). También fue la justificación de múltiples intervenciones militares, políticas y económicas en el continente.

Según González cada intervención en América Latina ha creado otra ola migratoria hacia el norte. La expansión territorial, el apoyo a las dictaduras "anti-comunistas," el apoyo a las multi-nacionales estadounidenses y las intervenciones directas en varios países, todas han tenido como resultado nuevas olas migratorias hacia EEUU. Cada vez que EEUU interviene en América Latina da como resultado otra ola de desplazados. La intención de estas intervenciones no ha sido desplazar gente hacia el norte, pero eso casi siempre ha sido el resultado.

En este caso las iglesias y misiones protestantes han estado en el centro ideológico y teológico de estas intervenciones. Por un lado, la Doctrina Monroe se apoya en el "excepcionalismo" teológico que describía a EEUU como el nuevo Israel. La conquista del suroeste (la tierra que fue de México) fue descrita como Israel entrando al nuevo Canaán (y los mexicanos e indígenas como cananeos con todas sus implicaciones). La misión protestante en América Latina y entre latinos en EEUU tenía la tarea de cristianizar y americanizar. El expansionismo y las intervenciones han sido interpretados como la acción debida de un país cristiano.

Este entendimiento rigió las interpretaciones evangélicas en EEUU de lo que estaba pasando en América Latina durante la guerra fría. Siendo que estaban luchando contra el comunismo ateo, los gobiernos de "seguridad nacional" podían tomar cualquier acción que fuera necesaria para frenar el avance marxista, incluyendo la violencia indiscriminada contra su propia población.

Las olas migratorias desde México, Puerto Rico, la República Dominicana y Centroamérica tienen una relación directa con las intervenciones directas e indirectas de EEUU en esas áreas. En los últimos años EEUU ha intentado militarizar la frontera con México esperando frenar este movimiento. Pero nunca ha hecho la conexión obvia entre sus intervenciones y el desplazamiento hacia el norte.

Books, 2011.

El caso actual de los niños centroamericanos llegando a las fronteras de EEUU es la muestra más reciente de este fenómeno. Desde la década de 1990 EEUU ha estado deportando a pandilleros a sus países de origen en Centroamérica. Las pandillas nacieron en Los Ángeles y allí se formaron muchos de sus primeros miembros. EEUU exportó el movimiento pandillero a Centroamérica al deportar a los pandilleros y ahora los gobiernos de la región no pueden con el poder de las mismas. Como resultado la violencia ha subido enormemente en varias ciudades centroamericanas. Muchos niños están huyendo y muchos padres están buscando la manera de hacer llegar a sus hijos a EEUU.

Es claro que el gobierno de EEUU no se siente responsable de ninguna manera. Pero tampoco las organizaciones cristianas han tomado esta realidad en cuenta. Algunos buscan ayudar a los niños por compasión mientras que otros hablan de la necesidad de defender la frontera. Nadie reconoce que una buena parte del problema viene directamente de políticas estadounidenses que afectan adversamente a los centroamericanos.

GLOBALIZACIONES Y LOS NUEVOS DESPLAZAMIENTOS

La globalización económica de nuestra época ha cambiado las relaciones entre los países del mundo. Los que ven la globalización como un fenómeno positivo hablan del libre movimiento de bienes y de que ahora vivimos en una aldea global. Mucha gente alrededor del mundo se ha beneficiado de esta nueva realidad.

Sin embargo, en el mundo mayoritario los resultados han sido más confusos. Hoy existe más acceso a bienes, pero también se ven nuevas concentraciones de bienes y capital a través del mundo. Los países del primer mundo quieren ver el libre movimiento de bienes y capital. Pero quieren limitar el movimiento de la mano de obra. Quieren aglomerar a los educados y profesionales en el primer mundo, pero buscan limitar el movimiento de la clase obrera para mantener bajos los salarios y poder producir los bienes en formas más baratas (y así conseguir más capital). Sin embargo, la globalización está produciendo un desplazamiento fenomenal. Los ricos se mueven con pasaportes y visas y los pobres sin ellos. Pero el movimiento se da.

El día de hoy en América Latina hay movimientos hacia los centros urbanos, de países pobres hacia países con mejores economías y migraciones hacia los EEUU y menores migraciones hacia Europa. Los cambios demográficos en Europa también han abierto las puertas para que pequeños grupos de latinoamericanos de trasfondo europeo consigan la ciudadanía europea.

Siendo que la gente se mueve hacia potencialidades nuevas, no se cuestiona (mucho) las diferentes violencias detrás de estos movimientos o hacia los que se mueven. Aunque los países más ricos no quieren que la mano de obra se mueva, tienen trabajos que no se pueden exportar. Las economías del capitalismo globalizado necesitan de mano de obra barata y "desechable."

De allí que se ha transformado la migración de los pobres en otra violencia, una que se acepta por causa de los potenciales beneficios recibidos por los migrantes. Los países que necesitan esta mano de obra no crean procesos legales que protejan a estos obreros. Entonces sufren la violencia de un proceso migratorio caro y peligroso. Y los países receptores, en particular EEUU, dependen de su trabajo, pero los criminalizan y los dejan sin derechos claros. Viven ante la amenaza de la deportación y eso limita su capacidad de defender sus derechos y de estabilizarse económicamente. Y porque son "ilegales" los abusos contra ellos muchas veces no son confrontados. Y por supuesto las acciones "legales" de arresto, detención y deportación no son vistas como parte de la violencia, una violencia contra personas, familiares y menores de edad. Sencillamente son vistas como la acción legítima de un país defendiendo sus derechos nacionales.

Ocasionalmente EEUU parece reconocer alguna relación entre su política exterior y la migración. En algunos casos muy limitados ofrece asilo o estatus temporal al migrante. Actualmente el TPS[2] ofrece cierta protección legal temporal a inmigrantes de algunos países centroamericanos. Pero cada vez que el presidente tiene que decidir si renovar este programa, los presidentes centroamericanos tienen que presentarse casi como "sátrapas" para pedir que se extienda de nuevo. Y los gobiernos de dichos países también tienen que estar dispuestos a la humillación política pública como la que se ha dado recientemente con el caso de los niños centroamericanos que han llegado a EEUU.[3] Pero los presidentes centroamericanos aceptan esta situación porque sus economías dependen de las remesas que se envían desde el norte.

En este momento uno de los desplazamientos más violentos se está dando por causa del narcotráfico globalizado. EEUU es el mercado principal y por ende quien provee el financiamiento para los narcotraficantes. La

2. *Temporary Protected Status.*

3. *Por ejemplo, los regaños públicos del vice-presidente Biden en su gira por Centroamérica (Junio 2014) y el utilizar a varios presidentes de Centroamérica como telón de fondo cuando Obama anunció su decisión de deportar a los niños centroamericanos (Julio 2014).*

política contra el narcotráfico del gobierno se enfoca en tratar de parar que las drogas entren a EEUU. Agentes de la DEA trabajan con gobiernos en América Latina para frenar la producción y el transporte de las drogas. Esta acción crea desplazamientos de varios tipos. Por un lado, los narcotraficantes buscan mantener y extender sus áreas de producción, principalmente en países como Colombia. También quieren mantener sus vías de transporte y controlar sus áreas de influencia. Así que ellos amenazan a las poblaciones en los lugares que controlan. La gente huye de esa violencia. Pero la reacción de las autoridades contra el narcotráfico también crea zozobra entre la población. Y los desplazamientos siguen.

El gobierno de EEUU ve este problema netamente como asunto que debe ser resuelto por los gobiernos latinoamericanos. Como resultado, la guerra contra el narcotráfico globalizado nunca trata con la causa inicial, la demanda en EEUU y los sistemas de criminalización que hacen del narcotráfico un negocio lucrativo. Tampoco pueden reconocer que las políticas de EEUU con relación a este problema contribuyen directamente a los desplazamientos humanos y a la migración hacia el norte (que EEUU también interpreta como algo que se soluciona por la criminalización de los migrantes).

Así que la globalización está produciendo diferentes tipos de desplazamientos. Por ejemplo, en las selvas de Colombia o Panamá, algunos, mayormente indígenas, optan por lo que han hecho por siglos, huir selva adentro. Su situación se hace aún más precaria, pero la selva es lo que conocen. Sin embargo, la mayoría de los que huyen de la violencia del narcotráfico terminan siendo parte de los desplazamientos hacia las periferias de los centros urbanos latinoamericanos o hacia el norte.

El resultado específico para Colombia es que un número creciente de sus ciudadanos están siendo desplazados y ahora existen diásporas colombianas significativas en EEUU y Europa. Algunos claramente son identificados como desplazados por la violencia, pero la mayoría "simplemente" son tratados como otros migrantes más, sin nombrar que ellos también han sido desplazados por los diferentes tipos de violencias.

LOS DESPLAZADOS COMO AGENTES DE MISIÓN

Uno de los factores que por lo general se ignora con la relación a los desplazados es el hecho de que la mayoría de ellos se consideran personas de fe y buscan entender el papel divino en su experiencia. Abundan historias de personas que cruzan fronteras nacionales, particularmente la de EEUU, dando gracias que Dios cegó los ojos de los agentes de migración.

Como cristianos que queremos responder misionalmente a las realidades de los desplazados es importante tomar en cuenta que ellos no son sencillamente entes pasivos y necesitados que deben ser objetos de nuestra benevolente misión. Claramente confrontan retos muy complejos. Pero si vamos a ministrar entre ellos también necesitamos considerar como es que interpretan su situación a la luz de su fe. Algunas preguntas claves para nosotros son: ¿Cómo llevan su fe los desplazados? ¿Cómo entienden la intervención divina ante la violencia de desplazarse y de vivir sin protección legal? ¿Cómo interpretan las complejidades éticas de su situación? ¿Qué esperan de Dios?

Estos migrantes son objetos de bendición para muchos. Sus familias y comunidades de origen dependen de sus remesas. Pero también son muchas las iglesias y ministerios en América Latina que se benefician directa o indirectamente de esos aportes. Y en muchos países ellos hacen más por el bienestar nacional que toda la ayuda que envían los países ricos.

Pero muchos migrantes también se ven a sí mismos como agentes de la misión divina. Para ellos su migración es parte del obrar divino y se ven a sí mismos como misioneros. Y la identidad transnacional que desarrollan estas personas también llega a ser puente para hacer misión hacia el norte y hacia el sur.[4]

HACIA UNA MISIÓN QUE RESPONDE A LOS DESPLAZADOS

Como soy teólogo práctico he tenido el ciclo de praxis en el trasfondo al estar escribiendo este ensayo.[5] He descrito la situación actual de los desplazados (paso #1) y he presentado un análisis de cómo llegamos hasta donde estamos hoy (#2). Otras ponencias de este simposio presentaron fundamentos bíblicos y teológicos (#3) de nuestra misión entre los migrantes, así que no traté ese paso aquí.

Muchos de los participantes en este simposio pueden dar testimonio de que ellos y sus comunidades de fe han acompañado a los desplazados tanto en Colombia como en EEUU (y otros países). A pesar de que las iglesias han sido parte del problema también han sido las iglesias y sus ministerios las que han estado a la vanguardia de responder a esta necesidad (#4).

---

4. Véase mi investigación "Remittances and Mission: Transnational Latino Pentecostal Ministry in Los Angeles" en el libro *Spirit and Power: The Growth and Global Impact of Pentecostalism* (Oxford, 2013).

5. Véase el dibujo de teología práctica en el apéndice.

En esta última sección quisiera plantear algunas ideas, imaginaciones santas, experimentos de lo que podría ser una nueva praxis (#5) para las iglesias al lado de los desplazados de hoy.

- *Nombrar las violencias*—Es tiempo de que las iglesias cristianas tengan el valor de nombrar las violencias que han causado el desplazamieno actual. Instituciones como FUSBC y Fuller necesitan identificar y analizar las razones detrás de las violencias que están causando los desplazamientos. Nombrar desenmascara las acciones y llama al arrepentimiento y el cambio.
- *Abogar por los que no tienen voz*—Necesitamos tener una voz profética y estar dispuestos a hablar y denunciar, particularmente cuando los desplazados no pueden hablar sin peligrar su integridad física o su estado legal.
- *Caminar al lado*—Una manera de abogar por los desplazados es estar dispuesto/a a caminar con ellos en medio de sus circunstancias precarias. Eso implica la disposición de acompañarlos en los lugares de peligro, aunque también nos ponga en peligro a nosotros.
- *Creyendo en el Dios de los desplazados*—Muchos de nosotros practicamos un deísmo evangélico. Decimos creer en un Dios activo en nuestro mundo, pero actuamos como que todo depende de nuestro esfuerzo. Caminar con los desplazados nos invita a reconocer que Dios obra milagros en las situaciones más complicadas.
- *Misión desde los desplazados*—Si creemos que Dios obra en y a través de los migrantes, entonces nosotros necesitamos unirnos a la misión divina por medio de hacer misión a su lado. En vez de ir sólo con el plan de servirles, esta invitación es un llamado a unirnos a lo que ellos están haciendo y lo que Dios está haciendo por medio de ellos.

Estas solo son algunas ideas tentativas. La aplicación específica dependerá de cada circunstancia. Pero nos ayudan a pensar sobre acciones concretas en las cuales pueden participar las iglesias cristianas y los creyentes en sus diferentes esferas de influencia.

CONCLUSIÓN—CAMINANDO CON LOS DESPLAZADOS

La Biblia da testimonio de que Dios obra entre los migrantes. Existe una relación entre la misión divina y el movimiento humano. ¿Será que Dios está obrando entre los desplazados hoy? A pesar de las causas injustas que crean la migración, Dios hace sujeto al migrante y le da voz y obra a través de él.

Nuestro trabajo es caminar con ellos, no sólo para ayudarles, sino también para estar atentos a los lugares donde Dios está obrando.

Apéndice

Teología Práctica

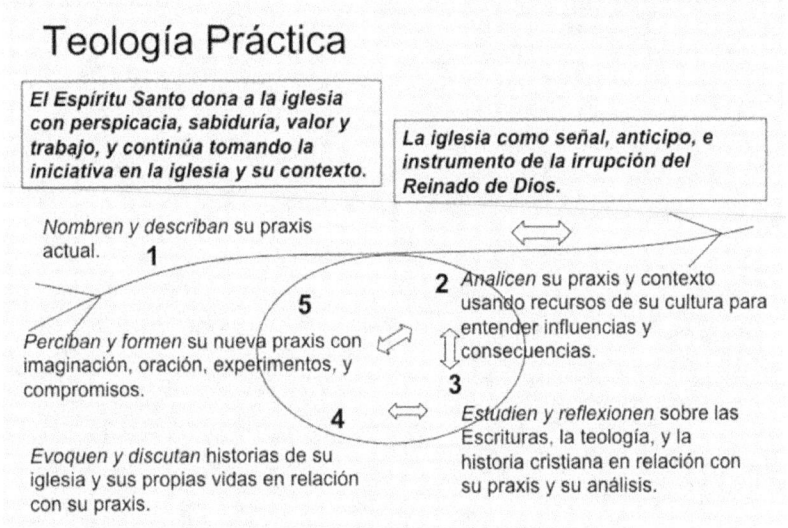

Fuente: Iglesias, culturas y liderazgo Una teología práctica para congregaciones y etnias. Juan Martínez y Mark Branson (Vida, 2013) p. 54.

Bibliografía

Capítulo Uno: Laura Milena Cadavid Valencia

Acción Social 2009. "Estadísticas de la población desplazada." Bogotá: Agencia Presidencial para la Acción Social y la Cooperación Internacional, Diciembre de 2009. www.accionsocial.gov.co.

Acción Social 2010b. "Estadísticas de la población desplazada." Bogotá: Agencia Presidencial para la Acción Social y la Cooperación Internacional, Junio de 2010. www.accionsocial.gov.co.

ACNUR. *Balance a la política de atención al desplazamiento interno forzado en Colombia* 1999-2000. Bogotá: ACNUR, 2000. www.acnur.org.

Bello, Martha Nubia. "El desplazamiento forzado en Colombia: acumulación de capital y exclusión social." En *Migraciones, transnacionalismo y desplazamiento*. CES-UNAL, 2006.

Bello, Martha Nubia y M. Villa. *El desplazamiento en Colombia: regiones, ciudades y políticas públicas.* Bogotá: Universidad Nacional de Colombia, 2005.

Bourdieu, Pierre. "Espacio social y génesis de las clases." En Bourdieu, Pierre. *Sociología y cultura.* México, 1990.

Boyle, P., K. Halfacree, y V. Robinson. *Exploring Contemporary Migration.* Harlow: Longman, 1998.

Cadavid Valencia, Laura Milena. "Condiciones de Miseria y Desigualdad en 100 Familias en situación de Desplazamiento asentadas en Bogotá y Soacha." Tesis Magíster para Estudios Políticos, Universidad Nacional de Colombia—Instituto de Estudios Políticos y Relaciones Internacionales, 2011.

CONFERENCIA EPISCOPAL (1995). *Derechos Humanos—Desplazados por Violencia en Colombia.* Conferencia Episcopal. Bogotá, Colombia.

"Cuantificación y valoración de las tierras y los bienes abandonados o despojados a la población desplazada." *Comisión de Seguimiento a la Política Pública Sobre Desplazamiento Forzado* 2011. Bogotá. Enero de 2011.

Cubides, Fernando y Camilo Domínguez. *Desplazados, migraciones internas y reestructuraciones territoriales.* Bogotá: CES-UNAL, 1999.

"Derechos Humanos—Desplazados por Violencia en Colombia." *Conferencia Episcopal.* Bogotá. 1995.

Garretón, Manuel Antonio. *Cambios sociales, actores y acción colectiva en América Latina*. Chile: CEPAL, 2001.

Ibáñez, Ana María y A. Moya "¿Puede la población desplazada recuperar su capacidad productiva con el paso del tiempo?" En Ibáñez, A.M. *El desplazamiento forzoso en Colombia: Un camino sin retorno hacia la pobreza*. Bogotá: Ediciones UNIANDES, 2008.

Ibáñez, Ana María y Pablo Querubín. *Acceso a Tierras y Desplazamiento Forzado en Colombia*. Bogotá: CEDE, Universidad de los Andes, 2004.

"Informe presentado a la CIDH sobre Desplazamiento forzado." *Acción Social* 2010a. Bogotá. Marzo de 2010. www.accionsocial.gov.co.

Machado, Absalón. *Tenencia de la tierra, problema agrario y conflicto*. En: *Desplazamiento Forzado: Dinámicas de guerra, exclusión y desarraigo*. ACNUR: Universidad Nacional de Colombia, 2004.

Meertens, Donny. "Encrucijadas Urbanas. Población Desplazada en Bogotá y Soacha: una mirada diferenciada por género, edad y etnia." *Informe de consultoría para la oficina en Colombia del alto comisionado de las naciones unidas para los refugiados*. ACNUR, 2002.

———. "Género, Desplazamiento Forzado y Migración. Un ejercicio comparativo en movilidad y proyectos de vida." En *Migraciones, transnacionalismo y desplazamiento*. Bogotá: CES-UNAL, 2006.

Naranjo Giraldo, Gloria. "Desplazamiento Forzado y Reasentamiento Involuntario. Estudio de caso: Medellín 1992–2004." En *El Desplazamiento en Colombia. Regiones, Ciudades y Políticas Públicas*. Editado por Martha Bello y Marta Villa. Medellín: REDIF, ACNUR, UNAL, Corporación Región, 2005.

Osorio, Flor Edilma. "Actores y elementos de la construcción de una nueva categoría social en Colombia: Los Desplazados." En *Scripta Nova Revista electrónica de geografía y ciencias sociales*. No. 94. Barcelona: Universidad de Barcelona. www.ub.es/geocrit/nova.htm.

———. "La Violencia del Silencio: Desplazados del Campo a la Ciudad." *Consultoría de los Derechos Humanos y el Desplazamiento*. Bogotá: Universidad Javeriana.

Osorio, Flor Edilma y Fabio A. Lozano, "Derechos Humanos—Desplazados por Violencia en Colombia." En *Pobladores rurales en situación de desplazamiento: condiciones y perspectivas. Informe final para la Consejería Presidencial para los Derechos Humanos*. Consultoría para los Derechos Humanos y el Desplazamiento, CODHES. Bogotá, Colombia. Enero 1996.

Prada Pardo, Gladys C., Clara Ramírez Gómez, Juan Diego Misas Avella. "Reto ante la Tragedia Humanitaria del Desplazamiento Forzado: Garantizar la observancia de los Derechos de la Población Desplazada." *Comisión de Seguimiento a la Política Pública Sobre Desplazamiento Forzado*. Bogotá. 2009.

"Proceso Nacional de Verificación de los Derechos de la Población Desplazada: Primer Informe a la Corte Constitucional." *Comisión de Seguimiento a la Política Pública Sobre Desplazamiento Forzado* 2008. Bogotá. Enero de 2008.

Programa de Iniciativas Universitarias para la Paz y la Convivencia (PIUC). Universidad Nacional de Colombia. Procesos de restablecimiento con población desplazada. Reflexiones, avances y recomendaciones de política. Informe presentado a la Unidad Técnica Conjunta, RSS—Acnur. Noviembre, 2002. Disponible en la página web: http://www.piupc.unal.edu.co.

Reyes, A. y A.M. Bejarano. "Conflictos Agrarios y Luchas Armadas en la Colombia Contemporánea." *Análisis Político* 5 (1998) 6–27.

Rodríguez Garavito, Cesar. *Más allá del Desplazamiento. Política, Derechos y superación del Desplazamiento Forzado en Colombia*. Bogotá: Universidad de los andes, 2010.

Subdirección Red Nacional de Información. "Ley de Víctimas y Restitución de Tierras: el conflicto según el nuevo registro único de víctimas." *Hechos, autores y dinámicas regionales de la victimización 2006–2013*. Base en RUV. Corte octubre 01 de 2013.

Capítulo Dos: Lisseth Rojas-Flores, Ph.D.

Alto Comisionado de las Naciones Unidas para los Refugiados: ACNUR. *Situación Colombia Indígenas*. Washington, D.C.: ACNUR, 2012. http://www.acnur.org/t3/fileadmin/Documentos/RefugiadosAmericas/Colombia/2012/Situacion_Colombia_-_Pueblos_indigenas_2012.pdf?view=1 (accessed August 12, 2014).

———.. *2015 UNHCR country operations profile—Colombia Overview*. Washington, DC: The UN Refugee Agency, January, 2014. http://www.unhcr.org/pages/49e492ad6.html (accessed December 2, 2014).

Alto Comisionado de las Naciones Unidas para los Refugiados: ACNUR. *Niños en Fuga: Niños no Acompañados que Huyen de Centroamérica y México y la Necesidad de Protección Internacional*. Washington, DC: The UN Refugee Agency, Marzo, 2014. http://www.acnur.org/t3/fileadmin/scripts/doc.php?file=t3/fileadmin/Documentos/Publicaciones/2014/9568 (accessed August 12, 2014).

Blades, Rubén. 1991. "Discography & Song Reference," last modified December 12, 2014. http://www.maestravida.com/discog.html (accessed December 16, 2014).

Briere, John, and Joseph Spinazzola. "Phenomenology and Psychological Assessment of Complex Posttraumatic States." *Journal of Traumatic Stress* 18, no. 5 (2005) 401–412. doi:10.1002/jts.20048.

Brown, Anna and Eileen Patten. *Pew Research Hispanic Trends Project: Statistical Portrait of the Foreign-Born Population in the United States, 2014*. Washington, DC: Pew Research Center, 2014. http://www.pewhispanic.org/2014/04/29/statistical-portrait-of-the-foreign-born-population-in-the-united-states-2012/#country-of-birth-2012 (accessed August 2, 2014).

Brown, Jorielle R., Hope M. Hill and Sharon F. Lambert. "Traumatic Stress Symptoms in Women Exposed to Community and Partner Violence." *Journal of Interpersonal Violence* 20 (2005) 1478–1494. doi:10.1177/0886260505278604.

Bryant-Davis, Thelma. *Thriving in the Wake of Trauma: A Multicultural Guide*. Westport, CT: Praeger/Greenwood, 2005.

Centro Nacional de Memoria Histórica. "¡Basta Ya! Colombia: Memorias de Guerra y Dignidad." Bogotá: Imprenta Nacional, 2013.

Colombia IDP Figures Analysis, IDMC (2014). Accedido el 13 de Enero, 2015: http://www.internal-displacement.org/americas/colombia/figures-analysis

Darder, Francesc Ramis. 2012. *La Hospitalidad en la Biblia*. Blog Biblia y Oriente Antiguo. Accedido el 10 de Agosto de 2014: http://bibliayoriente.blogspot.com/2012/11/la-hospitalidad-en-la-biblia.html

Department of Homeland Security (DHS). *Immigration Enforcement Actions: 2013*. Washington, DC: DHS Office of Immigration Statistics, 2014. http://www.dhs.

gov/sites/default/files/publications/ ois_enforcement_ar_2013.pdf (accessed November 20, 2014).

———. *FY 2014 ICE Immigration Removals.* Washington, DC: DHS Office of Immigration Statistics, 2014. Accedido el 21 de Enero, 2015 http://www.ice.gov/removal-statistics/

Doehring, Carrie. "Spiritual Care After Violence: Growing from Trauma with Lived-Theology." *The Table* (blog), June 23, 2014. http://cct.biola.edu/blog/2014/jun/23/spiritual-care-after-violence-growing-trauma-lived-theology/ (accessed June 23, 2014).

"Esperanza para America." Last modified in 2013. http://esperanzaparaamerica.com/ (accessed December 10, 2014).

Garcia, Maria Cristina. *Seeking Refuge: Central American Migration to Mexico, the United States, and Canada.* Oakland, CA: University of California Press, 2006. http://www.centrodememoriahistorica.gov.co/micrositios/informeGeneral/estadisticas.html (accessed August 8, 2014).

Hagan, Jacqueline M. *Migration Miracle: Faith, Hope and Meaning of the Undocumented Journey.* Cambridge, MA: Harvard University Press, 2008.

Jones, Serene. *Trauma and Grace: Theology in a Ruptured World.* Louisville, KY: WJK Books, 2009.

"La Red de Pastores y Líderes latinos del Sur de California." Last modified in 2014. http://www.laredca.org/ (accessed December 12, 2014).

Linch, Michael. "Consequences of Children's Exposure to Community Violence." *Clinical Child and Family Psychology Review,* 6 (2003) 265–274.

Lira, Elizabeth. "Trauma, Duelo, Reparación y Memoria." *Revista de Estudios Sociales,* 36 (2010) 14–28.

North, James. "How the US's Foreign Policy Created an Immigrant Refugee Crisis on Its Own Southern border." *The Nation* (July 9, 2014). http://www.thenation.com/article/180578/how-us-foreign-policy-created-immigrant-refugee-crisis-its-own-southern-border?utm_content=bufferd7b2a&utm_medium=social&utm_source=twitter.com&utm_campaign=buffer# (accessed July 30, 2014).

Passel, Jeffrey S. and D'Vera Cohn. *Unauthorized Immigrant Population: National and State Trends.* Washington, DC: Pew Research Center, 2011. http://www.pewhispanic.org/files/reports/133.pdf (accessed August 5, 2014).

Passel, Jeffrey S., D'Vera Cohn and Ana Gonzalez-Barrera. *Net Migration from Mexico Falls to Zero—and Perhaps Less.* Washington, DC: Pew Hispanic Center, 2013. http://www.pewhispanic.org/files/2012/04/Mexican-migrants-report_final.pdf (accessed August 10, 2014).

Passel, Jeffrey S., D'Vera Cohn, Jens Manuell Krogstad and Ana Gonzalez-Barrera. 2014. *As Growth Stalls, Unauthorized Immigrant Population Becomes More Settled.* Washington, DC: Pew Research Center. Accedido 15 de diciembre, 2014: http://www.pewhispanic.org/2014/09/03/as-growth-stalls-unauthorized-immigrant-population-becomes-more-settled/

Ramis Darder, Francesc. *La Comunidad del Amén, Identidad y Misión del Resto de Israel.* Salamanca: Ediciones Sígueme S.A.U., 2012

Rojas-Flores, Lisseth. "Latino Citizen Children of Detained & Deported Parents: Implications for the Church, Practitioners, and Immigration Policies." 50th Anniversary School of Psychology Lectures, Fuller Theological Seminary, Pasadena, CA, February 2014.

Southwest Border Unaccompanied Children, U.S. Customs and Border Protection (July, 2014). Accedido el 15 de Agosto, 2014: http://www.cbp.gov/newsroom/stats/southwest-border-unaccompanied-children

United Nations High Commissioner for Refugees (UNHCR). "Colombia's Invisible Crisis." Accedido el 21 de Enero, 2015: http://unhcr.org/v-49b7ca8d2

United Nations Office on Drugs and Crime (UNODC). *Global Study on Homicide 2013: Trends, Context and Data*. Vienna: United Nations Publications, 2014.

U.S. Dep't of Homeland Sec., *ICE, Deportation of Aliens Claiming U.S.- Born Children: First Semi-Annual, Calendar Year 2013* (Apr. 28, 2014), accessible en http://big.assets.huffingtonpost.com/2013report1.pdf; U.S. Dep't of Homeland Sec., *ICE, Deportation of Aliens Claiming U.S.-Born Children: Second Half, Calendar Year 2013 Report to Congress* (Apr. 28, 2014) accessible en http://big.assets.huffingtonpost.com/2013report2.pdf

Wessler S. F. *Primary Data: Deportations of Parents of U.S. Citizen Kids*. New York: Color Lines News for Action, December 17, 2012. http://colorlines.com/archives/2012/12/deportations_of_parents_of_usborn_citizens_122012.html (accessed July 30, 2014).

Capítulo Tres: Christopher M. Hays

Arboleda, Jairo y Elena Correa. "Forced Internal Displacement." En *Colombia: The Economic Foundation of Peace*. Editado por Marcelo M. Guigale, Olivier Lafourcade y Connie Luff. Washington D.C.: World Bank, 2003, 825–48.

Calderón, Valentina y Ana María Ibáñez. "Labor Market Effects of Migration-Related Supply Shocks: Evidence from Internally Displaced Populations in Colombia." En *MICROCON Research Working Paper 14*. (2009). http://www.microconflict.eu/publications/RWP14_VC_AMI.pdf. (Última fecha de acceso 7 de octubre, 2014).

Carillo, Angela Consuelo. "Internal Displacement in Colombia: Humanitarian, Economic and Social Consequences in Urban Settings and Current Challenges." *International Review of the Red Cross* 91, no. 875 2009) 527–46.

Carroll, M. Daniel. *Christians at the Border: Immigration, the Church, y the Bible*. Grand Rapids: Baker Academic, 2008.

Carter, Michael R. y Christopher B. Barrett. "The Economics of Poverty Traps and Persistent Poverty: An Asset-Based Approach." *The Journal of Development Studies* 42, no. 2 (2006) 178–99.

Episcopado Latinoamericano. "Documentos finales de Medellín." Ponencia presentada en la Conferencia General del Espicopado Latinoamerican, Medellín, Colombia (1968). http://www.celam.org/conferencia_medellin.php. (Última fecha de acceso 7 de octubre, 2014).

Esler, Philip Francis. "Jesus and the Reduction of Intergroup Conflict: The Parable of the Good Samaritan in Light of Social Identity Theory." *Biblical Interpretation* 8, no. 4 (2000) 325–57.

France, R. T. *The Gospel of Matthew*. New International Commentary on the New Testament. Grand Rapids: Eerdmans, 2007.

Hays, Christopher M. *Luke's Wealth Ethics: A Study in Their Coherence and Character*. Wissenschaftliche Untersuchungen zum Neuen Testament, Zweite Reihe, vol. 275. Tübingen: Mohr Siebeck, 2010.

Horsley, Richard A. y John S. Hanson. *Bandits, Prophets, y Messiahs.* New Voices in Biblical Studies. Minneapolis: Winston, 1985.

Ibáñez, Ana María y Andrés Moya. "Vulnerability of Victims of Civil Conflicts: Empirical Evidence for the Displaced Population of Colombia." *World Development* 38, no. 4 (2009) 647–63.

———. "Do Conflicts Create Poverty Traps? Asset Losses and Recovery for Displaced Households in Colombia." En *The Economics of Crime: Lessons for and from Latin America.* Editado por Rafael Di Tella, Sebastian Edwards y Ernesto Schargrodsky. Chicago: University of Chicago Press, 2010, 137–72.

Ibáñez, Ana María y Carlos Eduardo Vélez. "Civil Conflict and Forced Migration: The Micro Determinants and Welfare Losses of Displacement and Colombia." *World Development* 36, no. 4 (2008) 659–76.

Internal Displacement Monitoring Centre. 2014. "Displacement Continues Despite Hopes for Peace." Última modificación 14 de enero, 2014. http://www.internal-displacement.org/americas/colombia/2014/displacement-continues-despite-hopes-for-peace. (Fecha de acceso 19 de marzo, 2014).

Moya, Andrés. "Violence, Emotional Distress and Induced Changes in Risk Aversion among the Displaced Population in Colombia." *Documento de Trabajo No. 105 del Programa Dinámicas Territorials Rurales* (2013). http://www.rimisp.org/wp-content/files_mf/1366287774N1052012ChangesRiskAversionDisplacedPopulationColombiaMoya.pdf (Fecha de acceso 7 de octubre 2014).

Neudecker, Reinhard. "'And You Shall Love Your Neighbor as Yourself—I Am the Lord' (Lev 19,18) in Jewish Interpretation." *Biblica* 73 (1992) 496–517.

Puyana García, German.¿Cómo somos? Los Colombianos: Reflexiones sobrenuestra idiosincrasia y cultura. 2a ed. Bogotá: Bhandar, 2002.

Reicke, Bo."Der barmherzige Samariter." En *Verborum Veritas: Festschrift für Gustav Stählin zum 70. Geburtstag.* Editado por Otto Böcher y Klaus Haacker. Wuppertal: Theologischer Verlag Rolf Brockaus, 1970, 103–09.

Ruiz, Isabel, y Carlos Vargas-Silva. "The Economics of Forced Migration." *The Journal of Development Studies* 49, no. 6 (2013) 772–84.

Spangenberg, Izak. ""The Poor Will Always Be with You": Wealth and Poverty in a Wisdom Perspective." En *Plutocrats and Paupers: Wealth and Poverty in the Old Testament.* Editado por H.L. Bosman, I.G.P. Gous y I.J.J. Spangenberg. Pretoria, Sudafrica: J.L. van Schaik, 1991, 228–46.

Stark, Oded. "On the Economics of Refugee Flows." *ZEF—Discussion Papers on Development Policy*, no. 84 (2004) 1–8.

UN Central Emergency Response Fund. *Colombia 2013* (2014). http://www.unocha.org/cerf/cerf-worldwide/where-we-work/col-2013 (Fecha de acceso 9 de abril, 2014).

UN Office for the Coordination of Humanitarian Affairs. *Colombia: Context Analysis* (2013). http://www.unocha.org/ochain/2012-13/colombia. (Fecha de acceso 19 de marzo, 2014).

Van Leeuwen, Raymond C. "Wealth and Poverty: System and Contradiction in Proverbs." *Hebrew Studies* 33 (1992) 25–36.

Capítulo Cuatro: Milton Acosta Benítez, PhD

Auld, A. Graeme. *Joshua, Judges, and Ruth*. Philadelphia: Westminster, 1984.
Block, Daniel I. *Judges; Ruth*. Vol. 6. The New American Commentary. Nashville, Tennessee, EE. UU.: Broadman and Holman, 1999.
Brueggemann, Walter. *Teología del Antiguo Testamento*. España: Ediciones Sigueme, 2007.
Carroll, Robert P. "Deportation and diasporic discourses in the prophetic literature." En *Exile: Old Testament, Jewish, and Christian conceptions*. Editado por James M Scott. Leiden: Brill, 1997, 63–85.
Del Olmo Lete, Gregorio. *Origen y persistencia del judaísmo*. Estella: Verbo Divino, 2010.
Hamblin, William James. *Warfare in the Ancient Near East to 1600 BC: holy warriors at the dawn of history*. London; New York: Routledge, 2006.
Klein, Lillian R. *The triumph of irony in the book of Judges*. Vol. 14. Bible and Literature Series. Atlanta: The Almond Press, 1988.
Lipschitz, Oded. "Demographic changes in Judah." En *Judah and the Judeans in the neo-Babylonian period*. Editado por Joseph Blenkinsopp and Oded Lipschitz. Winona Lake, Ind.: Eisenbrauns, 2003, 323–76.
Niditch, Susan. *Judges*. Louisville: Westminster John Knox, 2008.
Pinzón Paz, Diana Carolina. "La violencia de género y la violencia sexual en el conflicto armado colombiano: indagando sobre sus manifestaciones." En *Guerra y violencias en Colombia: herramientas e interpretaciones*. Editado por Jorge Restrepo and David Aponte. Universidad Javeriana, 2009, 353–93.
Pressler, Carolyn. *Joshua, Judges, and Ruth*. Westminster John Knox Press, 2002.
Restrepo, Jorge, and Mauricio Sadinle. "Grupos armados y tenencia de tierras en el desplazamiento forzado interno en Colombia: una aproximación desde la población atendida por la Iglesia católica colombiana." En *Guerra y violencias en Colombia: herramientas e interpretaciones*. Editado por Jorge Restrepo and David Aponte. Bogotá: Pontificia Universidad Javeriana, 2009, 395–422.
Sawyer, Deborah. *God, gender and the Bible*. Routledge, 2005.
Seibert, Eric A. *Disturbing divine behavior: troubling Old Testament images of God*. Minneapolis: Fortress Press, 2009.
Sicre Díaz, José Luis. *"Con los pobres de la tierra": la justicia social en los profetas de Israel*. Cristiandad, 1985.
Smith-Christopher, Daniel. "Reassessing the historical and sociological impact of the Babylonian exile (597/587–539 BCE)." En *Exile: Old Testament, Jewish, and Christian conceptions*. Editado por James M. Scott. Leiden: Brill, 1997, 7–36.
Wang, Q. Edward, and Georg G. Iggers. *Turning points in historiography: a cross-cultural perspective*. Boydell & Brewer, 2002.

Capítulo Cinco: Guillermo Mejía

Adamson, James B. *James: The Man and His Message*. Grand Rapids, Michigan: Eerdmans, 1989.

Albuja, Sebastián. *Colombia: Internal displacement in brief.* Internal Displacement Monitoring Center, 2012. http://www.internal-displacement.org/americas/colombia/summary/ (accedido el 14 de abril de 2014).

Barclay, John. M. G. *Jews in the Mediterranean Diaspora: From Alexander to Trajan (323BCE—117 CE).* Edimburgo, Escocia: T and T Clark, 1996.

Bauckham, Richard. *James: Wisdom of James, Disciple of Jesus the Sage.* New York: Routledge, 1999.

Blomberg, Craig L. and Marian J. Kamell. *James. Exegetical Commentary on the New Testament.* Edited by Clinton E. Arnold. Grand Rapids, Michigan: Zondervan, 2008.

Bockmuehl, Markus. *Jewish Law in Gentile Churches.* Grand Rapids, Michigan: Baker, 2000.

Bouma-Prediger Steven and Brian J. Walsh. *Beyond Homelessness: Christian Faith in a Culture of Displacement.* Grand Rapids, Michigan: Eerdmans, 2008.

Corte Constitucional (2004). *Sentencia T-025 de 2004.* http://www.corteconstitucional.gov.co/relatoria/2004/T-025-04.htm (accedido el 15 de abril de 2014).

Edgar, David H. *Has God Not Chosen the Poor?* Sheffield, Inglaterra: Sheffield Academic Press, 2001.

Eusebio de Cesarea [325]. *Historia Eclesiástica.* Traducido por Luis M. de Cádiz. Buenos Aires: Nova, 1950.

Grundmann, Walter. "Ταπεινός." En *Theological Dictionary of the New Testament.* Vol. 8. Editado por Gerhard Kittel. Traductor y editor al inglés: Geoffrey W. Bromiley. Grand Rapids, Michigan: Eerdmans, 1995, 1–26.

Hort, Fenton John Anthony. *The Epistle of St. James.* Londres: MacMillan, 1909.

IDMC (2014). *Colombia: El desplazamiento continúa a pesar de esperanzas de paz.* http://www.internal-displacement.org/assets/library/Americas/Colombia/pdf/201401-am-colombia-overview-sp.pdf (accedido el 14 de abril de 2014).

Ibáñez, Ana María y Andrés Moya.¿Cómo el desplazamiento forzado deteriora el bienestar de los hogares desplazados?: Análisis y determinantes del bienestar en los municipios de recepción. Bogotá: Universidad de los Andes, 2006. Documento CEDE 2006-26 ISSN 1657-7191. http://terranova.uniandes.edu.co/centrodoc/docs/condsocioecon/Deterioro%20bienestar%20hogares.pdf (accedido el 11 de marzo de 2014).

Johnson, Luke Timothy. "The Use of Leviticus 19 in the Letter of James." En *Journal of Biblical Literature* 101 (1982) 391–401.

_____. *Brother of Jesus Friend of God: Studies in The Letter of James.* Grand Rapids: Eerdmans, 2004.

Johnson, Paul. *A History of The Jews.* New York: Harper and Row, 1987.

Josefo [93]. "Antiquities of the Jews." En *The Complete Works of Josephus.* Traducido por William Whiston. Grand Rapids, Michigan: Kregel, 2000.

Kammel, Mariam. "The Economics of Humility: The Rich and the Humble in James." En *Engaging Economics: New Testament Scenarios and Early Christian Reception.* Editado por Bruce W. Longenecker and Kelly D. Liebengood. Grand Rapids, Michigan: Eerdmans, 2009.

Kannengiesser, Charles. "Biblical Interpretation in the Early Church." En *Dictionary of Major Biblical Interpreters.* Editado por Donald K. McKim. Downers Grove, Illinois: InterVarsity Press, 2007, 1–13.

Kleinknecht, Hermann. "'Οργή." En *Theological Dictionary of the New Testament*. Vol. 5. Editado por Gerhard Kittel. Traductor y editor al inglés: Geoffrey W. Bromiley. Grand Rapids, Michigan: Eerdmans, 1995, 383–392.

Lausana (2010). *El compromiso de Ciudad del Cabo*. http://www.lausanne.org/es/documentos/el-compromiso-de-ciudad-del-cabo.html (accedido el 15 de abril de 2014).

Longenecker, Bruce W. y Kelly D. Liebengood. "Introduction." En *Engaging Economics: New Testament Scenarios and Early Christian Reception*. Grand Rapids, Michigan: Eerdmans, 2009.

Martin, Ralph P. *James*. Word Biblical Commentary. Waco, Texas: Word Books, 1988.

Mayor, Joseph B. [1913]. *The Epistle of James*. Grand Rapids, Michigan: Kregel, 1990.

McCartney, Dan G. *James*. Grand Rapids, Michigan: Baker, 2009.

McKnight, Scot. *The Letter of James*. Grand Rapids, Michigan: Eerdmans, 2011.

Mitton, C. L. *The Epistle of James*. Grand Rapids, Michigan: Eerdmans, 1966.

Moo, Douglas J. *The Letter of James*. The Pillar New Testament Commentary. Grand Rapids: Eerdmans, 2000.

Nystrom, David P. *James*. The NIV Application Commentary. Grand Rapids, Michigan: Zondervan, 1997.

Osborne, Grant R. *The Hermeneutical Spiral: A Comprehensive Introduction to Biblical Interpretation*. Edición revisada y ampliada. Downers Grove, Illinois: InterVarsity Press, 2006.

_____. "James." En *Cornerstone Biblical Commentary. James, 1–2 Peter, Jude, Revelation*. Volumen 18. Editado por Philip W. Comfort. Carol Stream, Illinois: Tyndale House Publishers, 2011.

Presidencia (2014). *El Estado no tiene capacidad para reparar a todas las víctimas de un día para otro*. http://wsp.presidencia.gov.co/Prensa/2014/Abril/Paginas/20140409_01-El-Estado-no-tiene-capacidad-para-reparar-a-todas-las-victimas-de-un-dia-para-otro-Presidente-Santos.aspx (accedido el 14 de abril de 2014).

Reicke, Bo. *The Epistles of James, Peter, and Jude*. Nueva York: Doubleday, 1964.

Reiher, Jim. "Violent Language: A Clue to the Historical Occasion of James." *Evangelical Quarterly* 85 (2013) 228–245.

Schnabel, Eckhard J. *Paul the Missionary*. Downers Grove, Illinois: InterVarsity Press, 2008.

Támez, Elsa. *The Scandalous Message of James: Faith Without Works is Dead*. Edición revisada. Nueva York: The Crossroad Publishing Company, 2002.

Taylor, Mark Edward. *A Text-Linguistic Investigation into the Discourse Structure of James*. Nueva York: T&T Clark, 2006.

Trebilco, Paul R. and Craig A. Evans. "Diaspora Judaism." In *Dictionary of New Testament Background*. Edited by Craig A. Evans and Stanley E. Porter. Downers Grove: Intervarsity Press, 2000: 281–296.

UARV (Unidad para la Atención y Reparación Integral a las Víctimas del gobierno colombiano) (2014). *Reporte general sobre víctimas*. http://www.unidadvictimas.gov.co/index.php/en/ (accedido el 14 de abril de 2014).

Vouga, François. *L'Épitre de Saint Jacques*. Ginebra: Labor et Fides, 1984.

Capítulo Seis: Sandro Gutiérrez

Referencias primarias.

Santa Biblia, Nueva Versión Internacional. Sociedad Bíblica Internacional. Miami: Vida, 1999.

Referencias secundarias.

Bello, Martha. "Identidad y desplazamiento forzado." *Aportes Andinos,* 8 (2004) 1–10.
———. "Los daños y las pérdidas asociadas al desplazamiento forzado en las ciudades." Bogotá. *Ciudad Paz-ando, 2, 1,* (2009) 190–202.
Carson, Donald. "1 Peter." En *Commentary On The New Testament Use Of The Old Testament.* Editado por G. Beale, & D. Carson. Grand Rapids: Baker, 2007, 1015–1045.
Centro Nacional de Memoria Histórica. "¡Basta ya!" *Colombia: Memoria de guerra y dignidad.* Bogotá: Pro-Off Set, 2013.
Cervantes, José. *La pasión de Jesucristo en la Primera Carta de Pedro.* Estella: Verbo Divino, 1991.
———. "Primera Carta de Pedro." En: *Comentario Bíblico Latinoamericano. Nuevo Testamento.* Dirigido por A. Levoratti. Estella: Verbo Divino, 2003,1107–1139.
———. "Primera Carta de Pedro." En *Comentario Bíblico Internacional: Comentario católico y ecuménico para el siglo XXI.* Editado por W. Farmer, A. Levoratti, S. McEvenue, & D. Dugan. Estella; Verbo Divino, 2005, 1641–1652.
CODHES. *El desplazamiento en cifras* (2004). www.codhes.org/cifras.php (Recuperado el 25 de abril de 2014).
Coronado, Eliseo (Pastor de la Iglesia Cristiana Cuadrangular El Pinal). En conversación con el autor. Julio de 2014.
Davids, Peter. *La primera epístola de Pedro.* Terrasa: CLIE, 2004
Elliot, John. *Un hogar para los que no tienen patria ni hogar: Estudio crítico social de la carta Primera de Pedro y de su situación estratégica.* Estella: Verbo Divino, 1995.
Gaitán, Tarcisio (sacerdote, docente de la Universidad Pontificia Bolivariana en Medellín). En conversación con el autor. Noviembre 26 de 2014.
Green, Joel. *1 Peter.* Grand Rapids: Eerdmans, 2007.
JUSTAPAZ Y CEDECOL. "Las iglesias colombianas documentan su sufrimiento y esperanza." *Un llamado profético* No. 8 (2013). http://unllamadoprofetico.org (Recuperado el 25 de noviembre de 2014).
———. "Las iglesias colombianas documentan su sufrimiento y esperanza." *Un llamado profético* No. 6. (2012). http://unllamadoprofetico.org (Recuperado el 25 de noviembre de 2014).
Mafla, Nelson. "Función de la religión en la vida de las víctimas del desplazamiento forzado en Colombia." Tesis de Doctorado, 2012.
Malina, Bruce y Victor Morla. *El mundo del Nuevo Testamento: Perspectivas desde la antropología cultural.* Estella: Verbo Divino. 1996.
Naranjo, Gloria. "Desplazamiento Forzado y Reasentamiento Involuntario. Estudio de caso: Medellín 1992–2004." En Martha Bello y Marta Villa. *El Desplazamiento*

en Colombia. Regiones, Ciudades y Políticas Públicas. Medellín: REDIF, ACNUR, UNAL, Corporación Región, 2005.

Verdad Abierta. "Que los perdone Dios." *Documental* (12 de mayo de 2013). https://www.youtube.com/watch?v=ejOaUT_FT4s (Recuperado el 13 de agosto de 2014).

Capítulo Siete: Fernando Abilio Mosquera Brand

A Parte Rei 72. Noviembre 2010. Universidad Nacional de Córdoba.

Arendt, Hannah. *Entre el Pasado y el Futuro: Ocho ejercicios sobre la reflexión política.* Traducido por Ana Poljak. Barcelona: Península, 1996.

Beltrán Peña, Francisco y Juan José Sanz Adrados. *Filosofía Medieval y del Renacimiento.* Bogotá: USTA, 1981.

Cadwell, Taylor. *Médico de Cuerpos y Almas: San Lucas, el tercer evangelista en la Roma Imperial.* Madrid: Martinez Roca, 2003.

Cañal Fuentes, Jesús. "El valor en psicoterapia del término grecolatino "Epimeleia Heautou."" En *Docta Ignorancia Digital* Año II, núm. 2—Psicoterapia-Psicoanálisis (2011) 56.

Caws, Peter. The Causes of Quarrel: Essays on Peace, War and Thomas Hobbes. Boston: Beacon, 1989.

Copleston, Frederick. *Historia de la Filosofía : de Ockham a Suárez.* Barcelona: Ariel, 1994.

Cortés Rodas, Francisco, Carrillo Castillo, Lucy. Los Clásicos de la Filosofía Política. Medellín: Instituto de Filosofía de la Universidad de Antioquia, 2003.

"Daño colateral," http://es.wikipedia.org/wiki/Da%C3%B10_colateral

Docta Ignorancia Digital, 2011; ISSN 1989—9416. Año II, núm. 2—Psicoterapia-Psicoanálisis.

Doucet, Ian (Editor). *Buscando la Paz del Mundo: Manual de Recursos para la Transformación del Conflicto.* Traducido por Clara Elena Beltrán. Bogotá: CLARA, 1998.

D.W.G. *Violencia en Ética Cristiana y Teología Pastoral.* Barcelona: CLIE, 2004.

Foucault, Michel. *Hermenéutica del Sujeto.* Traducido por Fernando Álvarez-Uría. Madrid: Ediciones de la Piqueta, 1987.

Forcano, Benjamín. *La Inútil y Peligrosa Teología.* En http://lacomunidad.elpais.com/bardon/2007/9/14/utilidad- la-teología-universitaria-hoy

Henrici, Peter. "Two Types of Philosophical Approach to the Problem of War and Peace." En Caws, Peter. *The Causes of Quarrel: Essays on Peace, War and Thomas Hobbes.* Boston: Beacon, 1989, 149.

Küng, Hans. *¿Existe Dios? Respuesta al Problema de Dios en nuestro tiempo.* 4ed. Trad. J.M. Bravo N. Madrid: Cristiandad, 1979.

Mosquera B., Fernando A. «Relación de Continuidad y de Discontinuidad entre la Antropología y la Física Política Hobbesianas.» Tesis Doctoral, Medellín: FUSBC, 2002.

Rouville, Guillaume. *Daños Colaterales, la cara oculta de un terrorismo de Estado.* En http://www.telesurtv.net/articulos/2012/09/26/danos-colaterales-la-cara-oculta-de-un-terrorismo-de-estado-7740.html.

Samamé, Luciana. "La Interpretación Foucaultiana de las Éticas Antiguas a partir de la noción de Epiméleia Heautou." En *A Parte Rei* 72 (Noviembre 2010). Universidad Nacional de Córdoba.

Citado por Soto Posada, Gonzalo. "Santo Tomás de Aquino y el Problema del Poder." En Francisco Cortes Rodas y Lucy Carrillo Castillo. *Los Clásicos de la Filosofía Política*. Medellín: Instituto de Filosofía de la Universidad de Antioquia, 2003, 79.

"Las iglesias colombianas documentan su sufrimiento y su esperanza." Bogotá. *Un Llamado Profético* No. 8 (1 de enero de 2012 al 31 de diciembre de 2012) 7 (accessed 10 de agosto de 2013).

Obras Completas de Platón puestas en lengua castellana por primera vez. Tomo I. Editado por Patricio de Ascárate. Biblioteca Filosófica. Madrid: Medina y Navarro Editores, 1871.

Un Llamado Profético No. 8. Las iglesias colombianas documentan su sufrimiento y su esperanza. ISSN 2346-3686. Bogotá, 10 de agosto de 2013 registro de datos: 1 de enero de 2012 al 31 de diciembre de 2012.

http://www.telesurtv.net/articulos/2012/09/26/danos-colaterales-la-cara-oculta-de-un-terrorismo-de-estado-7740.html.

http://lacomunidad.elpais.com/bardon/2007/9/14/utilidad- la-teología-universitaria-hoy.

Capítulo Ocho: Tommy Givens

Balibar, Étienne y Immanuel Wallerstein. *Race, nation, classe: Les identités ambiguës*. Paris: La Découverte, 2007.

Bercovitch, Sacvan. *The Rites of Assent: Transformations in the Symbolic Construction of America*. New York: Routledge, 1993.

Dube, Musa W. *Postcolonial Feminist Interpretation of the Bible*. St. Louis: Chalice Press, 2000.

Frei, Hans. *The Eclipse of Biblical Narrative: A Study in Eighteenth and Nineteenth Century Hermeneutics*. Chelsea, Michigan: Yale University Press, 1974.

González, Juan. *Harvest of Empire: A History of Latinos in America*. New York: Penguin, 2001.

Hall, Stuart. *Sin garantías: Trayectos y problemáticas en estudios culturales*. Editado por Eduardo Restrepo, Catherine Walsh y Víctor Vich. Envión editores/Instituto de Estudios Peruanos, 2010.

Richard, Pablo. "Hermenéutica Bíblica India. Revelación de Dios en las religiones indígenas y en la Biblia (Después de 500 años de dominación)."En Guillermo Meléndez (ed.). *Sentido histórico del V Centenario (1492–1992)*. San José, Costa Rica: CEHILA-DEI, 1992, 45–46.

Sheehan, Jonathan. *The Enlightenment Bible: Translation, Scholarship, Culture*. Princeton: Princeton University Press, 2007.

Tamez, Elsa. *Bajo un cielo sin estrellas: Lecturas y meditaciones bíblicas*. San José: Departamento Ecuménico de Investigaciones, 2001.

Capítulo Nueve: Oscar García-Johnson

Amaya Amador, Ramón. *Prisión Verde*. Tegucigalpa, Honduras: Universidad Nacional Autónoma de Honduras, 1988.
Arreola, Daniel D. *Hispanic Spaces, Latino Places: Community and Cultural Diversity in Contemporary America*, 1st edition. Austin: University of Texas Press, 2004.
Belnap, Jeffrey Grant and Raul A. Fernandez, eds. *Jose Marti's "Our America": From National to Hemispheric Cultural Studies*, New Americanists. Durham, NC: London: Duke University Press, 1998.
Boff, Leonardo. *La Santísima Trinidad Es La Mejor Comunidad*. Translated by Alfonzo Ortiz García. Bogotá, Colombia: Ediciones Paulinas, 1992.
———. "El Tiempo De Las Utopías Mínimas." *Servicios Koinonía De La Agenda Latinoamericana* (2014). http://www.servicioskoinonia.org/boff/articulo.php?num=638 (accessed 07-21-14).
Castells, Manuel. *The Power of Identity*. Malden, MA: Blackwell, 1997.
Colussi, Marcelo. "Centroamérica Después De La Guerra Fría." FAIA Proyecto: Escuela de Pensamiento Radical http://www.mabs.com.ar/rfaia/?p=1201 (accessed 17 Julio 2014).
Dussel, Enrique, "Transmodernidad E Interculturalidad: Interpretación Desde La Filosofía De La Liberación."http://enriquedussel.com/txt/TRANSMODERNIDAD e interculturalidad.pdf (accessed 26 Julio 2014).
———.. *A History of the Church in Latin America: Colonialism to Liberation (1492-1979)*. Grand Rapids, MI: Eerdmans, 1981.
———. "World-System and "Trans-Modernity.'" *Nepantla: Views from the South* 3, no. 2 (2002) 221-244.
Fernández Retamar, Roberto. "Nuestra América Y Occidente." *Casa de las Américas* 98, (1976) 36-57.
García Márquez, Gabriel. *Hojarasca*. Barcelona: Plaza & Janes, 1974.
González, Juan. *Harvest of Empire: A History of Latinos in America*. Rev. ed. New York: Penguin Books, 2011.
Gordin, Michael D., Helen Tilley and Gyan Prakash. *Utopia and Dystopia: Conditions of Historical Possibility*. Princeton: Princeton University Press, 2010.
Guerra, Mauricio and Christian Palacios, "Genealogía Del Buen Vivir." FAIA Proyecto: Escuela de Pensamiento Radical http://www.mabs.com.ar/rfaia/?p=1329 (accessed 17 Julio 2014).
Gunton, Colin E. and Francisco Javier Molina de la Torre. *Unidad, Trinidad Y Pluralidad: Dios, La Creación Y La Cultura De La Modernidad*. Verdad E Imagen. Salamanca: Ediciones Sígueme, 2005.
Henry, O. *Cabbages and Kings*. www.Digireads.com, 2011.
Mansillas, Miguel Angel. *La Cruz Y La Esperanza: La Cultura Del Pentecostalismo Chileno En La Primera Mitad Del Siglo XX*. México: La Editorail Manda, 2014.
Martí, José. "Nuestra América." Consejo Latinoamericano de Ciencias Sociales (CLACSO). http://bibliotecavirtual.clacso.org.ar/ar/libros/osal/osal27/14Marti.pdf (accessed 18 Junio 2014).
Martí, José, Juan Marinello, Hugo Achúgar, Cintio Vitier and Antonio Castañas. *Nuestra América*. Venezuela: Fundación Biblioteca Ayacucho, 2005.
Mignolo, Walter D. "Postcolonialismo: El Argumento Desde América Latina." In *Teorías sin disciplina: latinoamericanismo, poscolonialidad y globalización en*

debate. Edited by Santiago Castro-Gómez and Eduardo Mendieta. México: Miguel Ángel Porrúa, 1998.

———. *Desobediencia Epistémica: Retórica De La Modernidad, Lógica De La Colonialidad Y Gramática De La Descolonización*. Argentina: Ediciones del Signo, 2010.

Míguez Bonino, José. *Faces of Latin American Protestantism: 1993 Carnahan Lectures*. Grand Rapids, Mich.: W.B. Eerdmans, 1997.

Neruda, Pablo and Ben Belitt. *Pablo Neruda: Five Decades, a Selection (Poems, 1925–1970)*. New York: Grove Press, 1974.

Pérez-Torres, Rafael. "Alternative Geographies and the Melancholy of Meztisaje." In *Minor Transnationalism*. Edited be Françoise Lionnet and Shu-mei Shih. Durham, NC: Duke University Press, 2005.

Quijano, Anibal. *Modernidad, Identidad Y Utopía En América Latina*. Lima, Perú: Sociedad y Política, 1988.

Silva Gotay, Samuel. *El Pensamiento Cristiano Revolucionario En América Latina Y El Caribe: Implicaciones De La Teología De La Liberación Para La Sociología De La Religión*. Tercera ed. VA: Ediciones Huracán, 1989.

Tamez, Elsa. *Cuando Los Horizontes Se Cierran: Relectura Del Libro De Eclesiastés O Qohélet*. San José, Costa Rica: DEI, 1998.

Vargas Llosa, Mario. "Literatura Y Política: Dos Visiones Del Mundo." Tecnologico de Monterey (2000). http://www.youtube.com/watch?v=Wrs4837VGiM (accessed Abril, 04, 2014).

Vasconcelos, José. *La Raza Cósmica: Misión De La Raza Iberoamericana*. Buenos Aires: Espasa-Calpe, 1948.

Capítulo Diez: Jhohan Centeno

Arango, H. O. *Luchas Sociales de los desplazados internos en Colombia*. Ecuador: FLACSO, Junio de 2010.

Arboleda, J. Entrevistado por J. E. Collazos. Visita proyecto Transformación comunitaria para la paz. 23 de Julio de 2014.

Bastidas, W., y A. Insuasty Rodríguez. "Víctimas en Medellín." *El Ágora* (Julio–Diciembre 2010) 367—397.

Beltrán, W. M. "La expansión pentecostal en Colombia." *Prácticas religiosas, liderazgo y participación política* (s.f.) 74–93.

Beltran, W. M., I. N. Cuervo, J. D. López, J.Ravagli, G. M. Reyes, S. Ríos, y C. Tejeiro. *El pentecostalismo en Colombia: Prácticas religiosas, liderazgo y participación política*. Bogotá: Centro de Estudios Sociales, 2010.

Bergunder, M. "Movimiento pentecostal en América latina: Teorías sociológicas y debates teológicos." *Culturas y Religión* (Abril de 2009).

Borda Carulla, S. "Resocialization of "Desplazados" in Small Pentecostal Congregations in Bogota, Columbia." *Refugee Survey Quarterly* (2007) 36–46.

Castillejo, A. *Poética de lo otro: Para una antropología de la guerra, la soledad, el exilio interno en Colombia*. Bogotá: ICANH, 2000.

Cornejo, M. "El debate actual sobre el pentecostalismo." *Política y Sociedad* (2001) 151–216.

Coronado, E. Entrevistado por J. E. Collazos. Iglesia Cuadrangular el Pinal. 29 de Julio de 2014.
Cross, T. L. "The Divine-human Encounter: Towards a Pentecostal Theology of Experience." *PNEUMA* (2009) 3—34.
Demera, J. D. "Ciudad, migración y religión. Etnografía de los recursos identitarios y de la religiosidad de los desplazados en altos de Cazucá." *Theologica Xaveriana* (2007) 303–320.
Díaz, C. Enrevistado por J. E. Centeno Collazos. Transformación comunitaria para la Paz. 23 de Julio de 2014.
Esqueda, O. J. "The growth and impact of pentecostalism in Latin America." *Christian Education Journal* (2013) S 32—S 38.
Fabre, D. "Conversión religiosa e imaginario social." *Convergencia, revista de Ciencias sociales* (2001) 277–308.
Gallego, E. Entrevistador por J. E. Collazos. Visita proyecto Transformación comunitaria para la Paz. 23 de Julio de 2014.
Gómez, N. Entrevistado por J. E. Collazos. Visita proyecto Transformación comunitaria para la Paz. 23 de Julio de 2014.
Gooren, H. "The pentecostalization of Religion and Society in Latin America." *EXCHANGE* (2010) 355–376.
Jaramillo Arbelaez, A. M., L. A. Sánchez Medina, & M. I. Villa Martínez. *Migración forzada de colombianos*. Medellín: Corporación Región, 2007.
Lindhardt, M. "La Globalización Pentecostal: Difusión, Apropiación y Orientación Global." *Cultura y religión* (2011) 117–136.
López, D. *Pentecostalismo y transformación social*. Buenos Aires, Argentina: Ediciones Kairós, 2000.
———. *La Fiesta del Espíritu: Espiritualidad y celebración pentecostal*. Lima: Ediciones Puma. 2006.
López, D. *Pentecostalismo y Misión integral*. Lima: Ediciones Puma. 2008.
Mafla, N. "Función de la religión en la vida de las víctimas del desplazamiento forzado en Colombia." Tesis de Doctorado, 2012.
Míguez, D. "La conversión religiosa como estrategia de supervivencia." *Intersecciones en Antropologia* (2001) 73–88.
Monsalve, M. C. Entrevistado por J. E. Collazos. Visita proyecto Transformación comunitaria para la Paz. 23 de Julio de 2014.
Palacio, J. E. "La búsqueda de identidad social: Un punto de partida para comprender las dinámicas del desplazamiento—reestablecimiento forzado en Colombia." *Investigación y desarrollo* (2003) 26–55.
Pereira Souza, A. M. "El pentecostalismo: nuevas formas de organización religiosa en los sectores populares." *CINEP* (S.F.).
Restrepo, A. E., & F. M. Orsini "Informalidad y urbanismo social en Medellín." *Fondo Editorial EAFIT* (2010) 130—152.
Restrepo, J. R. "Medellín: Fronteras de discriminación y espacios de guerra." *Centro de Esudios Sociales*. Medellín, Antioquia, Colombia (Agosto de 2003).
Semán, P. "De a poco mucho: las pequeñas iglesias Pentecostales y el crecimiento pentecostal." *Cultura y Religión* (2010) 16–35.
Sociedad Bíblica de España. "La Palabra" (versión Hispanoamericana). *BLPH* (2010).
Villafañe, E. *El Espíritu liberador: Hacia una ética social pentecostal latinoamericana*. Traducido por Graciela Cerra. Grand Rapids: Eerdmans,1996.

WAGF Theological commission. "A Position Paper on the Pentecostal Theology of Compassion." *WAGF* (Febrero 2012) 1—16.

Zalpa, G. E.*¿El reino de Dios es de este mundo?* Editado por G. Zalpa. Bogotá: Siglo del hombre, 2008.

Capítulo Once: Ricardo Gómez

Bello, Martha Nubia. "El desplazamiento forzado en Colombia: acumulación de capital y exclusión social." En *Migraciones, transnacionalismo y desplazamiento*. Bogotá: CES-UNAL, 2006.

CODHES. *Boletín Informativo* 75 (2009). http://www.codhes.org.co, (Recuperado el 13 de marzo de 2014).

CODHES. *Boletín Informativo* 77 (2011). http://www.codhes.org.co, (Recuperado el 17 de junio de 2014).

CODHES. *El Desplazamiento en cifras* (2004). http://www.codhes.org.co/cifras.php (Recuperado el 2 de marzo de 2014).

Cubides, Fernando y Camilo Domínguez. *Desplazados, migraciones internas y reestructuraciones territoriales*. Bogotá: CES-UNAL, 1999.

Deiros, P. A. *Historia del Cristianismo: Las reformas de la iglesia (1500-1750)*. Buenos Aires: Ediciones del Centro, 2008.

Fajardo, D. (1999) "Ordenación territorial de los desplazamientos campesinos." *Periódico Universidad Nacional de Colombia*, No. 5.

González, Justo, ed. *Obras de Wesley*. Vol. 1. Franklin, TN: Providence House, 1998.

———. *Obras de Wesley*. Vol. 3. Franklin, TN: Providence House Publishers. 1998.

———. *Obras de Wesley*. Vol. 4. Franklin, TN: Providence House Publishers. 1998.

———. *Obras de Wesley*. Vol. 5. Franklin, TN: Providence House Publishers. 1998.

———. *Obras de Wesley*. Vol. 7. Franklin, TN: Providence House Publishers. 1998.

———. *Obras de Wesley*. Vol. 9. Franklin, TN: Providence House Publishers. 1998.

———. *Obras de Wesley*. Vol. 11. Franklin, TN: Providence House Publishers. 1998.

Goudzwaard, Bob. *Capitalism and Progress: A Diagnosis of Western Society*. Translated and edited by Josina Van Nuis Zylstra. Grand Rapids: William B. Eerdmans, 1978.

Ibáñez Londoño, Ana María, y Pablo Querubín Borrero. *Acceso a tierras y desplazamiento forzado en Colombia*. Bogotá: Universidad de los Andes, 2004.

Jennings, Jr., Teodore W. *Good News to the Poor: John Wesley's Evangelical Economics*. Nashville: Abingdon Press, 1990.

Mckenna, David. *Wesleyanos en el siglo 21*. Kansas: Casa Nazarena, 2000.

Meertens, Donny. "Género, Desplazamiento Forzado y Migración. Un ejercicio comparativo en movilidad y proyectos de vida." En *Migraciones, transnacionalismo y desplazamiento*. Bogotá: CES-UNAL, 2006.

Reyes, A. y A. M. Bejarano. (1998) "Conflictos agrarios y luchas armadas en la Colombia contemporánea." Análisis Político 5:6–27.

Rodríguez, César. *Más allá del Desplazamiento. Política, Derechos y superación del Desplazamiento Forzado en Colombia*. Bogotá: Universidad de los Andes, 2010.

Capítulo Doce: Juan Martinez

Gonzalez, Juan. *Harvest of Empire A History of Latinos in America*. New York: Penguin Books, 2011.
Miller, Donald E., Kimon H. Sargeant, and Richard Flory, eds. *Spirit and Power: The Growth and Global Impact of Pentecostalism*. New York: Oxford University Press, 2013.

www.ingramcontent.com/pod-product-compliance
Lightning Source LLC
Chambersburg PA
CBHW050350230426
43663CB00010B/2062